# Easily Making Money

# 简单赚钱

喻修建 著

西南财经大学出版社

中国 · 成都

**图书在版编目(CIP)数据**

简单赚钱/喻修建著.—成都:西南财经大学出版社,2020.4
ISBN 978-7-5504-4371-6

Ⅰ.①简… Ⅱ.①喻… Ⅲ.①投资—基本知识 Ⅳ.①F830.59

中国版本图书馆 CIP 数据核字(2020)第 015640 号

**简单赚钱**

Jiandan Zhuanqian

喻修建 著

总 策 划:李玉斗
策划编辑:王正好
责任编辑:周晓琬
封面设计:摘星辰·Diou
责任印制:朱曼丽

| | |
|---|---|
| 出版发行 | 西南财经大学出版社(四川省成都市光华村街 55 号) |
| 网　　址 | http://www.bookcj.com |
| 电子邮件 | bookcj@foxmail.com |
| 邮政编码 | 610074 |
| 电　　话 | 028-87353785 |
| 照　　排 | 四川胜翔数码印务设计有限公司 |
| 印　　刷 | 四川新财印务有限公司 |
| 成品尺寸 | 165mm×230mm |
| 印　　张 | 16 |
| 字　　数 | 247 千字 |
| 版　　次 | 2020 年 4 月第 1 版 |
| 印　　次 | 2020 年 4 月第 1 次印刷 |
| 书　　号 | ISBN 978-7-5504-4371-6 |
| 定　　价 | 48.00 元 |

# 自序

## 赚钱，那些最简单的事

我们过上梦想生活的阻碍是什么？

金钱。毫无疑问。

博多·舍费尔曾经说，金钱代表了一种特别的观念，反映了我们的心理状态。它并不会毫无缘故地产生，更多以一种能量的方式体现出来：我们在生活中投入的能量越多，便会有越多的金钱向我们涌来。

简单地说，真正的成功者始终具有赚钱能力。就像巴菲特所说，如果你没有找到一个当你睡觉时还能挣钱的方法（“睡后”收入），你将一直工作到死！也就是说，你应该找到“躺着就能把钱给挣了”的途径。

是的，我们每个人都有梦想。我们都想要过上幸福的生活，都渴望实现财务自由，能够自主地选择和掌控自己的人生，甚至为此设计好了种种途径。

实际上，我们却一次次地被自己打败，在财务上不断地陷入困境，在人生面前输得一塌糊涂，生活依然一成不变，残酷的现实像温水煮青蛙似的逐渐把梦想扼杀在摇篮里。

我们忘记了，生活体面、财务自由是我们与生俱来的权利。

但我们通常都听天由命。我们没有底线地懒惰，毫无原则地接受妥协——在无数次试图努力改变的时候，时间已经把我们远远地抛在后面。更多的时候，我们中的许多人如果没能过上理想的生活，都会归咎于自己没有赚很多钱。

那人的一生，究竟需要赚多少钱，才能拥有安全感？

这也许是一个西西弗斯之谜，永远没有最准确的答案，就像西西弗斯把巨石拼命地推上山顶，又会重新滚落下来，永无休止。

也许，你曾经的梦想是能够吃饱饭，你的财务自由标准是每顿都有肉吃，计算着每月 3 000 元的收入就够了，紧巴巴地过日子。可是等你一个月赚两三万元，或者一年赚 50 万元时，你又会突然发现，人生中还有很多比“吃肉”更重要的事情。

有人说，赚钱这种事，就像升级打怪，你充了 1 000 点人生值进去，以为升了装备，从此就会过上幸福的生活。然而事实呢？随着越爬越高，你的眼界越来越高，而越高的眼界，则会产生越多的危机感。

所以，这个世界上永远没有 100% 的安全感。我以为，真正的安全感其实来自对未来的清楚思考，而不只是拥有房子、存款这些在别人眼里“实实在在”的东西。

换句话说，比赚钱更重要的，是你的持续赚钱的能力。

多年的投资经历告诉我，赚钱本身是一件复杂的事，从宏观的经济周期、行业演变，到微观的投资方法、资产配置，涉及众多跨学科的知识体系，有赖于同时对各个方面保持密切的关注，省略了任何一方面都有可能导致不尽如人意的收益结果。

那能否化繁为简，找到一些简单可行的法则和工具，让我们直接触及投资赚钱的本质？既然投资赚钱有太多复杂的因素难以把握，我们能不能只试着去把握那些能够把握的最简单的事，把那些不能把握的复杂因素留给运气和概率？

尽管简化投资赚钱的行为是我的终极目标，但我并不打算也没有能力写一本投资指南。

我知道，几乎所有的人，都希望能够找到一劳永逸的赚钱方法——不仅适用于自己，还适用于全人类；不仅适用于昨天，还适用于今天和明天……历史上似乎从来没有任何人在这方面取得成功，因为这个追求本身就是不可能的，而且这种不可能大多是由懒惰和随波逐流造成的。

这本书是对我多年以来的投资赚钱理念的陈述，我坚定地信奉这些理念，它们是指引我在投资大海上保持正确航行的灯塔。相对而言，我更希望它能提供一种思维认知的方式，可能有助于你做出良好的决策，避开那些常犯的错误。

例如，人生中什么最重要？

我的答案很直接：选择。

就是这样。人生的头等大事归纳起来只有一件：选择。

别不相信，人这一辈子需要站在十字路口去选择的机会，不外乎也就这么几个：上大学选择什么专业，毕业了选择什么工作，到年龄了选择和谁结婚，如果投资的话选择什么方法。

所谓“大事”，无非也就这些。

而每个人做出选择的背后逻辑，就是他的价值观。价值观不同，做出的选择就会截然不同。例如，我们知道了赚钱更重要，就不会把时间浪费在喝酒、打牌和无谓的应酬上；我们知道了投资的前提是避险而不是冒险，就不会盲目地买入一只都不知道做什么业务的公司股票……

培养自己的正确价值观，就等同于提高选择的质量。

价值观是什么？最通俗的定义是：

知道什么好、什么更好、什么最好；或者，知道什么重要、什么更重要、什么最重要。

选择大于努力。但事实上，绝大多数人在重大选择上毫无能力。尤其在面对赚钱时，很容易就被那些鸡毛蒜皮的事情所牵扯，以至于注意力不够集中而赚不了钱。

可以这样总结一下：

选择决定赚钱，决定选择的是价值观。因此，真正决定一个人能否赚钱的是一个人的价值观。

美国哲学家艾茵·兰德说：金钱不会听命于配不上它的头脑。

进一步说，一个投资者的潜力不仅取决于他赚钱的能力，也取决于他承载金钱的能力。如果只有赚钱的能力，没有承载能力，他早晚都会被金钱压垮，因而也就没有机会成为真正意义上的成功者。

我一直认为，正如老子在《道德经》里所说的“大道至简”，任何能够赚钱的投资理念，都应该是简单的。跟复杂相比，简单往往意味着风险小、不确定性少，简单才能更专注和可复制。

越是简单才越容易理解，对越容易理解的事物越容易做出正确的判断。投资方法与工具简单，才能让投资者易于掌握；投资对象（产品）简单，才能让简单的投资成为可能，才能让赚钱成为大概率的事情。

所以，这本书打破传统投资理财书籍关于知识模块的陈列方式，站在投资者实操的角度，从赚钱的认知逻辑开始，提供面临选择时所需要的知识，而不是口若悬河地纸上谈兵，尤其适合初涉理财领域的投资“小白”。

我希望，读完这本书，你能够快速上手，掌握实操性的科学赚钱方法，学会如何控制风险和管理自己的资产配置，找到一条长长的湿滑的坡，获得稳健而持续的回报，从容地享受“滚雪球”式的复利增长。

让赚钱更简单，让人生更自由。

这本书是以我个人的投资实践经验为主，并参考了自己认同的价值观念，一些理念、判断和评论都带有鲜明的个性特点和时间烙印，疏漏在所难免。不足之处，还请读者朋友们批评指正。谢谢！

**喻修建**

2020 年 3 月

# 你处于什么样的财务状况

阅读本书前，请回答以下问题。

1. 你如何评价自己的收入？

□非常好　□很好　□好

□满意　□差　□非常差

2. 你如何评价自己的净资产？

□很好　□好　□满意

□足够　□差　□非常差

3. 你如何评价自己的投资？

□很好　□好　□满意

□不差　□差　□非常差

4. 你如何评价自己投资理财方面的知识？

□很好　□好　□满意

□足够　□差　□非常差

5. 你确切地知道自己的目标、需要的投入和资金来源吗？

□非常清楚　□清楚　□了解

□知道　□不知道　□完全不知道

6. 你的交际圈中的大部分人

□比你富有　□财务状况差不多　□比你穷

7. 你是否每月至少储蓄收入的 10%？

□是　　□不一定　　□否

8. 你是否认为你应该赚大钱?

□是　　□否　　□从来没有考虑过这个问题

9. 如果不再有其他收入,你现有的资金够你生活多久?

______个月

10. 你能否计算出你什么时候可以靠利息便可生活?

□能　　□不能

11. 如果今后 5 年的财务发展状况和前 5 年一样,你会感到满意吗?

□满意　　□不满意

12. 你知道自己关于金钱的真实想法吗?

□清楚知道　　□知道一些　　□不知道

13. 你会如何描述你的财务状况?

________________________________________________________________。

14. 金钱在你的生活中更多的是

□一种帮助　　□一种阻碍

15. 你了解基金吗?

□非常清楚　　□清楚　　□了解

□知道　　□不知道　　□完全不知道

16. 你了解股票知识吗?

□非常清楚　　□清楚　　□了解

□知道　　□不知道　　□完全不知道

17. 关于金钱、支付和财务,你有何观点?

________________________________________________________________。

18. 在回答完上述问题之后,你有何感想?

________________________________________________________________。

(以上内容部分摘自博多·舍费尔所著《财务自由之路》,中国出版集团 2017 年 3 月出版)

# 目 录

第一章

# 财富，其实是一种思想

在一秒钟内看到本质的人，和花半辈子也看不清一件事情本质的人，自然拥有不一样的命运。从某种意义上来说，财富就是一个“思想认知变现”的过程，你有多深刻的思想认知，就能赚到多大的财富。

财富，是一个人的思考能力的产物。

——艾茵 · 兰德

现实生活中，大多数人都认为自己勤奋上进，在努力赚钱。但事实上，很多人的工作都不能算是赚钱，只是为了“活下去”，为了生存而活着。付出的是成本，获得的是收益。当收益小于成本时，称为亏损；成本等于收益，称为交换；只有当收益大于成本时，才称为赚钱。

我们今天的生活，其实是用自己付出的时间和精力换来的，这是等价式的交换，并不是赚钱。所以，有些勤奋可以让你生活得更好，有些努力则价值不大。没有提升自我的努力，除了感动自己外，一无是处。

人与人之间最大的不同，源自“认知模型”的差异。认知水平是在面对众多选择时，做出更优化高效决策的能力，也是一个人一生的“决策算法”。因为认知的差异，对未来的判断就会不一样，对同一件事情的风险和机会有不同的结论，最后导致不同的决策。

尽管思维认知的训练有别于体能的训练，不需要剧烈的身体运动，但是绝大多数人还是习惯于随波逐流、懒得思考，更乐意简单地依赖于自己的本能和习惯决策系统，不愿意做深度思考和分析判断。《教父》的作者马里奥·普佐说，在一秒钟内看到本质的人，和花半辈子也看不清一件事情本质的人，自然拥有不一样的命运。所以，你的认知在哪一个层级，你的人生就会处于什么样的状态。从某种意义上来说，财富就是一个“思想认知变现”的过程，你有多深刻的思想认知，就能赚到多大的财富。

## 一、什么是真正的财富

财富等于拥有多少钱吗？

并非如此。在我看来，真正的财富是指在“基本”的生活需求得到“持续”保障的前提下，有足够的资本可以“自由”地投入“该”做的事情中。

简单地说，就是有足够的金钱，让你可以做你想做的事情。在某种意义上可以说，财富=自由。

如果说，人身自由是能够正常做人的基本保证，那么，真正的财富就是能够正常生活的最低保障。遗憾的是，很多人从一开始就拒绝谈钱，认为谈钱太世俗，甚至鄙视那些想赚更多钱的人。坦白地说，我曾经就犯过这样的低级错误。但现在，我并不觉得钱有什么不好，相反，我很乐意并且确确实实把赚钱当作人生的目标之一。当然，我更愿意把真正的财富看作一种生活感受，是不可衡量的，而绝非一串冷冰冰的数字，或者拥有几套豪宅、几辆豪车。

尽管财富并没有标准定义，但我想每一个人的心中，都应该有一个自己的答案。在现实生活中，90%的人之所以没有创造真正的财富，根本原因是他们从来没有意识到，有一种能够创造财富的系统可以复制。换句话说，大多数人都产生了错误的思想认知，因为他们不知道可以模仿创造财富的典范。

### 1. 其实你并不懂钱

人最大的敌人，其实是自己。在生活中，我们经常会感到困惑不解，如自己设定某个目标之后，明明为之付出了不懈努力，但许多年过去了，我们却并没有按照自己期望的速度向它靠近，甚至背道而驰。这是为什么？

年轻的时候，我们大都经历过“我行我素”的任性过程，如追求自由、不想被束缚，总觉得“世界很大，我想去看看”，不断地往复折腾。这折射出的是：我们其实并不清楚自己到底想要什么。

心理学家告诉我们：如果我们的大脑对一件事情缺乏概念，那么我们的思维就不会去认知这件事情，更不会刨根问底。

进一步说，如果我们对金钱充满了渴望，期望实现财富自由，那么我们必须认知金钱、懂得财富，甚至就像熟悉自己的身体一样了解它，才能拥有加速向它靠近的前提和可能。

基于此，《富爸爸穷爸爸》的作者罗伯特·清崎曾经在演讲时说：

人们在财务困境中挣扎的主要原因是，他们在学校里学习多年，却没有学到任何关于金钱方面的知识。其结果是，人们只知道为金钱而工作，但从来不学着让金钱为自己工作。

## 2. 钱，到底是什么

一万个人眼中有一万个哈姆雷特，它取决于每个人不同的心态和眼光。

通常来说，钱是一种货币，是支撑整个社会运行的经济工具。就像黄金一样，钱本身并无价值，它只是一张薄薄的纸印上了五颜六色的文字和符号，被赋予了某种交易的衡量价值而已。钱真正的价值来自它的流动性。钱必须是在不断循环中流动才能“生钱”。例如，给你 1 000 万元，只是储存在银行不能取出来使用，那它就是毫无意义与价值的。所以，没有流动就没有价值，把钱存在银行里，也是持续贬值的。认识到钱这个与生俱来的属性，是非常重要的，它将是我们真正懂钱、赚钱的基础。

挪威剧作家易卜生写过一部名剧《玩偶之家》：女主人公娜拉一直活在传统的婚姻制度下，内心压抑沉闷，跟丈夫的关系非常不平等，终于有一天她觉醒了，离家出走开始了新的人生。

几乎所有人在看完这部戏剧之后，都会毫不吝啬地赞扬娜拉追求自由、平等的反叛精神，女权运动者对她更是赞赏有加。作为少数派的鲁迅先生的看法却迥然不同，他发表了《娜拉走后怎样》的文艺会讲：

> 可是走了以后，有时却也免不掉堕落或回来。否则，就得问：她除了觉醒的心以外，还带了什么去？倘只有一条像诸君一样的紫红的绒绳的围巾，那可是无论宽到二尺或三尺，也完全是不中用。她还须更富有，提包里有准备，直白地说，就是要有钱。
>
> 梦是好的；否则，钱是要紧的。
>
> 钱这个字很难听，或者要被高尚的君子们所非笑，但我总觉得人们的议论是不但昨天和今天，即使饭前和饭后，也往往有些差别。凡承认饭需钱买，而以说钱为卑鄙者，倘能按一按他的胃，那里面怕总还有鱼肉没有消化完，须得饿他一天之后，再来听他发议论。

所以为娜拉计，钱——高雅的说罢，就是经济，是最要紧的了。自由固不是钱所能买到的，但能够为钱而卖掉。

几乎可以这样说，世界上很少有东西比金钱更有争议。它是最被渴望的，也是最受诅咒的。金钱不仅被看作物质现象，而且是最极端、最糟糕的物质现象，它被看成最低俗、最肮脏的东西，甚至是万恶之源，但它又是一部分人不择手段追求的目标。这种对金钱的双重态度体现出一部分人人格的巨大分裂：一方面对金钱进行毫不留情的口诛笔伐，另一方面在私下里却对财富和拥有财富的人充满了艳羡与膜拜。

事实是，金钱的确改变了我们生活中的许多东西。它不会解决所有问题，它也不是万能的。但是，缺钱却能使我们的幸福蒙上一层阴影。

中国有句古话：贫贱夫妻百事哀。大多数夫妻感觉到，因为金钱发生的争吵对他们共同的未来构成了威胁，并发现这种争吵比因其他问题发生的争吵更难化解。

有了钱，我们在处理问题的时候便能够尝试多种方式，有机会结识更多高层次的人，得到更加有趣的工作，获得更多的人生自信。

某种意义上，每个人赚钱的多少，会折射出他能调动的社会资源（包括人和自然两种资源）的总量。例如，你拥有 100 万元存款，另一个人有 1 万元的存款，你可以得到的社会资源，自然比那人更多。

这其实也说出了钱的本质，它实际上就是对各种社会资源的所有权和使用权的量化。你之所以能够有钱，是因为你提供了你的时间为社会做了有益的事情，也就是说将你的时间资源商品化的结果。

世界上所有的一切，都是有价格的。

跟大家分享我对于金钱的三个观点：

①钱不是万能的，但没有钱是万万不能的。钱能帮我们解决很多问题，但很多东西是钱带不来的，如健康、亲情、爱情、幸福等。

②虽然赚钱是第一位的，但不代表省钱不重要。在“开源、节流、投资、风控”的投资理财四大要素中，缺少任何一项都难以实现财务自由。

③合理控制自己的欲望，不要成为金钱的奴隶。钱是中性的，既不善良，

也不邪恶，只有我们应用于生活之中才给予它不同的属性。

### 3. 你的时间值多少钱

世界上任何东西的获得都是有代价的，钱也是如此。

大学刚毕业那些年，因为特别喜欢“码字”，我经常深更半夜写微博、微信公众号。一篇 1 000 多字的推文，往往要耗上三四个小时，发表后能获得数千上万的阅读量，朋友们毫不吝啬地赞赏，自己也沉醉其中，感觉良好。然后，有人问：这个能挣钱吗？

曾经有一段时间，我迷恋上了摄影。于是泡在各种摄影论坛里“指点江山”，认识了喜欢拍照的朋友，相约带着沉重的单反去爬山“扫大街”，导照片、修照片、传照片，投入了大把的时间和精力，自己乐此不疲。然后，有人问：这个能赚钱吗？

等等，诸如此类。

每当我自我感觉良好的时候，“赚不赚钱”这个问题就像一盆冷水，突然从头顶浇下来，不仅浇灭了我的热情，而且经常让我感到难堪与羞愧。

我一直害怕回答赚钱的问题，并不是故作清高不爱钱。老实讲，在年轻的时候，我从来没想过这些事能带来多少金钱的收获，也许情怀和理想占据了主导，甚至都没有往赚钱这个方向上思考过。

但，人常常是经受不起考验的。李笑来说，年轻的时候无所谓，到了一定年龄却都逃脱不了金钱的束缚与限制，都是到了“迫不得已”的时候才开始重视金钱，所以“惨淡的结局”其实是从一开始就注定的，并不像大多数人以为的那样，直到中年才遇到所谓“中年危机”。

最终，我们不得不承认一个现实：那些认真对待金钱并为之投入大量时间的人，获得金钱的能力更强，而且会越来越强。

2014 年 6 月中旬，我认识了上海一位著名的私募基金大佬。这个人很有钱，但他也不知道自己到底有多少钱——因为他投资的股票、收藏的艺术品都是随着时间必然会持续升值的。一次，有个小伙子登门向他请教：“你为什么这么有钱？”他认真地思考了一会儿，然后回答说：“你每天花多少时间想如何赚钱？我可是天天想着怎么赚钱，早上起来就在想，晚上躺在床上也在琢磨……你呢？可能就是想想而已，想了一下，然后就继续喝酒、打牌，或者干别的去了。咱们花的时间和精力不一样，怎么可能一样有钱呢？”

瞧瞧，在不少人叫嚷着“世界很大，我想去看看”而折腾不止且引以为荣的时候，另外一些极少数的人却是“生命不息，琢磨不断，赚钱不止”。大多数人都想赚钱，却不愿意花时间思考如何赚钱以及马上付诸行动，止步于空想阶段。难道坐在家里等着天上下一场“金雨”？

赚钱需要本金。你的本金是什么？存款、人脉，或者知识？一个人最宝贵的是什么？不是房子，也不是存款，而是你的时间！

你把自己的时间放在哪里，你的未来就在哪里。

不花时间在孩子身上，会有很好的亲子关系？不花时间锻炼，就能身体健康？不花时间赚钱，财富会从天而降？

一天有 24 个小时，除了 8 小时睡觉、2 小时吃喝拉撒之外，还有 14 个小时可以用来工作与学习，职场中人减去 8 小时工作时间，还有 6 个小时可支配，用来学习和成长。如何利用这些时间？如何让每个小时产生最大的价值和最多的收入？

举个例子，张三每天收入 1 万元，工作 8 小时，每小时赚 1 250 元；李四每天收入 100 元，工作 8 小时，每小时赚 12.5 元。张三在 1 小时内产生的价值是李四的 100 倍。你觉得谁的时间更有价值？谁更在乎自己的时间呢？

赚钱越多的人，往往越重视自己的时间，他知道自己每个小时的价值是什么，所以他不会轻易浪费挥霍，他会用最少的时间做最重要的事情。同时，他每天思考最多的是，如何让自己在每小时内创造的收入更多。

而每小时收入 12.5 元的人，甚至根本没这个概念的人，他往往不会去想自己每小时创造的价值是什么，也许就算知道了，也会安慰自己不就是 12.5 元嘛，闲聊喝酒打牌玩乐 6 个小时，最多 75 元不要了，也不会觉得心疼。

有一个公式是：

时间>金钱

越是在赚钱和投资理财的早期，这个公式就越普适。换句话说，你如果想赚更多的钱，你就要付出比收入更多的时间去琢磨、去规划、去实践。如果你不打算投入更多的时间和精力，就想一下子把收入提高，这本身就是不科学的，天上永远不会掉馅饼。

所以，在不打算投入更多时间和精力就想赚钱与获得更多收入的情况下，通往财务自由之路的大门永远是关闭的。还是死了这条心吧，该玩什么就去玩什么，这可能就是你的人生。

在这里，有一个非常重要的公式：

注意力>时间>金钱

你的注意力集中在哪些事情上？你的注意力都用在解决什么问题上？这个话题留在后面章节再做进一步的阐释。

### 4. 在起点重视金钱

人最难了解的是自己。所谓不识庐山真面目，只缘身在此山中。现实生活中，有太多的人活得迷惘，并且因迷茫而愤懑，感觉自己的人生总是充满失败。

接触不少人之后，你会发现，那些真正的成功者，是从始至终目标感非常明确的人，知道自己要什么、适合什么。这些人的生活，就像水分充足、颗粒饱满的石榴，红润而满足、笃定而从容。

大学刚毕业的那段时间，我一无所有地开始在城市里工作，那间不足 10 平方米的办公室亦是寝室，连做饭的地方都没有，觉得生活真是艰难。每个月领着 400 元的工资，加上交通费、餐饮费，还有偶尔的交际费用，处处都要花钱。

与我的艰难和捉襟见肘的生活状况形成对比的是，毕业没多久，好朋友小欢已经积攒下了好几万元钱，工作也得心应手，收入稳定而有规律。

我很不解：同样都是刚毕业，同样都是没找父母要一分钱，为什么我们之间的差距会这么大呢？

后来从聊天中得知，早在上大学的时候，小欢就已经有意识地开始赚钱并储蓄。例如，他利用周末时间在文化馆做兼职编辑，还抽空接了两个待遇不错的家教，甚至跟同学合伙做早餐并送货上门……大学 4 年，他不但赚够了自己的生活费，每个月还留存不少的钱用来投资理财，从未间断。在时间的复利累积下，他所赚到的钱远远超过了我们这些同龄人。

若干年前，我的师傅兼人生教练曾经在我从报社辞职下海的时候，语重心长地对我说，你现在必须花时间想清楚，你想要的究竟是什么，你又最适合做什么。他以自己的亲身经历告诉我，他花了三四年的时间来想清楚这件事，包括自己和公司未来持续的赚钱模式。自此，他对自己未来的发展方向明确而笃定，现在，他的总资产已达 10 位数。

我发现了一个规律：那些很早就明确自己要干什么的人，最后一定能实现自己的目标，差异不过是程度深浅罢了。

在某种意义上，每个人的终局，常常不是由“是否在乎金钱”决定的，而是由其他因素如何与“是否在乎金钱”搭配决定的。是什么因素呢？“起点”与“终点”。

投资大师李笑来曾经说：

> 如果一个人在起点就不在乎金钱，在终点依然不在乎金钱，那么他的终局怎么可能会被金钱的多少所影响呢？
>
> 如果一个人在起点就在乎金钱，万一到了终点时真的已然不在乎金钱，那么他的终局会如何被金钱的多少所影响呢？

所以，我们实际上要比较的是两种情况：

- 在起点不在乎金钱，在终点却在乎金钱。
- 在起点在乎金钱，在终点依然在乎金钱。

我以前一直固执地认为提到钱特别俗气，刻意把钱看得很淡。我觉得自己就是那种靠精神就能吃饭，就能坦然过完这一生的人，甚至不明白一个人可以穷到什么地步。后来才发现，钱那么重要。尤其是到了上有老下有小的中年阶段，牵一发而动全身，好像凡事都离不开钱。当你犯选择困难症的时候，你的银行卡余额会时刻提醒你：说钱不重要的人，往往都是身价不菲的人；说不要只顾着赚钱的人，往往都是不缺钱的人。

年轻的时候，总抱有一丝侥幸心理：该有的还是会有的，只是时间早晚的问题。甚至有时候还会鄙视别人把钱看得重，认为他们到头来还不是一场空？最令人气馁的是，自己在已经没有多少机会时才发现金钱的重要。这个切肤之痛在于“还不知道是怎么回事儿，却突然发现自己已经输了”。所以，在年轻的时候，自己处于起跑线上，认真思考金钱、重视金钱才是实际上的优势策略。

最终，我们不得不承认一个现实：

那些认真对待金钱的人，获得金钱的能力更强，而且会越来越强。

如果你承认这的确是事实，那么李笑来的结论就是很自然而然的了：

- 那些“在起点不在乎金钱，在终点却在乎金钱”的人，由于在“琢磨如何赚钱”这件事上花费的时间和精力相对更少，于是，他们的赚钱能力很可能更差。所以，他们有更大的概率在终局到来时“没赚到多少钱，却很在乎金钱”——怎一个“惨”字了得！
- 那些“在起点在乎金钱，在终点依然在乎金钱”的人，由于在“琢磨如何赚钱”这件事上花费的时间和精力相对更多（他们从一开始就在使劲琢磨），于是，他们的赚钱能力很可能更强。所以，他们有更大的概率在终局到来时“已然赚到很多钱”——对这种人来说，“是否在乎金钱”很难影响他们的幸福感了。

“在起点不在乎金钱，在终点却在乎金钱”，竟然是最可能导致不幸终局的组合！

的确，年轻的时候在乎钱，其实真是一件挺无趣和没意思的事情。按照赚钱的发展轨迹来说，在年轻的时候，即使使出吃奶的力气，也都处在那条平缓的甚至看不出斜线的水平线上，赚到的钱实际上也很少。

有梦想、谈情怀、讲格调——这些都是贴在年轻人身上的标签。但是，我们不主张年轻人视金钱为粪土，不重视金钱，尤其反对年轻人不重视赚钱的能力。

金钱并非万能，恰恰相反，我们知道还有更多比金钱更为珍贵和有价值的东西，比如时间，比如家庭……我们只是强调认知和思维方式，“在起点重视金钱”比“在起点不重视金钱”更划算，到达终点时痛苦更少。

## 二、有钱也不一定有资本

在咖啡馆和朋友聊天，朋友讲了一个例子。

一个人用1 000元进货买了5条香烟，在便利店每条卖250元，总计收到1 250元。另一个人很穷，每个月领取1 000元的最低生活补贴，全部用来买了柴米油盐。同样是1 000元，前者通过经营交易增值了，成为资本。后者却在价值上没有任何改变，只不过是一笔生活费用。后者的问题在于，他的钱因为要满足基本的生活需求，很难由生活费转变成资本，更没有资本意识和经营资本的能力与技巧。所以，后者就只能一直贫穷下去。

跟朋友告别后，我一直在回想朋友所说的这个例子。如果有钱并不能等同于资本，那么究竟什么才叫作真正意义上的资本呢？

### 1. 什么是资本

在通往财务自由之路上，资本是一个我们永远绕不开的话题。

在经济学领域，资本是指用于生产的基本生产要素，包含资金及厂房、设备、材料等物质资源。其目的是完成资本→生产→资本+剩余价值的过程，从而获得利润。在金融学和会计领域，资本通常用来代表金融财富，特别是用于经营商业、兴办企业的金融资产。

无论从哪一个角度来予以定义，资本总是离不开钱，并且主要还是由钱组成的。那一堆钱能算是资本吗？当然不能，最多叫资金。

正如高楼大厦主要是用砖头建造的，但，一堆砖头摆在那儿肯定算不上是高楼大厦。同样的道理，资本的确主要由钱构成，但，仅仅是一堆钱放在那儿，肯定也算不上是资本。这个特别精确的类比，非常生动地说明：钱和资本实际上是很不一样的东西，正如一堆砖头和一栋高楼大厦肯定不是一回事儿一样。所以，有钱和有资本，完全是截然不同的两回事儿。

罗伯特·清崎也在《富爸爸穷爸爸》财商系列书籍中，反复强调一个概念：金钱并不能使你富裕。这让很多人困惑不解：富人不就是有钱人吗，怎么说金钱不能让你富裕呢？

每个人、每个家庭的生活各方面都是需要花钱的，甚至你什么事都不做，你的钱依然会逐渐变少，因为通货膨胀正在慢慢“吞噬”你的钱。

如果没有更多的收入来源，那么即使是坐拥金山银山，也是会被通货膨胀消耗殆尽的。所以，罗伯特·清崎给出了另一个答案，那就是——被动性收入。而能给你带来被动收入的东西，如房产、专利、版税或者其他任何投资标的，就是资本。

## 2. 三个基本要素

资金和资本的区别，就是一堆砖头和一栋大厦的区别，虽然大厦肯定主要是由砖头堆砌而成，但一堆砖头肯定不是大厦。这其中还需要其他因素的参与，如钢筋、水泥、混凝土等。

李笑来在《通往财富自由之路》一书中曾说，钱本身最多称为资金，但要想成为有效的赚钱的资本，还必须具备三个基本要素：

第一，资金大小。

第二，资金使用时间。

第三，资金背后的智慧。

我们先来看看资本的第一个要素。

大多数人一直没有开始投资的主要原因，恐怕就是认为：自己没有足够多的钱。

1 000 元和 10 万元都是指资金的额度，究竟哪个可以作为资本呢？在今天，1 000 元因为金额太小了，也许不能够成为资本。那么 10 万元呢？也许是资本，也许不是。那么 1 000 万元、1 亿元呢？这个金额足够大了，总可以被当作资本了吧？实际上如果投资一个大型的水力发电站项目，1 亿元是远远不够的，动辄数十亿、上百亿元。因此，如果单纯说资金金额本身，是不能界定其算不算资本的，主要看这笔钱的用途。

事实上，现在只要手上有点闲钱，哪怕只有 1 万元，也会有人拿来进行投资理财，如放在余额宝里——因为余额宝的利息比银行活期存款高。余额宝背后的基金公司，将大家零碎的钱聚集起来再投资，同时保持高周转流动性以钱生钱。

也许有人会质疑，这种简单的存钱怎么能叫真正的投资呢？那就以投资股票为例吧，现在去证券公司开户存入资金买进卖出极其方便，一个账户还可以购买沪深股、港股和美股。目前，沪深股和港股至少 100 股起售。例如，100 股伊利股份（600887.SH）才 2 212 元（2018 年 12 月 21 日盘中价），如果你判断伊利股份的基本面较好，具备未来内生性增长的空间，以及看好其团队的管理能力等，那么只需要 2 212 元就可以投资了。

投资并不需要很大的资金量，金额也根本不是投资的最核心要素。

资本的第二个要素更为重要：你能使用这个资金的时间。

假设你现在银行账户上储存有 500 万元的资金，能够使用这个金额的资金多长时间呢？一笔资金，使用 1 个月、1 年、10 年或 20 年，其价值和意义都是不一样的，最后的收益也是有天壤之别的。

万科 A（000002.SZ）有个传奇股东，叫刘元生。1988 年，刘元生以 360 万元购入 360 万股万科股票，以 2016 年 6 月 27 日万科的总市值 2 697 亿元人民币计算，刘元生的万科资产账面财富约为 27 亿元人民币——28 年，股票价值翻了 750 倍！

这个事例中，最关键的并不是 27 亿元，也不是 750 倍。试想一下，20 世纪 80 年代这么大笔金额是绝大多数人不可能拥有的资本。而且，这笔钱从来就没有挪作他用，一动不动地放了 28 年，这才算得上资本。

所以，真正意义上的资本是可以将资金“判一个无期徒刑”的，资金时间也是资本的一个主要因素。

以股市为例，大部分人投入股市里的钱，很难做到“到死都可以无须挪用”，甚至不乏利用高杠杆借钱炒股。这种钱进入股市后，投资者的情绪会随着大盘跌宕起伏、上下波动，稍有风吹草动即频繁买进卖出，最后的结果就是成为“一赢二平七亏”中被无情割掉的韭菜。

股神巴菲特的老搭档查理·芒格曾经说：如果你想获得想要的东西，那就得让自己配得上它，信任、成功和钦佩都是靠努力与智慧获得的。

这其实也就是关于资本最为重要的第三个要素：资金背后的智慧。

它指的是对金钱的认知。因为赚钱从来都不是一件容易的事情。资金在不同人的手里所产生的价值是不一样的。例如，同样是 1 000 万元的资金，让你、我、马云、雷军分别拿去做第一次投资——不用猜，收益率最高的绝不是你和我，马云、雷军肯定会一骑绝尘。所以，隐藏在资金背后的智慧，远比资金构成有效资本的前两个要素更加重要。

你不得不承认一个残酷的事实：大多数人根本不配站在资本之后。

### 3. 突破认知框架

投资理财这条路虽然并不容易，但好在理念、知识和技巧等确实是可以通过后天不懈努力学习和积累的。

兴趣是最好的老师。对财富的强烈渴望，对赚钱充满激情，才是一个人愿意去赚钱的最大动力。而且在赚钱过程中享受到乐趣和成就感，他才有可能将钱转变成“资本”。同时，持续不断地学习和积累资本意识，以及经营资本的经验与技巧，才能获得最后的成功。

实际上，一个穷人要变成有钱人，最大的困难是最初几年。有一则财富定律：对于白手起家的人来说，如果赚取第一个 100 万元需要花费 10 年时间，那么从 100 万元到 1 000 万元，也许只需要 5 年，再从 1 000 万元到 1 亿元，则可能只需要 3 年。

这个定律告诉我们：已经具有的丰富经验和充足资金，就像行驶在高速公路上，速度已经提上来了，只需要轻轻踩下油门，车就会疾驰如飞。

穷人不仅没有资本，更大的关键问题在于没有资本意识，没有经营资本的经验和技术。如果穷人没办法把钱转变成资本，也就只能一直穷下去。

别灰心！我想郑重告诉你的是：人与人之间在智商上的差距，远没有想象中那么大，一件事他能做，你也可以，无非是实现的程度深浅不一样而已。1 万小时定律即是最好的注解。

坦率地说，在任何时候，穷人都是社会的弱势群体，很少能够掌握主动权，很多时候连自己也身不由己，更别说试图去影响别人。穷人做投资，缺乏的不仅仅是钱，还包括思想的智慧。

（1）第一个需要突破的维度——投资的重点不是金额

这是绝大多数人止步不前的认知陷阱。

“种一棵树最好的时间是 10 年前，其次是现在”。

改变就在当下，没有任何人可以代替你积累资金和经验。也不是很多人幻想的那样，到了某个阶段，自然而然地就获得了某种“神奇的力量”，突然一夜之间实现财务自由了。

在这种认知背景下，很多人说“反正我没有多少钱”，从而认为投资理财这件事和自己没有半毛钱关系。他们有这种看法，主要是太过关注盈亏绝对值，而不是盈亏比例。例如，他们认为投资就是把 100 万元变成 200 万元，而 1 000 元变成 2 000 元，则只是赚了点零花钱。

所以，他们的推论是：先得有 100 万元，才能投资啊。其实，这两个投资在回报率上来说，是一模一样的。

把焦点放在盈亏比例（相对值）上，而不是本金或盈亏金额（绝对值）上，是 90% 以上的投资者终生都没能学会的东西。

这很容易就让人想到刚入股市时，大多数人都天然喜欢买入价格低的股票，原因在于它们看起来便宜。面对收益潜力再高的股票，只要看一眼价格，便会望而却步。这样的思考方式，让人很容易买入大量的“垃圾股”。

从这个意义上来说，很多人都错过了大量的投资机会。

（2）第二个需要突破的维度——给自己的投资款“判上无期徒刑”

这也是最受人质疑的。

有人曾经做过调查，2/3 以上的人若丢失自己年收入的 10%，1/2 以上的人若丢失自己年收入的 20%……其实根本不会影响生活质量，只是大多数人根本就没有意识到这个事实而已。

打个比方，对于年收入 20 万元的人，拿出 2 万元做投资理财，并给这笔钱判上无期徒刑，相当长的时间内不挪作他用，其实很大概率上不会影响他的生活质量。

有时候一些年轻人听完投资理财课之后，也开始积攒本钱，进行基金定投、买入股票等，然而往往过不了多长的时间，又会遇到很多突发事件，如亲人生病、买房、买车等，把好不容易积攒起来的钱如数花掉了。

这种情况在股市里极为常见。很多人买了股票之后，一天到晚都紧盯着K线，一旦股市上涨了，情绪兴奋；一旦股市跌了，通宵失眠。为什么如此焦虑？因为他们觉得，这些钱如果损失了，就会导致影响生活质量，甚至原本是打算能在半年内翻一倍，然后把收益拿出来换房换车。他们忽视了投资最忌讳的，就是过于短暂的投资周期，以及由此导致的患得患失。投资不是赌博，无论输赢都讲求即时效应。所以，他们很困惑，到底应该如何进行下去。

巴菲特说：没有任何方法去准确预测市场的波动，因此投资者需要做好持仓五年以上的准备。

那么到底多少钱，才能心平气和地给它判无期徒刑呢？标准很简单，就算全部损失掉，也不会影响到你的家庭的正常生活质量。另一方面，这也杜绝了借钱投资“加杠杆”这种高风险行为。

时间，是投资最好的朋友，足够长的投资周期才有可能享受“滚雪球”的复利效应。

实际上，能够拥有一大笔钱而几乎从不动用的人，其实已经拥有足够的智慧和实力站在资本背后，终有一天可能成为出类拔萃的投资者。即使起步较晚，一旦有了这种意识，他就为自己的投资能力打下了坚实的基础。

从某种意义上讲，第二个认知突破至关重要，因为第三个突破几乎是与第二个突破同时发生的。

（3）第三个需要突破的认知——实践出真知。

关于投资背后的智慧，“纸上得来终觉浅”，就像这本书，也只是从理论上帮助你梳理脉络，进行逻辑推理和观念升级。但个人的经验、思考和智慧，都只能从实战中获得的。

就像任何运动员一样，不管是什么类型的运动项目，都无一例外需要“力量训练”，任谁也无法速成，这会是一个漫长的过程。

正因为如此，第二条中“判无期徒刑”的资金就发挥作用了，这笔钱是你不会挪用的，甚至是你输得起的“学费”，最后若通过这次投资能够提升你的投资能力，那也是值得的。

如果你真的能做到观念升级，你会发现这三个认知的突破并非不可逾越，甚至发现投资赚钱并不是高深莫测的事情。

在通往财务自由之路上，没有任何捷径可走，唯一的办法，就是努力学习和积累。但在投资理财之前，要先明白自己的资本到底是什么，有了这些，才能慢慢走上一条正确的道路。这条路虽然慢，但总会到达。

## 三、你所拥有的最宝贵的资产

一提到资产，绝大多数人能直接想到的概念肯定是“金钱”，善于思考的人会说最珍贵的资产是健康、家庭、亲情，而更偏重于理性的人则会说是时间。鲁迅说：“我把别人喝咖啡的时间都用来写作了。”时间对每个人来说都是客观公平的，你珍惜它，它就是财富，你忽略它，它便一钱不值，当然你也就一事无成。

一个人之所以能成功，是因为他会在 24 小时内做跟大多数人不一样的事情。

如果我们想要取得成功，就必须注重时间管理，提高做事效率。而隐藏在时间背后的，就是一个可能原本不在自己的操作系统里的概念——注意力。

你可能没有从这个角度想过问题，所以才会无所谓。

从财富认知的逻辑来说，健康是一种状态，只有当这个状态被打破时，才会导致损失，但它本身没有任何产出；金钱尽管可以用来交换很多东西，但它不是最重要的，因为它可以再生；时间不受我们控制，也无法储存，我们只能试着跟它做朋友，利用它赚钱。

### 1. 被收割的注意力

“注意力”这个概念最早诞生于心理学科，所以，“注意力经济”（the economy of attention）这一说法最早是由一位名叫桑盖特（W. Thorgate）的心理学家于 1990 年提出来的。

以互联网为例，它在还没有被大规模普及的时候并不能实现盈利，因为它不具备传统商业的“人流”和“钱流”，所以互联网在开始都是免费使用的，那时几乎只有一种商业模式——吸引人的注意力。

简单地说，如今的“大V”“网红”和抖音这些都是注意力经济的产物。

他们通过提供各种新鲜有趣的内容，以吸引用户的关注，把流量提升上去之后，就开始卖广告——本质上是把大量用户的注意力集中起来，然后打包卖给广告主。

当然，除了广告，“大V”“网红”们也可以卖书、卖衣服、卖化妆品等，也能赚得盆满钵满。可是，这些“大V”“网红”们利用了你最珍贵的东西——注意力，自己却享受了全部的红利。

所以，注意力并非不值钱而可以拿来滥用。起码这个世界的商业模式之一在清楚地告诉你：虽然单个人的注意力可能很不值钱，但若能大量吸引单个人的注意力，就有可能卖出一个不错的价钱。

那些被游戏、微信、电视剧收割的注意力，就是由很多个体主动放弃的注意力构成的。如果连这样的注意力都能卖出好价钱，那么主动有效调配且最终能有所产出的注意力该多么值钱？

在某种意义上，我们一切的价值，都是我们注意力的产出物。更为关键的是，一个人的注意力，很可能是唯一能够称得上“与生俱来”的有产出能力的资源。

如何使用注意力，其实是我们自己的选择。当我们任由自己最重要和宝贵的资产一点点地流失掉，我们还能期待成功？别开玩笑了。

## 2. 人生三大坑

注意力是我们能够随时调用且有所产出的资源。把注意力集中在学习上，就会学有所成；把注意力集中在思考上，思维能力就会升华。

注意力集中在哪里，哪里就会开花结果。

能够长时间集中注意力，它的产出比更高，效率也更高。这是几乎所有学习能力强的人的必备能力。

仔细观察一下身边的成功者，你就会发现他们往往都能够很快集中注意力，而且可以长时间保持。在他们看来：他们能够做出诸多明智的决定，并不是因为自己聪明，而是在这件事情上投入了很多时间和精力。也就是说，为了表面上看起来聪明：

第一，他们为了解决问题花了大量时间。

第二，在单位时间内，他们的注意力运用效率更高。

通过持续投入时间和注意力，最后才产生了好的结果。

相信大家都有过这样的经历：原本打算安静地看一会儿书，结果不到10分钟就忍不住想看手机，总想着是不是有人给自己发消息，是不是有人新发了什么朋友圈……注意力就这样被分散了，切割成一小段一小段的碎片，而且能够集中的时间越来越短。

现实生活中，干扰注意力的因素还有很多。李笑来老师经过多年的观察，曾经总结了一个概念，称为“人生三大坑”。

（1）凑热闹

走在大街上，经常可以看到很多人围在一起议论纷纷，而且往往聚集的人越来越多，后来者禁不住好奇心伸头探脑，想要知道究竟发生了什么，使劲儿往里挤。可关键在于，这些事情往往跟自己没有半毛钱关系，没准儿就是一只老鼠过街被疾驰的汽车碾压了，为什么要去凑这个热闹呢？

在互联网时代，大家上街的欲望和时间越来越少，喜欢宅在家里偏安一隅，于是改为上网围观。网上热闹的事情更多，围观的人毫不费力地就能裹挟其中，种种八卦谈资像是给贫乏的生活抹上了一点蜜，刺激而有意思。这种人在网上被称为“吃瓜群众”。

环视我们身边的很多人，没什么正事儿可做，闲得要命，即使不做“吃瓜群众”，也会选择刷微信、玩抖音——时间都被浪费在莫名其妙的凑热闹上了。

（2）随大流

雷军曾说，在风口上，猪都能够飞起来。

似乎一夜时间，很多“风口”应运而生，如AR（增强现实）、VR（虚拟现实）、O2O（线上到线下）、共享雨伞以及人工智能等项目。有点理论功底的人把这个风向叫作“趋势”。

毫不夸张地说，无论在产品制造、商业模式上，我们的模仿能力都堪称一流，而且速度惊人，所以一旦有什么东西“火”了，瞬间就会有一大批人蜂拥而至，心急火燎地参与其中。

例如，有人考研，大家都去考研；有人开滴滴，大家都去开滴滴；有人开始创业，大家都去创业，结果亏得一塌糊涂，省吃俭用积累起来的本钱都打水漂了，搞不好还要欠一屁股债。

我有个很好的朋友当年学计算机纯粹是因为热门，结果毕业进了 IT 行业，天天加班，动辄到处出差，忙得昏天暗地。最关键的是，自己对这个行业完全没有兴趣，做得辛苦而难受，不知道还能坚持到什么时候。这样的人生像是一个恶性循环，打造出的是木然而无趣的职场人，每天感慨着“生活无趣”，消磨时间与人生。

可怕的是，我们一旦进入这个循环，就好像被驯化了，习惯了这种思考方式，以至于很多年之后，我们也没有从“坑”里爬出来，不会做一个自己想做的人，反而习惯做一个“跟别人差不多的人”。

实际上，在任何一个大趋势出现的时候，一定有一批人早就准备好了（虽然不一定是特意准备的）。那些趋势、那些机会，并不属于那些心急火燎的人，因为他们平日里从无积累。

去了解世界，多想想：我的兴趣是什么，以后想做什么，学什么专业，从事什么工作……你得做自己，最终才能抵达目的地。

（3）操闲心

替别人操心，其实是一种病。

例子很多，如一个在街上炸油条卖豆浆的大哥，每次都跟顾客高谈阔论，那滔滔不绝的架势，着实像极了一个国际观察员。其实，这个哥们儿完全可以把时间节省下来，把自己的精明放在研究如何深度发展自己的油条业上，如扩张规模做早餐连锁店，或许更好。

说到底，操心是一种病。因为，操心本来就没有什么用。俗话说：咸吃萝卜淡操心。这句话说得极有道理。所以，还是少为别人去操心，好好想想自己怎么过吧。

就像我们从小跌跌撞撞地学走路，总会不断地摔倒，然后爬起来继续前进。在成长的过程中，也会有无数的“坑”在等着我们掉下去，要么困在“坑”里束手待毙，要么想方设法爬出来。重新审视一下自己，你是不是还在“坑”里无动于衷？若你竟然爬出来了，那就回过头去看看，是不是还有许多人依然在坑里“幸福地活着”？

### 3. 注意力>时间>金钱

如果说注意力是一把锋利无比的铁锹的话，你若期待有所产出，那就要看把它用在什么地方了。例如，把它用在煤矿里，它就能挖出煤来；把它用在金矿里，它就能挖出金子来。但如果你把注意力放到根本不产出任何价值的地方，那就惨了——你最宝贵的资产被消耗了，却一点收获都没有。

实际上，每个人都拥有三种财富（或资产）：注意力、时间、金钱。

当我们都处于起跑线上的时候，除非你能够从父辈那里继承一大笔钱，否则所拥有的金钱可能不会很多，也无法轻而易举地赚到很多的钱。这是绝大多数人必须面对的现实。所以除了钱，在时间和注意力两个方面，所有人都是一样的，每天 24 个小时，这跟遗传、继承没有任何关系。

但现实是，人与人之间的差距如此之大。所以最关键的问题在于，一个成功的人，他会在同样的时间里跟大多数人做不一样的事情。

从价值上来看：

注意力>时间>金钱

凡是能用钱买来的时间就是便宜的，凡是能用时间换来的注意力持续就是有价值的。《西游记》中，唐僧脑子里就一个信念或一件事——去西天取经，无论遇到多么大的苦难挫折，他都能集中注意力，坚持不懈，所以他成功了。用雷军的话说，那就是：专注、极致、慢。

（1）分配和管理注意力

时间不绝对受你的支配，但注意力却不一样——爱怎么用就怎么用，理论上不受他人控制。所以，时间管理其实是一个伪命题，本质上是对注意力的分配和管理。注意力就像能够升值的钞票，你把它投资在什么地方，它就会在什么地方生根发芽并有所产出。如果你不懂得管理和分配自己的注意力，就像不懂得管理和分配自己口袋里的金钱一样。

再从现实成本角度来看。买一个东西或服务是多花钱合算还是多花时间合算，最理智的考量就是把时间换算成金额，和金钱相比，看哪个更贵。

例如，有人曾经就是在家里做饭好还是叫快餐好算过一笔账。自己做饭的话，从去买食材到回来炒菜做饭，需要多少时间？2 个小时？你在工作中 2 个小时的收入是多少？如果 2 个小时的收入>快餐的价格，理智选择就是吃快餐，反之就选择在家做饭。

换一种角度，从投资的视野来看，也就是从增量的角度，假设 2 小时收入=快餐价格，在这种情况下自己做饭和吃快餐所付出的成本是一样的。选择自己做饭最后的收益为零，而选择吃快餐相对于自己做饭就是负收益。

两者相减，这多花的钱买的就是自己的时间，但如果我们把这些时间用在未来能增值的学习和个人成长上，那未来的时间价值>当下价值，最后推导的结果就是时间>金钱。

上述逻辑有个前提，只有把时间投资在能使自己成长提升的正收益上才会时间>金钱，而如果做一些消磨时间的事情，如对未来无益的游戏、闲聊等，那么未来的时间=当下的时间，未来是没有增值空间的。

所以，注意力是时间投资的锚点，你把注意力放在哪里，时间就会在哪里逐渐积累，注意力越是集中在对个人成长或是未来有益的地方，未来的时间价值就越会放大，呈现出正相关的逻辑。因此，时间是依附于注意力而存在的，推导结果就是注意力>时间。

（2）从解决拖延症开始

准确地说，我们每个人几乎都有拖延症，这个背后是因为我们的注意力不够集中，或者被滥用了，从而导致诸多“未解决事项”堆积如山，最后束手无策。怎么办？请拿出一张纸，把每一天的注意力都花费在什么地方写下来。记住，不是记下你的时间花费流水账，而是注意力资源的花费。这可是两种截然不同的思考和解决问题的方法。

每个人心里可能都有一份模拟清单，写着各种我们需要在不同阶段完成的事情。有的事情还没开始做，有的事情开始做了但并未完成。

那么如何集中注意力，有效率地完成目标？其中有一个需要处理的棘手问题，叫作“未完成事项”。它就列在我们需要完成的清单里，其实也是我们真正做好注意力优化配置的起点。

首先，列出“未完成事项”碎片清单。花 10 分钟时间认真梳理一下，把所有未完成的事情罗列出来。其次，把“未完成事项”排序。用符号标注出那些你最在意或者最急需处理的事情，占用你最多注意力的事情，让你感觉最无力的事情，哪些未完成的策划、项目、专案、计划带给你最多的困扰。列出一个新的清单，按照重要性排序。最后，按照二八法则①立即行动。在经过整理排序后的清单里，选择排在最前面的两个事项开始行动。充分利用二八法则，将主要精力花费在最有价值的事情上。即使碎片清单上罗列的事情再多，在最近的一个时间段内往往也只有一件或者两件事情需要占用你最多注意力。那么，不要再犹豫不决了，立即安排时间去把这一两个事项解决掉，在此期间，其他任何事情都视若无睹，别让自己分散注意力。

另外，如果你觉得某一件事情自己确实没办法完成，那就将它从清单中删除，从心底放下它。就像恋爱中的分手，既然已经放弃就绝不要再牵肠挂肚，这些过去的事情并不值得占用你比金钱、时间更重要的注意力。

经济学家陈云博士②说：“未来 30 年谁把握了注意力，谁将掌控未来的财富。”闲置的是你的注意力，但荒废的是你的成长，所以我们一定要把注意力放在个人成长上，不要把海量的注意力廉价甚至免费卖掉。不珍惜自己注意力的人，注定是贫穷的，因为他们终身都将被无情收割，不可能有真正有价值的产出，怎么可能最终变得富有呢？

---

① 二八法则又称“马特莱法则”“2080 法则”，是国际上一种公认的企业法则。二八法则是指在因和果、努力和收获之间，普遍存在不平衡关系。

② 陈云，美国伯克利加州大学经济学博士，中共中央政策研究室经济局研究员，著有《未来 30 年用钱赚钱》等书籍。

第二章

# 通往财富自由之路

钱是个好东西，金钱换来的东西，有时候真能够抚慰人心。我们赚钱，未必是因为钱能带来享受或是炫耀的资本，而仅仅是需要它来终结内心那一份仓皇的颠沛流离。

金钱不会听命于配不上它的大脑。

——艾茵·兰德

要了解一件事，首先我们需要了解其概念。那么，“财富自由”的概念到底是什么呢？或者说，我们应该如何定义“财富自由”呢？

维基百科是这样定义的：财富自由，是指你无须为生活开销而努力为钱工作的状态。也就是说，你的收入等于或者大于你的日常开支。

查理·芒格说，如果我知道自己将来会死在哪里，那我永远不会去那个地方。这种逆向思维告诉我们，渴望实现拥有更多选择权利的财富自由，那么我们首先应该知道，这么多年以来，我们为什么没有成为一个有钱人？

## 一、那些年，阻挡你有钱的误区

### 1. 被困在永恒的当下

沉湎过往、囿于当下，是一剂温柔的毒药。

我在中学时候有个同学 W 是一个胖子，1.75 米的身高，160 多斤的体重，大家背地里给他取了一个绰号——肥猪。很多年后，在一个酒店偶然相遇，我差点没把他认出来。

当时正值夏天，W 穿了一件简单的黄色 T 恤，一条紧身的牛仔裤，衣服将他的身体线条展现出来，几乎没有肚腩，以前圆乎乎的胖脸也变得线条清晰、轮廓分明。他看出了我掩饰不住的诧异，得意地说：“一个人连自己的身体都控制不了，怎么可能有能力控制自己的人生？”

W 说以前也经常发誓要减肥，但总是坚持不了多久就放弃了，然后再反弹。谁都知道躺在沙发上吃零食喝啤酒看电视舒服，谁都知道那些散发着香味的美食比素淡的减肥餐好吃，没有经历过健身减肥的人不会明白那个过程是多么漫长，需要多强的耐力和执行力。

我自己就是一个长期坚持锻炼的人，所以对他那天说的话深有体会。健身是一条不舒适的路，相比风雨无阻去健身房报到，待在家里随心所欲该吃吃该喝喝容易得多，但当舒适成为一种习惯，再试图推倒重来会更加困难，试着不让身体处于舒适的状态，也许你会发现离开舒适区并没有想象中那么艰难。

但我们总是害怕下决定，尤其是那些挑战熟悉感的决定。我们就等于被困在永恒的当下。人要被逼到什么程度，才会愿意连根拔起，放弃过去那个最习惯的方式？也许是真的走投无路，或者彻底失望，一切都到了无可挽留的地步。

挑战自己的舒适感，说起来容易做起来难。可悲的是，挑战失败了，软弱的我们还总会产生一种变态的感慨：唉，最终还是维持原样了，我不是故意的，但这样真的很舒服。

这里面藏着人性最深的软弱。

在这种纠结缠绕的矛盾中，我们很容易变成自己讨厌的人：轻易许下承诺，却难以兑现。每天在微博、朋友圈叫嚷着要节食、减肥、运动……但从没成功过。

除了懒惰，大概还有忧虑，害怕脱离常规的不安全感。

所以，大部分的人终究是平庸的。

## 2. 没有 100%的安全感

现在的生活，就是你所选择的结果。

大多数人，包括曾经的我，活在当下的舒适区泡沫里，未曾想过平静的生活表象下暗潮涌动、一触即发。这是一种非常危险的状态，越是岁月静好，生活的暴击可能将你摧毁得越彻底，如一些突如其来的意外、重大疾病。

一个朋友曾经在国内一家知名的互联网公司任职市场总监，拥有 10 多年的销售、市场推广经验，堪称行业专家。他为公司的发展做出了非常大的努力和贡献，受到老板器重，同事尊敬，下属崇拜。当然，收入也颇为丰厚。

2014年年中，他买了一辆宝马X5、一套200多平方米的大房子，妻子全职在家照顾3岁多的孩子，每月还贷4万多元毫无压力，生活过得平静而美好。他以为，他会一直这样轻松快乐地生活下去。

然而也就是短短的3年多时间，景象骤变。在2018年年底互联网公司的大规模裁员潮中，他被裁撤了。他在电话里告诉我：他已经失业5个多月了，虽然也硬着头皮到处去面试，但是自己人到中年，能力也到达了一个瓶颈，大公司不会给他高职位，小公司待遇可怜、前景堪忧。他说，很后悔当初仗着自己的经验优势，不思改变，没有为未来做考虑。

他是一个心气很高的人。但如今，孩子要上幼儿园，妻子还怀上二胎，年迈的父亲也经常生病住院……这一切都需要钱，上个月的车贷已经拖欠了。原本看似平静的幸福生活，没想到顷刻间全部坍塌，让他措手不及。

这样的事情不是少数，很多看似风光无限的中产阶层，在遭遇危机的时候，毫无还手之力。我们也都经历过这样的阶段，当一个人被现实中的一些刚性需求捆绑时，是没有能力想得长远的。

当然，很多事情不是想一下就能懂的，也不是自以为懂了就真的懂了。全面、深入的思考是特别困难的事情，因为当注意力投入不够的时候，就做不到全面、深入的思考。

当我们躺在舒适区里心安理得，并以此推断未来生活的愿景，很容易就被眼前暂时的安全假象所蒙蔽。换一句话说，就极可能被困在永恒的当下了。

几乎所有的进步，都是在放弃部分安全感的情况下才有可能获得的。

财经作家吴晓波写过一本书，叫作《激荡三十年》，其中写过很多鲜活的例子，这些例子无比残酷地证实，“追求100%的安全感”将一批又一批甚至一代又一代人的生活变得“生不如死”：处心积虑地弄到“铁饭碗”却最终不得不下岗的，不惜借用两三代人省吃俭用的积蓄和贷款买房而成为“房奴”的，害怕不稳定所以待在体制内却终生抑郁不得志的……太普遍了。

但实际上，几乎所有自认为缺乏安全感的人，都是在追求100%的安全感。

所以，投资大师李笑来说：

· 追求 100%的安全感，肯定会把自己困在永恒的当下。

· 我们必须放弃一部分安全感，才能长期、深入地观察和思考。

实际上，安全感的真正来源不是钱，而是赚钱的能力。前者永远是充满不确定因素的，从来不会始终如一地跟随固定的主人；后者却是完全属于自己的，存在于自己的思维和认知里，没有人能够轻易拿走。

如果我们不放弃一部分安全感，不对自己狠一点，生活就一定会对我们痛下杀手。

丹尼尔 · 平克曾说："今天我们如果不生活在未来，那么，未来我们将生活在过去。"

我始终相信，这个世界一定属于活在未来的人。居安思危，无论发生什么，都不至于手忙脚乱；放弃一部分安全感，不断进阶，才是人生唯一靠谱的策略。

## 二、财富，是认知的变现

任何财富的获得，都不会是轻而易举的事情。

如果没有与之匹配的能力，即使短暂地获得了大笔的金钱，最终也会以不同的方式失去。

### 1. 认知，是赚钱的前提

先来看一则故事：

一个穷人每天都向神灵祷告说，富人只是运气好罢了，如果神灵让他跟富人的起点一样，他也可以成为有钱人。

于是，神灵满足了他的要求，把一位富人变得跟他一样一贫如洗，然后赐予他们各自一座一模一样的矿山，让他们自谋生路，神灵一年后再来看结果。

第一天，穷人和富人都挥汗如雨地劳作了一整天，最后把挖出来的矿卖了100元钱。穷人立即拿着这笔钱去大吃大喝了一顿，而富人则只花了10元钱买了两个馒头填饱肚子，用剩下的钱又买了一套开采工具。

第二天，穷人依然挥汗如雨地挖了100元钱的矿，用这笔钱给家里添置了一些物件。而富人以100元钱一天的价格雇用了两个人帮他干活，最后挖了200元钱的矿，富人什么都没做就赚了100元钱，又买了一套工具。

第三天、第四天、第五天……穷人每天都把赚到的钱花掉，零碎地存了一点小钱，所以他依然很穷。而富人的矿山则热火朝天，他每天都能有大笔的金钱入账，已经在盘算着买下第二座矿山，继续扩大规模。

一年以后，穷人依然是穷人，而被神灵剥夺了财富的富人，再次变成跟此前一样的有钱人。

在一定程度上，贫穷与富有和运气的关系并不大，赚钱的思维方式才是最关键的差异所在。

赚钱，从来都不是一件容易的事情。就像上述故事里的富人，起步之初，不得不咬牙忍耐，度过一段清贫而难熬的日子。但是，只要坚持不懈，最后就能获得丰厚的回报。而贪图眼前的享乐，则是典型的“穷人思维”。踮着脚尖买豪车、换大房子，不停地消费，的确能够满足我们的炫耀心理，但随之带来的却是危机和焦虑，最终导致财务压力巨大，陷入恶性循环。

每个人都喜欢物质和享乐，但想要彻底摆脱穷困，就必须学会克制自己过分的欲望。既然选择了固守“穷人思维”，那么就不要总是抱怨收入少，手头拮据，贫穷要从自身寻找原因。锻炼自己的大脑，增强自己的竞争力，才是赚钱的唯一出路。

在我们大多数人的认知里，对于事业成功的认识高度统一：努力学习，先考上一个好中学，再考上一个好大学，选择一个好专业，找到一份高工资的工作，拼命工作成为高管，从此衣食无忧，生活幸福。好像有点童话故事的意思？

等到毕业进入社会才发现，自己被灌输了20多年的美好人生蓝图，却和现实相距甚远。

为什么呢？简单地讲，传统教育传递给学生的赚钱思路只是一种“假想”，好像把卷子上的试题做对越多将来就越有钱，可事实是这和现实世界中财富的分配方式几乎毫无关系。

你渴望成为的那种有钱人，并不是依靠技能就能获取一份高薪酬的人。

准确地说，如果我们在某个行业里有着高超的专业本领，从而获取一份高薪，最终实现财务自由也并非不可能。但如果没有优秀的先天条件和刻苦的后天努力，大多数人所能学习的技能，都并非不可替代到让公司心甘情愿为你支付一份远超市场平均水平线的薪酬。

一个人能够拥有的财富多寡，在很大程度上由他的认知能力来决定。

这个论断的含义是，如果财富不在一个人的认知和观念中，那么这个人赚钱极其困难。财富是不会自然增长的，如商品的高附加值，就来自隐藏在思想与才干中的创造力。

任何试图赚钱的人都应该明白，财富是认知能力的产物。说得形而上一些，我们追求财富的过程，实际上是认知与自然同步的过程。赚钱就是用头脑中的认知理念去顺应财富的自然之道，当两者能够统一的时候，财富就自然产生了。

从这个意义上讲，财富不是可以追求的产物，而是认知与财富同步化过程中的产品。同步的程度越高，持续的时间越长，赚取的财富就会越多。

### 2. 赚钱，是认知的变现

没有产出的认知是没有任何意义的。你不生产，就实际上什么都没有。例如，你能识字，能看书，却什么都做不出来，还有比这更失败的吗？

归根结底，赚钱就是有能力把认知予以变现。

我们所看见的东西，只以我们所理解和认知的方式而存在。例如，我们现在所处的境况，反映的就是我们的认知。

马云说，任何一次机会的到来，都必将经历四个阶段：“看不见”“看不起”“看不懂”“来不及”，认知变现也是同样的逻辑。

很多事情从0到1的过程是最困难的，认知变现有两个关键环节，一是认知，二是变现，缺一不可。

认知是思想，变现是执行，知行合一方能赚大钱。

人们常说：世界上最恐怖的事情，莫过于它就发生在身边，你却对它一无所知。这跟投资界有句很出名的话异曲同工：

投资很难赚到你不相信的那份钱。

知道和相信之间有很大的距离，而真正的认知是相信，甚至信仰。

A.《王者荣耀》游戏火遍朋友圈的时候，我相信大多数人都知道。而腾讯控股（00700）的股价5年翻了10倍，连续数年涨幅超越了绝大多数资产的收益率，大多数人无非也只是感慨：腾讯真牛啊！

B. 不少人通过各种渠道学习甚至深入研究了很多关于Google、Facebook、苹果、亚马逊、阿里巴巴等明星公司的核心竞争力、商业模式、管理团队等各方面的知识，都知道它们是行业里的“独角兽”。如果把这5个公司的股票做一个组合进行复盘，过去三年的平均年化收益也至少高达30%。

这些现象说明了，移动互联网对人们生活方式、商业模式的深刻改变，新生一代的消费习惯升级。这些因素我们大多数人都知道，但能真正从知道到相信，进一步转化为可以投资的认知的人，则少之又少。

进一步讲，事实上认知本身的作用不大，真正起作用的是“比别人更有高度的认知”或者“比别人更深刻的认知”，也就是“经过不断升级的认知”。

那么，怎么实现认知的不断升级？

在行动中思考。

很多时候，单纯的认知不仅价值不高，而且能量不足。“纸上谈兵”说的就是这个现象。李笑来说，用行动刺激认知，用认知改良行动，才是最有效率的方法。在行动中产生的思考和认知，不仅积累多、质量高，而且都是从实践中汲取到的“干货”，远比在书本上学到的更有价值。你身边夸夸其谈最终却一事无成的人还少吗?

没有行动中的思考,就没有真正有价值的认知升级。没有认知升级,就无法可持续性地赚钱,也根本不可能白手起家。

所以,认知升级才是硬道理。

### 3. 建立自己的认知体系

如果你对自己如今的生活不满意,是否想过改变呢?

绝大多数人会止步于"我没有钱""我没有关系""我没有学历和能力""我不懂投资理财",甚至"我太忙了,没有时间""我不知道怎么做,从哪里开始"……

在这个五彩缤纷的世界,人们为了生存、生活不断忙碌,希望自己有更好的物质条件、更多的时间自由,希望自己的家庭充实、美满,希望自己能更加富裕、拥有更多选择。

但现实是,有些人终日忙碌却无法摆脱贫穷,这叫穷忙;有的人即使有了较高的收入也没有时间自由和选择权——这些都不是他们想要的。

然而,另外一些人却靠修建自己的"管道"源源不断地获取财富。到底是什么原因产生了这样的差距?

先来读一则故事:

有一个村庄严重缺水,为了解决这个问题,村里决定对外招投标,以使每天都有水,A和B接下了这份工作。A立刻行动起来,买了3辆箱式送水车,每天奔波于3千米以外的水库和村庄之间,由于起早摸黑地工作,A很快赚到了钱。

B没有照葫芦画瓢,而是先做了一份详细的商业计划书,2个月后才带着一笔投资和一个施工队来到村庄,花了近1年的时间,B的施工队修建了一条从村庄到水库的大容量输水管道。正式输水前,B宣称他的水比A的水更干净,还能够24小时不间断地为村民供给,同时价格比A便宜20%。

理所当然地，村民们欢呼雀跃、奔走相告，立即从 B 的管道接上了水龙头。B 并未止步于此，还向附近的村庄成功推销了他的快速、大容量、低成本并且干净卫生的送水系统。这样一来，尽管每吨水只赚 1 毛钱，但每天他都能卖出几万吨水。于是，B“躺着”就把钱给赚了。

由于缺乏自我规划，绝大多数人都进入“提桶人 A”的队列，他们选择提桶打水去获得收入。但极少数人是“管道人 B”，他们明白修好一个管道的长远利益，通过规划来获得成功。这个背后，其实是如何建立一套适合自己的赚钱的认知逻辑系统。

（1）认知框架

什么样的认知最重要呢？框架。就像一本书必须有目录一样，框架是最重要的部分。掌握了框架，就能知道自己处在哪一个章节。

而认知的框架，则有两个关键环节：

①赚钱是为了什么？增加资产，跨越阶层。赚钱和财富只是手段，而幸福才是目的。

②怎么样才能进阶更快？任何人或机构最终的目的都是围绕现金流进行增值和风险管控。如果我们手上的现金捉襟见肘，陷入财务困境只是迟早的问题。现金流是加杠杆的前提，也是一个人的财务壁垒。

以上两条，就是关乎赚钱的认知框架和大纲，是不是很简单？

赚钱认知很简单，但操作并不容易。对投资理财还没有清晰概念的“小白”，可以围绕上述认知框架，在未来获取更多的实际操作技巧和经验，从而建立属于自己的赚钱和投资逻辑系统，通过打理自己的财务，实现被动收入，走上真正的赚钱之路。

（2）系统建立

绝大多数“小白”都还处于上班族阶段，如何建立“赚钱系统”，构建属于自己的现金流管道？可以用一句话概括：8 小时之内赚工资，8 小时之外靠投资。

它分为两条线：

8 小时之内的职场线。

8 小时之外的投资线。

职场线是有截止时间的，因为你最多 60 岁就该退休了。所以最重要的是在对的时间节点做对的事情——时间是最重要的配置组合，也是投资最好的朋友。

对赚钱认知越早，并通过持续学习和实践积累，就可能越早实现财务自由。

如果以年龄来定义的话，35 岁对职场中人来说是一个重要的临界点。35 岁以前，可以把时间用在多画一些点上，或者多做一些尝试，因为时间成本低，适合做费时费力的事；35 岁之后，则应该把时间用在将这些点连在一起，因为时间成本高，要逐渐把手里的资源变现了。

职场中所赚的钱，是我们用时间、智力等进行交换的结果，只是满足我们基本的生活必需，如果试图赚更多的钱，早日实现财务自由，那么 8 小时之外的投资线，则是打造赚钱系统并实现自己目标的关键工具。某种程度上，它决定了你将如何处理职场线的成果，以及如何将这些成果加速扩张。

打造投资线有以下几个基本的原则。

第一，扩大赚钱系统。养成记账、节俭、收支盈余的习惯，把“想要”和“需要”区别开来，逐步提高工资的结余率，尝试着进行一些投资理财，如余额宝、蚂蚁聚宝定期投资。尽管预期收益率不高，但可以强迫自己，定期不断地给这个赚钱的系统“加点水”。

时间是投资最好的朋友，一旦过了某个时间的拐点，“复利曲线”就会迅速上扬，钱就会像滚雪球一样越滚越大。

第二，看重盈亏比例。投资线的重点不在于盈亏绝对值，而在于盈亏比例，也就是关注收益率。在同样的投资环境里，用 1 万元作为本金盈利 50%和用 10 万元作为本金盈利 15%，前者的成绩优于后者，或者说前者的资金效率高于后者。

千万别忽视这个问题，这是很多人终身都没能学会的东西，否则就不会有类似没多少钱就没必要投资理财的想法了。例如，你现在只有几万元可以用来投资，你也能把收益率做到25%，尽管绝对收益不多，但当你有数十万元、数百万元的本金时，凭着25%收益率的经验，每3.2年就可以翻一倍，可以让赚钱系统跑得更快。

最可悲的是，终于攒够了本金，却没有与之匹配的投资能力。

第三，提高系统的稳定性。用于投资理财的钱，最好是长时间用不上的“余钱”，可能的话以5年为一个周期。只有长期不挪用的钱，才真正算得上资产。几乎所有的投资，都是中长期持有才能大幅盈利，也才能享受“复利效应”，如股市、指数基金等。

做好以上这三个原则，一个运行良好的赚钱系统就基本建成了。

在早期，职场线可以稳定且快速地积累本金，投资线将本金放大，让这些钱高效地滚雪球，以钱生钱。

从另一个角度讲，建立赚钱的认知系统，就是巧方法+笨功夫。

巧方法是指理论基础体系，做到高效聪明地整合信息碎片形成完整认知；笨功夫，就是脚踏实地花时间、耗精力去学习，一点一点地去收集和积累，没有任何捷径可走。

80%的人都被笨功夫这个阶段淘汰掉了，基本失去赚大钱的入围资格。剩下的又有50%被巧方法挡住了，原地打转徘徊，甚至成为被“割韭菜”的那一拨。

## 三、财务自由的三个要素

2017年，×××从高楼纵身跳下，抛下了两个孩子、全职带孩子的妻子，还有双方的4位老人，结束了自己的生命。

这位名校毕业的硕士生，在两家大公司先后工作了十几年，靠着自己的努力勤奋，在深圳安家落户，并过上了多数人羡慕的中产生活，足以证明其薪资收入还是蛮高的。

然而因为公司内部架构调整，人到中年的×××，毫无预兆地被辞退了，并且此前持有的期权，也没有被以预估的价格回收。一番争执之下，这个原本可以称为“过得不错”的中年人，最后却选择了跳楼作为给这个世界的回应。

在一般人看来，这些中产阶层收入丰厚，生活条件也不差，小日子过得滋润有趣。可是，当身后背负车贷、房贷、养育子女、赡养老人四座大山时，对于40岁不惑的中年人而言，生活其实挺苦。全部的工资收入就等于他的整条命，用以支撑家庭的全部开销。一旦失业，几乎等同于切断了所有的经济来源，排山倒海的压力扑面而来。

有人开玩笑说，世界上90%的麻烦都是缺钱造成的。那么，我们究竟需要有多少钱才能避免这些大多数的麻烦，抵挡内心的忐忑和焦虑呢？换句话说，也就是我们实现财务自由的门槛有多高？

胡润最新的报告认为，财务自由的门槛，一线城市是2.9亿元，二线城市是1.7亿元。

吓着了吧？别太放在心上，这种“刻舟求剑”式的数字，除了带给我们更深的恐惧与焦虑外，并没有什么实际的指导意义。

真正的自由，是拥有对于金钱的掌控能力，花得出去，也能赚得回来。

在生活中，我们的收入类型可以分成两类：主动收入和被动收入。它们将决定着生活方式、积累财富的方式，进而影响时间和财务自由。

主动收入：简单理解就是，需要主动维持才会拥有和保持的收入，如工资。我们要用自己的时间、精力、技能来换取金钱，生活中绝大部分的工作所产生的收入，都是主动收入。

被动收入：和主动收入不同，它不用依赖时间及精力去换取报酬，而是即使你没有工作也能获得的收入，如投资赚取收益、出书持续赚取版税、投资企业赚取分红、出租房屋赚取租金等。它通常是通过一个被动收入渠道，或者说建立一个赚钱系统（管道），不需要付出额外劳动就能赚取的钱，且是可持续的收入。

这两种收入方式，并没有好坏之分，因为每个人的生活方式和选择不同。主动收入相对稳定、门槛低、风险低，但收入也较低；被动收入难度高，前期需要的投入较大，但收入持续，可加速实现财务自由。

按照常规理解，实现财务自由的一个最基本的标准，就是我们的被动收入刚好可以覆盖日常生活的支出费用，也称为“财务自由平衡”。因此要想实现财务自由，那就要在减少日常支出的同时，一直不断努力地增加被动收入来实现。

有一个财务自由度公式：

财务自由度=投资净收益/总支出×100%

建议值：不小于20%。随着年龄的增长，我们需要不断地调整提高这个比例。当这个比例达到100%以上时，恭喜你，你已经实现了真正的财务自由，可以不再为钱担忧和焦虑了。

通过减少开支实现的财务自由的级别会比较低，生活水平和可支配收入也较低，只有被动收入越高，财务自由状态才会越稳定，也更有能力实现你想做的事情和进一步积累财富。所以，规划自己的工作和收入，对拥有人生选择权和实现财务自由非常关键。

对于大多数人来说，最适合的方法，就是通过投资理财来获取和提高被动收入。

### 1. 意识

有人说过一个有趣的观点：大学毕业前我们都缺了两门课程，一是爱情课，二是财富课。就金钱而言，当我们还在上学的时候，想着赚钱就是不务正业，耽误学习。可是一旦毕业后，车子、房子的话题躲都躲不开。

财富课的缺失，让我们很难正确理解赚钱这件事，也总让我们与金钱的关系处于不安与焦虑中。投资理财的知识和训练太少了，导致大多数人的财商几乎为零。

因为没有意识，因为不懂投资，所以大部分人都是在靠出卖自己的时间、智商、体力赚钱，然后把辛苦挣来的钱放在银行里，眼睁睁看着它跑输通货膨胀、不断贬值而无能为力。

国家统计局以 CPI（居民消费价格指数）为基准的数据显示，1978—2011 年这 33 年间，以复利计算，尽管每年通货膨胀率仅 5.25%，货币购买力贬值只有 5%，但通货膨胀导致物价水平累计上涨了 4.7 倍，相当于购买力累计缩水超过 82%。也就是说，2011 年 100 元的购买力实际上不到 1978 年的 18 元，1978 年 1 元钱能买到的东西，现在要花接近 6 元钱。

我们假设一下，未来每年物价上涨仅 4%，以 1 000 元为例：

10 年后，1 000 元实际消费能力相当于现在的 670 元。

20 年后，1 000 元相当于现在的 450 元。

30 年后，1 000 元相当于现在的 300 元。

大家辛辛苦苦赚钱，实际上存款却在不断贬值和缩水，而投资理财就是普通人为数不多抵抗通货膨胀的办法之一，也就是用钱来生钱。

年轻的时候没有投资的意识也许不要紧，但等到有了家庭以后还没有形成正确的投资理财意识，那就相当危险了。没有子女教育规划，没有健康养老规划，没有应对突发风险的规划，“一夜返贫”的悲剧随时可能上演。

(1) 风险与收益

在投资理财时，我们经常容易陷入一个误区，很多人只关心收益，却忘掉了最重要的一点：风险。

天性上，我们都喜欢赚钱，讨厌亏损，而体现在投资中，一旦不能客观地对待风险与收益，一方面会过度相信自己持有的产品一定会带来好的回报，另一方面也容易上当受骗，如某些号称年化收益率达到 30%以上的 P2P 网络借贷项目。

在赌场上，最容易沉迷赌博、最后倾家荡产的，并不是那种一开始输钱的人，而是一开始就赢钱，而且赢得还不少的人。因为他们侥幸赢钱后，往往会过高估计自己的能力，从而对风险视而不见，甚至会不断地加大赌注，直到把此前所有的盈利都赔进去了还不肯罢休。这种现象在股市里比比皆是。

这跟我们平时接触到的一些人类似，假装风险不存在，或者心存侥幸，盲目地追逐投资收益。

所以，只有重视风险的投资者，才能真正笑到最后。懂得控制风险，才能增加我们成功的概率。

（2）投入产出比

很多人认为“反正我也没有多少钱”，于是觉得投资理财这件事和自己没有关系，理所当然地以为那是有钱人的事情。在第一章，我就强调过，投资的重点并不在于盈亏绝对值，而在盈亏比例。

例如，用 1 万元作为本金盈利 50%，和用 10 万元作为本金盈利 15%，前者的收益率和资金效率远高于后者。

大部分情况下投入产出比越高越好。这也意味着在产出固定的情况下，投入越小越好；在投入固定的情况下，产出越大越好。

例如，你投入 100 元买了一只股票，最后赚了 10 元，那你的投入产出比就是 110%；你投入 100 元，最后赚了 50 元，投入产出比就是 150%；你投入 100 元，最后只剩 50 元，投入产出比就是 50%。

假设你每个月的收入是 5 000 元，比你职位高、薪水高的人，投入产出比要比你高，每小时比你更值钱，月薪 1 万元的人投入产出比至少是你的两倍。这也是升职加薪的本质。

所以，要想升职加薪，最简单的原则就是坚持做投入产出比高的工作。

（3）资产与负债

许多人在规划自己的人生和财富时，都不知道一个秘密：有一类东西让你越来富有，不知不觉积累财富；还有一类东西会让你越来越贫穷，就像吸血鬼一样吸光你的钱。

这就是资产与负债，也是最终造成财富差距的重要因素。

资产就是给我们带来正收益的物品，它可以源源不断地将钱带到我们的账户中，如公司的股份、艺术收藏品、发明专利，还有基金、股票、债券等。资产收入中绝大部分都属于被动收入。

而负债正好相反，它给我们带来负收益，只会让我们账户中的钱源源不断地流失，生活中许多消费品、消耗品都属于负债。例如汽车，从物品的属性上它就是一种负债，从首付款到车贷、油费、保险费、保养费等，在未来直到它报废或者售出，也只给你带来了负收益。

所以，一般来说往外付钱的东西都是负债，而资产是能把钱往你口袋里装的东西。分清楚了资产与负债，就容易知道要不断买入资产，而不是错把负债当资产买（图 2-1）。

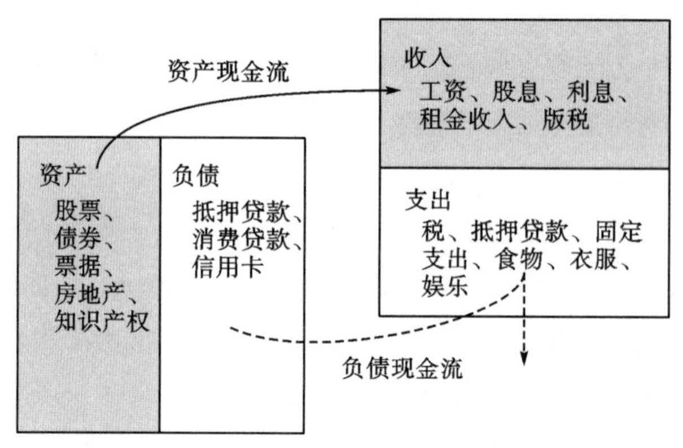


**图 2-1　资产/负债的现金流**

上述三个概念可以套用在任何事情上，关键是要真正运用到生活中去。

只要开始有了投资的意识和观念，你会发现，即便是暂时没有投资的本金，也一定会改变很多对生活的看法，从而让你的生活越来越好。

## 2. 积累第一桶金

从人性的角度上来说，我们普遍都是不劳而获的享乐主义者，没有谁天生愿意做一个自律严苛的“清教徒”。

有人曾经总结，大学毕业后的三五年内，收入渐趋稳定，工资刚刚满足日常生活所需的时候，很容易感到知足。大多数的人会在这个阶段陷入一种停滞不前的状态，那些“被困在当下”的侥幸心理，也很容易乘虚而入，尤其是背后有父母支持的时候。

其实，这个阶段我们最应该做的，就是想方设法积累自己的第一桶金。

这也是人生最艰难的阶段，很多人终其一生也无法超越这一阶段，最后的结果就是“认命”，穷困潦倒。

李嘉诚说，赚第二个100万元要比赚第一个100万元容易。说的就是人生中挣第一桶金的艰难，而当有了第一个100万元之后，就可以通过资本收益获得第二个100万元。

所有问题的症结，都在于第一个100万元该如何挣。

当然，100万元并非进入的门槛。第一桶金的标准因人而异，这跟每个人所在的地区、工作类别，以及自己对生活的要求有关，可能是10万元，也可能是100万元。

以我的经验来看，90%的人的第一桶金主要来自储蓄，慢慢积累，其次才是额外所得。也有人说：抓住一个机会也可以一夜暴富。历史告诉我们，像这样的暴发户，很快又会回到最初的样子。

很多人会说：我没有钱怎么投资理财呀？这的确是一个关键问题，没有本金，是无法去做各种安排和投资的，很多美好的梦想也会灰飞烟灭。

打个比方，第一桶金就像是一只会下金蛋的鸡，鸡生蛋、蛋生鸡，循环往复。如果还没有这只鸡，那我们首先就要从“养鸡”开始做起。

（1）节流（存款）

在这个阶段，最重要的是养成良好的储蓄习惯，这是一个渐进过程，千万别急。

首先学会记账，对自己的收支状况进行分析，做好收支规划，每个月收入多少，支出多少，能有多少结余。如果长期入不敷出，甚至还通过花呗、P2P、信用卡等方式透支，拆东墙补西墙，则说明财务状况已经非常糟糕。

如果你初入职场，暂时收不抵支，情有可原；如果你已经工作了一段时间，收入还不够养活自己，仍然靠借贷生存，那么你必须从自己身上找原因，要么是太铺张浪费，要么是能力太差。

如果是铺张浪费，则需要认真区分“需要”和“想要”的东西，尽量理性控制自己的消费欲望，一点一点地改善，如少喝一杯咖啡，少抽一包烟；如果是收入不能养活自己，你只有两种方法：一是跳槽，寻找高薪的工作；二是投资自己，持续学习，努力提高收入。

然后，请确定一个存款目标，可以从最基本的月收入的10%开始，在不太影响生活质量的情况下，逐渐提高储蓄比例。例如，每月可以存 2 000 元，一年以后，你就可以收获 24 000 元的存款，以此类推。

记住，把钱存入银行，不是单纯的活期存款，可以单独开一个理财账户，通过网银存入定期存款，推荐用十二存单法①。另外，也可以用货币基金取代定期存款，前者的灵活性和收益性都较之后者高得多。

在优化支出结构，逐渐积累第一桶金的同时，也可以尝试做一些投资，了解各种投资产品和它们的风险以及回报特点，但最好以低风险投资为主，如银行理财、货币基金，注意本金的安全，然后用少量资金做一些风险稍高的尝试，如股票、指数基金等。

第一桶金的小目标一旦确立，不管用什么方法，你都必须开始存钱，而且越快积累到这个目标越好。这个阶段，最重要的是积累，可以把一些生活享受类的消费项目放到后面，如换新款 iPhone、外出旅游等。

我的建议是，轻易不要动用这笔资金，包括利息收益，而是继续滚存。一开始，这点资产看起来微不足道，但它只会增加，不会减少，慢慢地就成了一只会下金蛋的鸡，直到变成一只会下金蛋的肥鸡。这其实也就是我们常说的“被动收入”。

（2）开源（收入）

存钱从来都不会让我们变得真正富有。在积累自己的第一桶金的阶段，还要努力增加自己的收入，即学会开源。

对于绝大多数人来说，储蓄是人生获得第一桶金的硬性办法，但是，如果收入只能勉强达到收支平衡，无法在账户上存留更多的钱，那就只有想方设法

① 十二存单法，即每月将一笔存款以定期一年的方式存入银行中，坚持整整 12 个月，从次年第一个月开始每个月都会获得不菲定期收入的一种储蓄、投资策略，它同时兼备了灵活存取和高额回报的两大突出优势。

去开源，去努力挣钱。因为只能满足基本的日常生活开支，即使想要存钱，那也是很困难的事情。

但是，钱不会平白无故地产生，而是我们努力赚来的。

对于很多职场中人来说，基本上一天 8 个小时都在公司忙碌，想要挣到更多的钱，要么加薪升职，要么利用自己的业余时间，发掘其他开源渠道增加收入。

一是 8 小时之内的开源。工作，是人生的第一次社会性投资。

一定程度上，很多人对于赚钱的理解就是挣工资，然而并不是有好的工作、好的收入，未来就会有钱，生活就一定能好。

但在这个积累的初级阶段，我仍认为任何开源都比不上工作中的赚钱，你所获得的薪酬收入，也就是自己所创造价值的变现。要想进一步提高收入，只能练就过硬的专业本领，创造更多的价值，从而升职加薪。

努力，从不懈怠，养成自律习惯，让自己从普通职员做到骨干，你的价值和收入就会得到更大的提升。

二是 8 小时之外的开源。除了工作赚钱，还可以利用 8 小时以外的时间开源。也就是我们通常说的兼职。

在这个阶段，不冒风险增加收入是第一位的。不放弃目前稳定的工作，不占用上班时间，还可以锻炼能力、积累经验，同时还能赚取一定收入，可谓一举多得。

但这要有一个特定条件，就是利用自己的专业和技能开源。例如你的文字功底好，可以兼职写作或做文字编辑，为自媒体平台投稿；你的外语基础很扎实，可以兼职口译或笔译；你是做 IT 的，可以兼职开发一些软件；你喜欢淘宝或者微商城，可以兼职开一家小店。

总之，你拥有哪方面的专长，就提供哪方面的服务，做好 8 小时以外的开源工作。

各种兼职开源渠道不一而足，每个人都可以根据自己的实际情况选择适合自己的方式。如此，既锻炼了自己的能力，同时也增加了自己的收入，从而更好更快地积累自己的第一桶金。

### 3. 打造自己的投资体系

在完成自己第一桶金的积累之后，我们应该对各类投资产品有了比较多的了解。在一些尝试性的投资理财过程中，已经有了不少感触，甚至可能摸索归纳出了一些零碎的规律。这时，可以开始着手建立自己的投资体系了。

投资体系是一个广泛的概念，从理念、方法到思维模式、行为准则等，构成了投资的核心价值观，并指导着我们此后的学习和投资实践。

为什么要建立适合自己的投资体系，而不是找一个现成的模式来学习？因为每个人的性格、风险偏好、投资金额不同……诸多的差异存在，让大家都去寻找一个完全不需要调整的体系，这是不现实的。否则，这个世界就没有贫富差距了。

（1）建立自己的投资认知体系

建立自己的投资认知体系，并不是一件容易的事情，很多人穷尽一生都没能建立起自己的认知框架。最关键的是要清楚地了解自己、了解市场，以及所选择的投资品种，找到最适合自己的“通往罗马的道路”。这不会一劳永逸，而是一个不断校正完善的过程。

如果你还年轻，可以承受挫折，即使失败了也可以东山再起，那么风险系数可以大一些；如果你已经人到中年，承受不起剧烈的跌宕起伏，那么管控风险、安全边际必须放在第一位，然后做出资产组合配置……但无论如何，都不能为了收益而罔顾风险。

这有两个前提条件：

一是能力圈。每个人的知识和能力都是有限的，并非无所不能。投资界有句话：你很难赚到你不相信的那部分的钱。巴菲特也说：对于大多数投资者来说，重要的不是他们到底知道什么，而是他们是否真正明白自己到底不知道什么。不做自己不懂的投资，不投自己不熟的行业；否则，即使侥幸赚到钱，最终也会失去。

二是承受力。各种策略和方法的盈利与风险程度是完全不一样的。巴菲特的长期价值投资体系，虽然给他带来了非常丰厚的回报，但他买入的股票，可能在很长一段时间内都不涨，甚至会出现大幅度下跌。你如果没有这样的耐心和阶段性亏损的承受力，这种价值投资体系就可能不适合你。

(2) 选择自己的投资体系

对自己的能力圈边界和风险承受力有了初步了解之后，接下来就是选择一套适合自己的投资赚钱体系。没有哪一条路是最好的，只有最适合的。

首先，了解各种投资体系的适用性。有些投资体系适合大涨大跌的平衡市，有些则适合大幅震荡的波动场，有些适合成长风格盛行的行情……其次，了解各种投资体系的风险度。知己知彼方能百战不殆，知道这些体系的弱点，以及可能面对的风险和亏损程度。最后，对适合自己的投资体系进行评判，即你的能力圈、风险承受力，是否与之匹配？

当然，在选择投资体系过程中，也可以融会贯通，如把技术派的学一些，把基本面的也试一试，汲取各自的优点。但切忌在各种风格体系之间左右摇摆。

(3) 知行合一和及时修正

投资最难的是“知行合一”。

在投资实战中，遭遇到的最大挑战是，当你的投资方法遇到困难，甚至处于亏损状态的时候，这是你对自己的投资体系最怀疑动摇的时候。是坚持还是放弃？

第一是要拥有良好的心态。巴菲特曾说，在别人恐惧的时候贪婪，在别人贪婪的时候恐惧。理性面对市场波动，才能保持冷静、镇定。就像绝不轻易做选择一样，既然深思熟虑地深入研究了，就不要轻易怀疑自己的判断，我们应有淡定的良好心态，不随波逐流，坚持自己的体系认知。例如，股价每天都在涨涨跌跌，如果不能保持一颗淡定的心，自己的情绪就会跟着波动起伏。如果一旦遇到困难、亏损，就轻易放弃了自己的投资体系，那么你永远不会成为成功的投资者，也永远不会赚大钱。

第二是能及时修正。一方面，即使作为中长期持有的价值投资者，也不能买入后不闻不问，而应该定期回顾，评估自己的投资产品是否已经发生了本质上的变化，以及自己是否真正有效地执行了既定策略。另一方面，如果投资市场已经发生根本性的变化，而自己的方法论已经不适合这种变化，那就应该立即修正自己的投资体系。

在建立自己的价值投资体系过程中，有太多的困难需要克服，但最重要的是“知行合一”和及时修正。这是两个既矛盾、又统一的辩证体，像一枚硬币的正反面。

构建适合自己的投资体系是一个比较复杂的过程，在这个过程中，理财师简七给出了两个建议：

一是用选伴侣的态度选择投资产品。

某种意义上，投资就像一场婚姻。在生活中，我们从谈恋爱到选择另一半的时候，往往都很强调三观一致，这样才能合拍、相处愉快，还会懂得相互珍惜、体谅。投资理财也是如此，我们要确保自己精挑细选的产品、资产配置的组合，都符合自己对预期收益和风险承受力的要求。

这两件事的共同特点是：如果你在选择的时候太草率、不用心、了解得不够，未来会吃大亏。金融巨子约翰·P. 摩根曾经对他的儿子说：“一旦婚姻投资得当，你的事业也将随之达到高峰。假如把婚姻视为儿戏，草率决定，随之而来的惩罚将是离婚、精神痛苦，以及存款金额的锐减。”

二是用经营婚姻的方式对待自己的投资。

列夫·托尔斯泰说：“幸福的家庭都是相似的，不幸的家庭各有各的不幸。”

或许爱情可以无条件，可以盲目；但婚姻就必须得理智。用经营婚姻的心态去对待投资，才是对自己的金钱负责。简单点说，就是和对的人长相厮守，和错的人趁早分手。如果你找到了几款好的产品，并且进行了良好的配置组合，那么接下来的事情就是长期持有，赚取稳定增长的收益，减少频繁交易带来的风险、成本和额外费用，还不会错过正确的市场机会。

如果你发现投资产品和自己想要的结果不匹配，或者中途出现了异常变化，无法扭转，那么最明智的做法就是及时止损，干净利落地早点“分手”。否则，你试图挽救的“婚姻”最后只会跌停。

看到这里，你可能会说：大道理我都懂，但仍然没有过好这一生。试想一下，婚姻是由两个人一同构造的一个共同体，没有双方带着智慧去经营，能有幸福的婚姻吗？投资理财也是一样，赚钱从来都不是一件容易的事情。

我们想多赚点钱实现财务自由，就必须得付出相应的时间和精力去学习，这条路上从来没有捷径可走。

最后，还有非常重要的一点想要给大家分享，那就是：理财就是理人生，投资自己才是最好的投资。这就是说要把钱投在那些能够帮助我们提升工作技能或竞争力的事情上，如培训、课程、锻炼等，不断地学习大咖们厉害的地方，消化吸收，变成自己的一部分。这些早期的投入，也许不会在短时间内立即赚钱，但一定会在未来带给我们成倍的收益。而且，在这过程中，我们不仅慢慢地提升了自己，同时也改善了自己的世界。

成长，永远比成功更重要。你平时所积累的点点滴滴，都是在为自己增值，给自己的未来多一些选择。

罗曼·罗兰的一句话说得很好：

> 人们常觉得准备的阶段是在浪费时间，只有当真正的机会来临，而自己没有能力把握的时候，才能觉悟到自己平时没有准备才是浪费了时间。

第三章

# 我们为什么总是穷

所有的缺钱，都是因为没有钱就无法解决的问题越来越多了。一个人前半生的选择，往往决定了他人生后半场的输赢。

大多数人都生活在平静的绝望之中。

——梭罗

你每天都很困，
只因为你被生活所困。
全世界都在催你早点，
却没人在意你，还没吃早点。
每天都在用六位数的密码，
保护着两位数的存款。
世界那么大，
你真的能随便去看看吗？
小时候总骗爸妈自己没钱了，
现在总骗爸妈：
“没事，我还有钱。”

（以上文字来源于蚂蚁财富联合16家基金公司推出的海报文案）

2017年下半年，有一组题为《年纪越大，越没人会原谅你的穷》的推广海报，在微博、微信朋友圈被刷屏了，刺痛了很多人的心。

这是蚂蚁财富联合16家基金公司推出的一组文案，反鸡汤的“丧文化”，那些为钱所困的沮丧和辛酸，都浓缩在这几句文案里了。

当然，一个人多穷都不需要别人的原谅，但不能否认，贫穷对我们的生活影响真的很大。

## 一、缺钱，是一种“传染病”

钱，当然是个好东西。可以用它买安稳，才不至于被一场大病、一场意外彻底摧毁人生；可以用它买房子，结束四处奔波之苦，不必忐忑房租何时上涨，不必担心忽然被赶走；甚至能拿它去买尊严，把看人脸色受人驱使的胆战心惊全部都收起来。

金钱换来的东西，有时真的能够抚慰人心。我们爱钱，未必是因为钱能带来享受或者是荣耀，很多时候，仅仅是需要它来终结内心那一份仓皇的颠沛流离。

但在现实生活中，为什么我们总是觉得自己缺钱呢？赚的钱都到哪里去了？为什么别人过得悠闲洒脱，自己却觉得压力很大？

### 1. 没钱，是一种怎样的体验

三毛曾经说：世上的喜剧不需要金钱就能产生，但世上的悲剧大半和金钱脱不了关系。

没钱，往往意味着得到的自我认同感更少，自信的缺乏会使人不敢面对真实的自我诉求。网上有一句话是这么说的：凡是能用钱解决的问题，我都解决不了。

· 在商场买东西，第一个动作就是翻吊牌。

· 对“打折”极其敏感，只要看到它，就情不自禁地冲过去了。

· 看电影的时候，一定要找票价最便宜的团购。全价看电影，五六十块啊，脑子有病吧？

· 衡量任何东西都是用“一顿饭”做参照。一杯咖啡相当于两顿饭钱了，买件衣服相当于10天的饭钱了。

· 有时候因为重要事情不得不打车，看计价器一直往上翻，心跳急剧加速，超出心理承受范围，恨不得当场跳车……

例如，假期有钱有闲的人，可以选择在家睡觉看书浪费时间，也可以世界各地游玩；没钱又没时间去旅行的人，要么在朋友圈周游世界，要么在人山人海里看风景。

主动选择与被动接受之间，心态是不一样的。

在一次讲座上，我曾经让大家拿出纸笔来计算一下自己每个月的收支情况，大部分人的结果都是：缺钱。一个女孩子站起来说：

> 不用计算，不用翻手机和银行卡，我也能加减出来自己还有多少可支配的钱，以及下个月可能发多少工资。春节来了，礼物、份子钱、飞机票、过节费，又将是一大笔开销，更不用说每个月固定的房租、生活费。不缺钱，才怪呢！

缺钱有两种情况：一是属于贫困线以下的人。对这类人来说，贫穷很容易让人麻木，反倒不觉得自己缺钱。二是心理落差比较大的人。当自己所拥有的财富无法满足需求时，就会感觉到缺钱。比如说，你已经混到白领阶层，买了车、供着房，自我感觉还不错，突然有一天发现身边的朋友经常去旅行，迪拜、济州岛、北海道……手包衣服都是奢侈品，你羡慕向往这样的生活状态，于是就开始感觉自己缺钱了。

所有的缺钱，都是因为没有钱就无法解决的问题越来越多了。

为什么我们总是觉得自己缺钱呢？其实对于金钱，也许我们有根深蒂固和想象不到的误解。甚至很多时候，正是我们阻止了自己成为一个有钱人。

回头看看，现在的你为什么会无比讨厌过去的自己？因为过去的你在应该奋斗的年纪选择了安逸，才让现在的你陷入对于金钱捉襟见肘的危机状态。

这个背后，往往是因为我们和有钱人的思维方式不一样。当初，他们也和我们一样，对生活不甘心，但会树立目标采取行动，并且坚定不移地走下去，主动缩小现实和理想的差距，认真准备面试，积攒费用学习，储蓄存钱投资，结果实现财务自由。

一个人前半生的选择，往往决定了人生后半场的输赢。你有什么不服气呢？

既然缺钱，只有两个解决办法：多挣钱，少花点。但是，从根本上讲，钱是靠挣出来的，不是靠省出来的。一个人很难用一百元钱办成一万元钱的事情，有工夫费这个省钱的心思，不如多花点工夫去挣到一万元。这个道理不难理解。

你要赚钱，要先学会对钱有正确的认识和思维。

## 2. 我自己的故事

“月光族”已经是众所周知了。前一阵子，“隐形贫困一族”“精致穷”的概念火爆，很多人都踊跃地举手：是我，是我。

这些人看上去光鲜亮丽 ，实际上穷得掉渣，即使如此，仍然拒绝消费降级。

如今的年轻人，似乎都有一种“活在当下”的洒脱感，“及时行乐”是对待生活的唯一态度：想买就买的衣服，说走就走的旅行，永远缺少的化妆品，一直在更新的 iPhone 手机……在“生活就要优雅得像月光”之类广告词营造的梦里，年轻人们尽情享乐，抵押未来，透支明天的收入来买今天的快乐，每个人都熟练使用花呗、信用卡，每月存钱简直就是一个神话。

很多年前，我曾经也是这样想的，而且和许多人一样，心安理得地做着“月光族”。

直到有一年夏天，老家的一个亲戚突然打电话给我，说想借点钱给孩子买房子，东拼西凑还差点，不多，三万元就行。

这个亲戚一向待我很好，小时候隔三岔五地偷偷给我零食，考上大学那年还特意给我买了一个大皮箱。她第一次开口向我借钱，还特别担心我尴尬为难。

可是作为一个“月光族”，工作五六年，别说三万元，一万元都没有。说出没钱的时候，我自己都不信，毕竟我的工资，其实不算低。

我结结巴巴地解释原因，亲戚表示理解，但我很是尴尬，且无地自容。

后来父亲进城来看我，略带埋怨地说：“孩子啊，别光顾着花钱，你也该慢慢攒点钱了，不是为爸妈的养老，更重要的是为自己的以后考虑。人这一辈子，有很多的不确定。”

我出生在农村，但我的父亲颇有商业意识，很早就开始了经营活动，20

世纪 80 年代初，我家就已经是万元户了，所以很多事情不需要我操心。

尽管如此，我家也只是一个普通家庭，假设年迈的父母生病，或者遇到意外情况，我除了束手无策干着急，似乎一点忙都帮不上。

以前我认为钱不重要，那一次，我终于开始意识到：

总有一天，钱，也会成为自己焦虑的源头。

如今的“90 后”“00 后”，对于量入为出的观念总是嗤之以鼻：“这年头谁还储蓄？通货膨胀这么厉害，存钱是浪费了，不如花掉买个开心，反正我也没什么负担。”但是，没什么负担并不是免死金牌。

再来看看另一个例子，我曾经在报社时的同事 W。

W 是“80 后”，大学毕业后在二线城市从事传统媒体行业，10 多年来一直在报纸、杂志做编辑。

W 的月薪从 2006 年的 3 600 元上涨到 2018 年的 8 300 多元，看起来还不错，但和其他同学相比，10 多年来职称级别都没有变化，所以工资涨幅其实也不大。

W 对自己的职业生涯几乎没有任何规划，心性简单，喜欢编辑工作，也安于现状，并未谋划跳槽进入高薪或者其他岗位，如上市出版集团、互联网公司。

可怕的是，W 不仅对未来没有规划，连自己的财务状况也是懵懂无知的，34 岁了，从未进行过强制储蓄，更未做过任何投资理财。钱，都不知道去哪儿了。

W 还有一段失败的婚姻，曾经与前夫一起按揭了一套房子，80 多平方米的房子当时只要 40 多万元，不幸的是在他们离婚时房价还未开始疯涨，她也无所谓地把房子给了对方，拿了不到 10 万元净身出户。这 10 万元，被 W 买大牌包包衣服、出国旅游等几乎花光。

34 岁的 W，至今几乎一无所有，在如今高房价的环境下，她的家人也没有能力支援她买房，于是 W 无房无车无储蓄，也没有任何资产，只能持续出卖她的时间赚取收入，直至退休，甚至都没有能力应对任何突发状况。

这是两个真实的故事。

“80后”“90后”眼看着上一代的血泪教训，甚至他们本身也赶上了房价飙升的尾巴。银行里的存款，很快就变得不值钱了，省吃俭用攒下一笔钱，没拿去做首付，似乎就显得毫无价值。

但年轻人依然应该攒点钱，就算本身是“亏”的也好。如果你渴望一个美好、可控、有退路的未来，就一定要想方设法强制自己存点钱。

存钱的意义不仅在于金钱的价值和未来生钱，更是你对人生的规划和为自己积攒的底蕴。这笔钱可能会是你的退路、你的底气，有些时候，甚至是你的尊严。

### 3. 哪些状况导致我们贫穷

曾经有一部好莱坞大片，叫作《命运规划局》，讲述了一个与命运抗争的爱情故事。与以往的爱情片不一样的是，主角抗争的不是家庭的阻挠、时间的变迁，或是混乱的时代大背景，而是“命运”——用机器人把一个人从出生、成长、贫穷、富贵、意外甚至到死亡都一步步设计好的人生轨迹。

但在现实生活中，每个人的人生都是不可能设计的，甚至就像一场只有单程票的旅行。只有当一切都成为过去式，我们才会幡然醒悟。

逆向思维在投资市场中尤为被推崇。当我们想要实现财务自由或者达到一种富有的状态时，不妨用逆向思维想清楚什么会让自己变穷，也就是找到阻碍我们成功的因素是什么，然后避免这些问题。

第一，意外。这个很容易理解，如失业、创业失败，甚至是家庭变故等，都可能让家庭财富大幅缩水，如果没有提前做好风险转移，真的可能损失惨重。

例如，一个工人从工地高空掉下来，意外受伤不能工作，没有收入。他要去医院治疗，花费一大笔钱。他要用钱，只能从辛苦积攒的储蓄中取出来，这笔钱也许还在投资理财中处于浮亏的状态。即使是定期存款，也要损失一大笔利息。

面对意外，我们普通人没有提前预知的能力，甚至都没有抵抗的机会。在命运面前，人类弱小得如同蝼蚁。意外来临时，连个招呼都不会打一声。

第二，疾病。这个不言自明，尤其是现在很多疾病出现低龄化，年纪轻轻就猝不及防地患上一些重症，需要花费大量的时间与金钱。

即使一场不大不小的病，也能让人捉襟见肘，它不仅是对身体上的折磨，更意味着巨大的治疗成本，很可能在一夜之间改变很多人的命运。甚至拖累整个家庭，从小康直接掉入贫穷，并看不到任何希望。

第三，无约束地花钱。网络上流行一个说法：人生有一个万能的四大法则——不行就分、喜欢就买、多喝点水、重启试试。据说生活中遇到的很多问题，都能用这四个法则来一一解决。

其中喜欢就买，其实是一种任性的生活方式，逛街的时候看到橱窗里的漂亮衣服，逛淘宝的时候看到漂亮的包……都忍不住买下。

花钱，总是一件令人愉快的事情。

这就是无规划的支出，刷卡的时候很开心，可是它会让你背负沉重的负担，甚至可能让你陷入债务深渊。

当与自己喜欢的东西相遇时，“立刻就要拥有”的感受一定十分强烈。这个时候，不妨冷静下来问一问自己：这样的支出，是必要的吗？没必要的消费，大部分都没有什么价值，而且买过之后就会后悔。

不要小看这些零碎的支出，它就像一个无底洞，让你把钱不断地投进去，但是并不会产生任何价值回报和投资收益。

支出的前提是整理，首先要认识到不同的支出都需要设置不同的份额，做到对资金流的走向胸有成竹。在进行财务整理与规划中，尝试把支出划成三份：消费、投资、浪费。我的建议，最好的比例是70%消费、25%投资、5%浪费，当然有必要逐步提高投资理财的占比，这要视每个人的不同情况而定。

第四，没有持续赚钱的路径。钱和任何东西，都是为了让你生活得更好，而不是给你带来麻烦。投资体系也是如此。

投资不仅是一门科学，更是一门艺术。除了一些基本知识之外，靠的是经验和心态。只有多思考，才能慢慢领悟。在这一点上，它与钓鱼、下棋、打高尔夫等有很多类似之处。

知道了这四个导致我们贫困的因素，就可以以逆向思维来看，如果我们想变得有钱需要做什么事，哪些是需要努力避免的。当然，我们也应该反省，自己现在有没有踏入这些红线？

有一套好的投资系统或者逻辑是非常重要的，它不仅提高投资赚钱的效率，而且会让你在风险可控的范围内投资，也就是每个人的能力圈。风险是相对的，如高空踩钢丝，对有恐高症或者没有受过专业训练的人来说是非常危险的，然而对杂技演员来说，则风险基本可控。

约翰·邓普顿（邓普顿基金创始人）有一句名言："长期坚持不懈地投资，一定能赚钱。"这话说起来简单，但做起来不容易。

以我个人经验建议，构建一套自己的投资系统有四个要素。

①长期不懈地坚持节约和储蓄。

②长期不懈地坚持投资，并着重投资于股市（含指数基金）。

③分散风险，最好买涵盖面较广的指数基金，或者构建一个样本足够大的、风险足够分散的股票组合（最好在10只左右）。

④降低回报率期望，控制贪欲，避免折腾，从而减少交易费用。

## 二、赚钱先"换脑"

有人曾说，每参加一次同学会都像是在"渡劫"。

如果参加毕业后的同学聚会，你可能会发现，曾经在同一个班级里的同学，如今生活越来越不一样了。曾经看起来调皮捣蛋的人，可能成了班里最有钱的人；曾经看起来前途无量的人，现在只是一个普通的上班族。时间确实能够改变很多事情，当初一起毕业的同学，数年后再相见却发现大家都有不同的改变。

同一所学校、同一个专业，智商、家庭背景相差不大的人，为什么数年之后就会存在明显的差距，而且随着时间的推移，差距甚至会越来越大？

差距是怎么产生的？当你在想玩什么，有人在想学什么——注意力；当你在做计划，有人已经出发——执行；当你为上一次的失败而沮丧，有人已经开始下一次的尝试——心态；当你想放弃，有人却坚信希望就在转角处——坚持。

我们的认知和行动的差别，造就了人与人之间的差距。

其实当初就业选择时，大家的认知思维就已经发生了很大的区别：有的选择考研深造，有的想创业致富，也有的迫不及待加入上班族。在不同环境中，差距往往会在不同层面凸显。按照自己的选择，在社会实践中接触各种圈子，进一步产生了不同的思维认知，最后随着时间的累积，彼此之间的差距就自然变得越来越大了。

生活的每一刻，都在对人群进行筛选。

正常人之间在智商、情商方面的差距并不大，那为什么有些人能够拥有大量的财富，而有些人却始终穷困潦倒，饱受贫困之苦呢?

从根本上说，只有两个原因。

首先是：富人本身就出生于富裕的家庭，来自父辈的原始积累与言传身教，以及从小受到的精英化教育和由此积累的人脉关系，令他们很轻松就具备了致富的条件与能力。

但是讨论这个原因没有丝毫意义，因为像我们这样草根出身的绝大多数人，不可能具备这些先天性的优势。我们要学习和考虑的是，那些贫穷或者中产出身最后赚到大量财富的人是如何成功的。

换句话说，同为穷人，但和你差别不大的人，能够拥有财富的本质原因是什么?

显而易见，那就是：思维。

思维的不同导致了选择的不同、行为的不同、对于同一情境反应的不同，最终自然造就了财富水平的不同。富人思维与穷人思维的对比见表 3-1。

人的思维方式有千千万万，能造就一个人并使其最终拥有大量财富的是多种正确且恰到好处的思维方式的组合。所以，财富是诸多因素叠加的结果。

表 3-1　富人思维与穷人思维的对比

| | 富人思维 | 穷人思维 |
|---|---|---|
| 1 | 敢于投资不确定的东西 | 恐惧不确定性，只敢抓住确定性机会 |
| 2 | 习惯投资于远期和未来 | 更多考虑当前利益 |
| 3 | 敢于负债，通过负债来扩大自己的实力 | 不敢负债，只能通过自己积累 |
| 4 | 更多考虑如何投资，钱是资源 | 更多考虑如何消费，钱是消费品 |
| 5 | 追求稳健增长 | 追求一夜暴富 |
| 6 | 花钱省时间 | 用时间换钱 |
| 7 | 更多考虑如何赚钱 | 更多考虑如何省钱 |
| 8 | 自律 | 追求享乐 |

## 什么是穷人思维

有两个效应深刻地说明了穷人思维。

①“确定效应”。诺贝尔奖获得者、行为经济学家卡尼曼和特韦斯基曾提出了这么一个选择题：

A. 直接得到 100 万元；

B. 有 50%的机会得到 1 亿元，当然还有 50%的机会什么都没有。

你会选哪个？大多数人都会选择第一个，因为这个选择是毫无风险的。

第二个选项，虽然看起来 1 亿元比 100 万元多得多，但是，还有 50%的可能你一分钱都得不到。与其有风险、不可靠，还不如拿那 100 万元走人。

这就是卡尼曼和特韦斯基的行为经济学基本原理之一“确定效应”设计的问题。

“两鸟在林，不如一鸟在手”。在确定的收益和“赌一把”之间，多数人会选择确定的好处，所谓“见好就收，落袋为安”。

②“反射效应”。在确定的损失和“赌一把”之间，做一个抉择，多数人会选择“赌一把”，称之为“反射效应”。同样让我们来做一个实验：

A. 你一定会赔 50 000 元；

B. 你有 80%可能赔 80 000 元，20%可能不赔钱。

你选择哪一个？结果显示，只有少数人情愿“花钱消灾”，选择 A，大部分人愿意和命运赌一把，选择 B。

实际上，两害相权取其轻，选择 B 是错的。因为，（-80 000 元）×80% = -64 000 元，风险大于-50 000 元。现实是，大多数人处于亏损状态时，会极其不甘心，宁愿承受更大的风险来赌一把。也就是说，处于损失期时，大多数人变得甘冒风险。

“反射效应”是非理性的，表现在股市上就是喜欢将赔钱的股票继续持有下去。数据显示，投资者持有亏损股票的时间远长于持有获利股票，他们不愿“割肉”而选择“套牢”。

这两个原理，在一定程度上说明了穷人思维的两个特点：欠缺理性思维，受本能与直觉驱使。人在面临获利时，不愿冒风险；而在面临损失时，人人都成了胆大的冒险家。

## 富人们都在想什么

在“确定效应”的案例中，我们说选择了 100 万元的人，是典型的穷人思维。而选择 1 亿元的，才是富人思维。

这个背后的逻辑是什么？

假设张三选择放弃“A. 得到 100 万元”，而选择“B. 有 50%的机会得到 1 亿元，当然还有 50%的机会什么都没有”。

我们来看看，这个拥有富人思维的张三接下来是如何运作这个 50%可能的 1 亿元，并让其产生巨大的叠加价值的。

一种可能：卖掉这个选择权。

张三的想法是，既然现在拥有了 50%的机会获得 1 亿元，按这个概念计算，那么这个选择权的价值就是 5 000 万元。

如果你害怕损失，但总会有人比你更有钱、更愿意承担风险，甚至认为这是一个难得的好机会。于是，张三找到一个人，以 2 000 万元的价格卖掉了这个 5 000 万元的选择权。

这样一来，他即赚得盆满钵满，比保守思维所获得的 100 万元更多了。

你可能会产生疑问：谁会下这么大的赌注？

张三想着也可以这样交易：把价值 5 000 万元的选择权卖出去，但是首付 100 万元，如果对方中了 1 亿元，可要求再分成 30%。

如此，张三可以得到 100 万元，外加 50%可能获得 3 000 万元的机会，总之比直接拿走 100 万元的人更值得。风险投资就是这样产生的。

穷人思维的出发点，往往都是根据自己的直觉和惯性，只看到眼前利益，并且忌惮风险，从而对未来有更大可行性赚大钱的利益视若无睹。

富人思维则不会受到局限，视野更加开阔，跳出本能使然，用望远镜看见更大的机会与盈利的可能。然后，用他们的思维认知与坚定行动，让这个可能性变现为财富。

### 如何学习并拥有富人的思维方式

我总结了四个要点：

（1）ESBI 四象限法则

一个非常明显的现象：每个人的生活状态和他的工作、事业密不可分。根据每个人不同的职业规划，一定程度上就能判断出他们未来财富变化的基本情况。

全世界合法挣钱的四种方式，都坐落在四个象限——ESBI 之中。我们可以通过把这个原本用于管理时间的四象限移植过来，探讨背后潜藏的逻辑。ESBI 四象限法则（图 3-1）根据不同的收入方式和现金流状况，将每个人的工作角色划分到 ESBI 四象限之中。

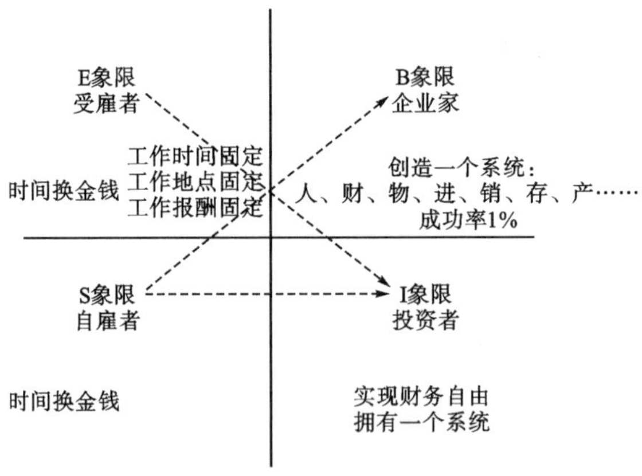


**图 3-1　ESBI 四象限法则**

E（employee）象限为受雇者。E 象限的人通过为别人或公司工作而赚钱，用自己的时间与技能换取薪酬，是一种典型的主动收入。付出回报比例是 1∶0.3~0.7，工作付出大于所得。

简单地说，E 象限就是打工族，他们的工作形式通常是完成公司或者上级交代的任务。这个象限几乎包括了各个行业不同层级的职员，如演员、银行柜员、政府职员、绿化工人、公司 CEO 等。

对于绝大多数人来说，E 象限是人生工作、事业的起点，也是财富原始积累的起点。

S（self-employee）象限为自雇者。也就是依靠个人的知识技能独立从事一定职业的人，如自行开业的医生、律师、作家、艺术家、个体创业者等。

自己做老板，用自己的钱投资，付出回报比例是 1∶1，不工作就可能什么也没有，相当于为自己打工。

比如说李四夫妻在小区门口经营了一家小超市，从最开始的进货、陈列，到收银、维护等，都要夫妻俩亲自参与。这种情况下的李四夫妻就属于 S 象限中的自由职业者，看似可以支配时间，实际上赚不了多少钱，且劳累辛苦。

B（business owner）象限为企业家，就是公司拥有者。S、B 象限的区别在于 S 强调自营，自己为自己赚钱；B 强调雇用，让别人为自己赚钱。

S 象限中的李四夫妻如果开始雇用员工了，各个环节都不再需要自己高度参与，那他们也就进入了 B 象限。

企业家拥有一个系统来为他工作，付出回报比例是 1∶5∶20∶50……企业家只要雇用合适的人去操作这个系统就可以了。当然前期要工作，慢慢地可以将操作系统化，然后有时间有钱。

I（investor）象限为投资者。他们依靠资产投资、金融投资、项目投资等不同方式获得被动收入。

简单地说，I 象限就是指那些可以“以钱生钱”的人。第二个“钱”，可以是投资债券、基金、股票等获得收益；可以是投资项目、公司的分红。他们不必工作，因为钱为他们工作，付出回报比例是 1∶20∶100∶1 000……

要想获得这样的收益，必不可少的是第一个“钱”——本金。根据不同的投资对象，不同的门槛难度，本金的多少，在I象限中产生的收益也是不同的。

从前面的图形中可以看出，E、S象限的共同点是：它们都位于象限左侧，象限所在者获取的是主动收入，一旦停止工作，就无法换取酬劳。

它们的区别在于：作为E象限的职员收入相对比较稳定，承担的风险较小，产生的都是正向现金流。而S象限的自雇者，经营良好的情况下收益会很好，但承担的风险、付出的资本也会更多，一旦经营不善就会亏损，有损失掉本金的可能。

罗伯特·清崎说：如果你想到达时间与金钱的平衡，迈向财务自由和富有的话，除非你在象限右侧工作，才能赚取非劳动收入，才有可能实现时间和金钱的平衡，才有可能实现财务自由。

雷·克拉克在创办麦当劳之前，从事了30多年的推销员工作，终于在52岁时发现机会创建了这一快餐王国。IBM的创始人马斯·沃森、时尚女王可可·香奈儿，都是从E象限的推销员、裁缝助理起步的。

所以，在积累原始财富的过程中，有时候需要具备转换赚钱路径的思维和魄力。也就是说，每个人所处的财富象限是可以发生改变的。那么我们该如何去做呢？

①确定起点。除了继承大笔的钱之外，大多数人的起点都在E象限，这是积累经验和原始资本的重要阶段。

②根据自己的情况，规划ESBI的发展路径，发现并抓住商业机会。

③持续学习，完善知识储备。

（2）根据目标来嫁接资源

我们先来看一组说法：“我没有钱”“我没有关系”“我没有学历和能力”“我不懂投资理财”，甚至“我太忙了，没有时间”“我不知道怎么做，从哪里开始”……

再看另一组说法：

“我要把企业做成连锁”“我要买入更多的资产”“我要与更多人合作对接资源”，以及“我要用钱让人帮我运作新项目”“我要让资产流动起来产生更多资产”……

显然，这是截然不同的两种认知和思维逻辑。

“没钱”“没关系”可能是大多数人无法付诸实践的首要原因。其次，大部分未完成的目标，其实是被我们自己排除掉的。为自己找借口，原谅自己的懒惰和不思进取，从来都是一件容易的事情。

穷人或者所谓的普通人，往往受限于自己熟悉和习惯的事，受限于有多少钱办多大事，有什么条件办什么事，不愿改进方法，不愿意主动挑战有难度的目标。

他们还认为，自己没有权势、资源贫乏，即使付出再多努力，最终收获大量财富的可能依然很小。于是，他们根据这一预期来调整自己的行为，结果就是不要自律、不要努力，甚至破罐子破摔。

“墨菲定律”说：如果你担心某种情况发生，那么它就更有可能发生。反之，如果你觉得一件事情不太可能，那么这件事就真的不可能，因为你的大脑会为你想出 1 万个不做这件事的理由。

你所看到的，事实上是你的信念引导你将注意力集中在上面。你的世界也会因此变成你想要的那样。

那些有钱人，大多不安于现状，拥有更大胆的想法，会主动走出自己的舒适区，用积极乐观的心态去思考，并经常给自己心理暗示，认为“我行，我可以”，还能够不被外界所干扰，用自己的眼光审视事物，用自己的方法去解决行进途中的各种疑难杂症。所以他们最后实现了自己的“财富梦”。

冯小刚曾拍过一部电影《一九四二》，故事源于1942年河南大旱，千百万民众外出逃荒的历史事件。有一位叫范殿元的地主及其家人、长工等都在长长的逃荒人流中。3 个月后，他们逃到了潼关，车没了，马没了，车上的家人也没了。虽然一切都没了，但范殿元还是对他的长工们说了下面的话：

“等到了陕西，立住了脚，那就好办了。我知道，怎么从一个穷人变成财主。不出 10 年，你大爷我还是东家。”

拥有富人思维的人，大都具有一种反转目标的魄力，也称为“逆思维”：假设自己拥有更多的资源，自己到底希望实现什么样的目标，然后从目标倒推，努力聚集这些资源。

当具备这种思维方式以后，我们要想应不应该去做，而不是先想能不能做。例如，制定了一个 5 年赚到 100 万元的目标，就要以此为根据来推导出战略战术，开始调动自己的能力、人脉、资金，并为之筹措相关资源，坚定不移地朝着目标努力。

因为这样的思维，没有什么可以阻挡。没钱，可以借；没人，可以找；不懂，可以外包；有限制，可以规避；有敌人，可以和好；有对手，可以合作……

富人思维就是从来不为自己设限，充分利用和调动包括钱在内的所有资源达成目标，而不局限于自己现在所处的环境和条件。

采用这样的思维方式，无论多么高远的目标，都有可能找到正确的方向与正确的方法，都有可能把假设属于你的钱与资源变成真正属于你的钱和你的资源。

千万别放弃！我们并不需要变成富人才能拥有富人思维。这种思维方式完全可以通过持续不断地学习和训练去掌握，从生活中的点滴事情开始培养富人思维，慢慢让财富的雪球越滚越大。

（3）看重长期利益，不追求即时回报

从前，有一个穷苦的农民养了一只鸡，突然有一天这只鸡下了一个金蛋。农民惊诧之余，很开心，心想太走运了。他用这个金蛋去集市上换回了不少钱。

第二天，这只鸡又下了一个金蛋……一个月后，农民把 30 个金蛋运到城里卖给金器匠，换回了一篮子金币。以后，这只鸡依然每天都下一个金蛋。

直到有一天，这个农民突然产生了这样的想法：这只鸡每天下一个金蛋，速度太慢了，不如干脆把它杀了，把它肚子里那些金子都取出来，这样我就能成为真正的有钱人了。于是，他拿出刀子，杀了那只下金蛋的鸡，结果扒开一看，鸡肚子里什么也没有。农民傻眼了，万分懊恼：非但没有拿到更多金子，就连本来该有的每天一个金蛋也没有了！可是，懊悔已经来不及了。他只好重新过上贫苦的生活。

穷人的口头禅是："赚钱要赚看得见的，自己腰包里的才是钱。"

富人总是说："现在能拿多少不重要，只要将来能有更多钱就行。"

穷人是因为恐惧，他们往往没有足够的耐心和信心等待机会的出现，对金钱的渴望更加强烈，迫切地希望能在短时间内赚到更多的钱，所以他们更喜欢近在咫尺、触手可及的财富，从而导致变得斤斤计较、目光短浅。

富人则不同，他们看到的往往是一个产品或事物拥有的巨大潜力。对于有升值潜力的事物，富人们选择买下等待升值，而不是着急出售。因为他们清楚，眼前得到的再多也只是短期的，他们在乎的是长期稳健的财富回报。

一只金蛋并不十分值钱，一只能每天下金蛋的鸡才是你所需要的。

张爱玲说：出名要趁早。但赚钱并不总是赚得越早越好，越快越好。

1998 年，马化腾创办腾讯公司，开发出 QQ 软件。在初期，没有投资，举步维艰。不幸的是，网络泡沫席卷而来，腾讯也深陷其中。在最困难的时候，马化腾想以 100 万元出售 QQ，可是没有一家公司愿意接盘。幸运的是，最后马化腾坚持下来了，如今其身价已高达数十亿美元。

在这件事上，与其说马化腾的远见留住了腾讯，不如说是命运对他的青睐。如果当年他把 QQ 出售了，谁也无法预料今天会是什么样子。随后他或许看到了腾讯的前景和未来，所以才做出了这样明智的决定。

相对而言，富人在面对不同的选择时，更倾向于做一些艰难的选择，只要这些选择能够享受长期、持续的利益回报。在投资领域里，那些追求"即时效应"的人，往往都是最容易被"割韭菜"的那一拨，而越注重长期回报的人，越能获得更多更大的收益，巴菲特、彼得·林奇、格雷厄姆等就是典型的代表。

但这是一个异常艰难的抉择。在人的天性里，其实并不擅长选择长期回报，而总是喜欢享受一手交钱一手交货的即时效应，被眼前的利益左右，所谓"两鸟在林，不如一鸟在手"。

我的师傅在 45 岁以前，几乎没赚到多少钱，但在后来近 10 年时间里，他厚积薄发，赚到了比他预期中多得多的财富。一次晨练的时候，他告诉我："没有任何捷径可走，除了学习积累经验，最重要的是目光长远，切忌盲目跟风。不要因为现在什么火就去买什么、投资什么，最后你会发现这些偶然火的东西，都是短命的。贪图眼前的利益、赚快钱，永远只能得到一时的财富，通常情况下这时候的财富远没有达到它的最大值。只在乎眼前，就意味着放弃了未来，而且还把自己坚持养成的好习惯给搞丢了。”

另外，眼前的都已成为既定事实，想改变也不可能。对待这样的利益，又何必锱铢必较呢？但在眼前的好处和未来的收益之间抉择时，需要付出很大的努力和意志。

我们往往高估自己在一年时间内能做到的事情，而低估自己 10 年内能做到的事情。

（4）学会控制风险，是赚钱的第一目标

一定程度上，赚钱和风险，就像一对孪生姐妹。

想赚大钱？那得有冒险精神！从小到大，我们都一直这样被洗脑。每个小孩在长大的过程中，几乎都以“胆小”“懦弱”为耻，以“坚强”“勇敢”为荣，而“冒险”显然是最常用的彰显勇气的方式。

很多常识也说，利润和损失是相关的，就像一枚硬币的正反两面：要想获得赚 1 万元的机会，就必须得承受失去 1 万元的风险。

1992 年，当索罗斯用 100 亿美元的杠杆做空英镑时，他是在冒险吗？我们往往根据自己的尺度来判断风险水平，但索罗斯知道他在做什么，他相信风险水平是完全可以管理的。他已经计算出，即使亏损，损失也不会超过 4%，“其中的风险真的很小”。

从他的角度来看：第一，他的目标是成功，而不是冒险；第二，他通过数十年持续的学习和实践，掌握了我们不可能完成的工作的必需技巧；第三，他知道什么是危险、什么是安全，他知道怎么做是真正的冒险，他更知道怎么做才能有效地避险。

富人敢于投资不确定性的背后，其实是把所有注意力都放在了如何避险上，而不是如何冒险上。

很自然地，为了避免未来较大的损失，富人往往会寻找安全边际，以便为不准确、坏运气或是逻辑上的错误留下缓冲地带。由于赚钱或投资是一项无法精确的艺术，未来是不可预测的，难免会犯错误，所以可以在安全边际建立一道缓冲墙。

别人也许会对你敢于冒险的勇气大加赞赏，而你却要知道，勇气从来都不应该是需要自我证明的东西，只有爱面子的人才需要证明自己的勇气。他们不懂的是，虽然一时的面子保全了，他们却早已成为被时间碾压的对象。

在我看来，风险是指事物的不确定性，本身是一个中性词，没有褒义，也没有贬义。赚钱和投资首先要学会风险控制，这应该是整个过程中最重要的部分，甚至是第一目标。这个东西仅靠别人的耳语面授永远不够，要靠自己学习和积累才行。

为什么很多人看起来一辈子倒霉？实际上，所谓的倒霉是有原因的——他们对风险的认识是错误的。例如，动不动就把自己的全部身家赌进去，期望一夜暴富。在股市里那些“七亏二平一赚”中属于“七”的人，总是因为怕自己赚得少而拿出全部身家（甚至借钱加杠杆），最后被无情地“割韭菜”。

另一个容易被人忽视的问题是，从本质上来说，所谓穷人思维与富人思维，都不过是风险管理思维，也是基于各自现实的思维（图 3-2）。

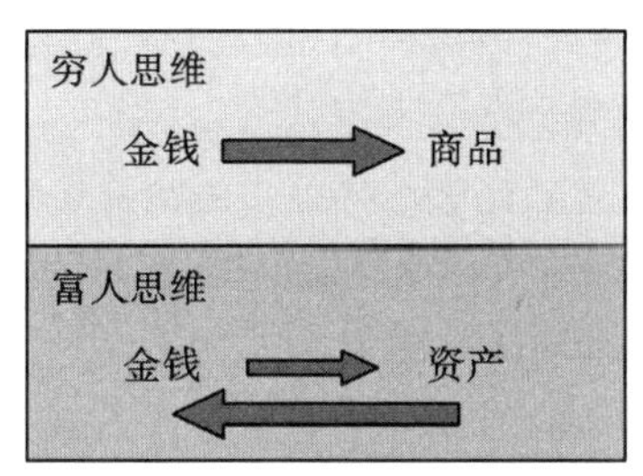


**图 3-2　穷人思维 VS 富人思维**

举个例子，老龄化社会的加速来临，催生出养老产业成为一个巨大的市场机会。一些大企业正在布局市场，初始投资从数百万元到数十亿元不等。

一个月薪 2 万元的公司管理人员，经过自己细致的思考分析，也发现了这个风口。多年的工作积累，让他拥有了 50 万元的存款。他敢于辞职转身投入这个未来潜力巨大的市场吗？虽然没有几百万元，但是 50 万元的本金，加上从朋友、银行等渠道借贷筹措，也是可以勉强起步的。

但他不敢，他害怕投资失败，犹豫了一段时间后，最终选择回去老老实实地上班，放弃了这个机会。

究其实质，对于未来的投资，富人和穷人同样都要面临风险，但是对于这个公司管理人员来说，他需要承担损失全部投入的巨大风险，一旦失败了就可能“一夜回到解放前”。作为一个理性的人，这个风险是绝不能去冒的。

而对于富人来说，思考逻辑是这样的：现在手上有10亿元闲置资金，不能等它因通货膨胀而贬值，需要立刻把钱流动起来，加之这个行业爆发的潜力可期，风险也是可控的。先投资5亿元尝试一下，如果后期市场快速扩张，再追加5亿元或者更多。

在管理好风险的前提下，富人把钱当资源，以钱生钱；穷人把钱当消费品，用钱满足基本需求。富人账户上有余钱，于是就去考虑投资了，而穷人的储蓄都是用来“救命”的，可能走不到“考虑投资发展”阶段就偃旗息鼓了。

事实告诉我们，在赚钱和投资过程中，不能因为“井绳心理”而畏惧不前，只要学会控制好风险，仍然能够赚取符合预期的、合理的回报。

那么如何控制不确定性的风险呢？

①这笔钱将来有什么用途？不同的需求可以承受的风险是不一样的，最好是能够给这笔钱判一个“无期徒刑”。

②这个风险自己是否能够扛得起？例如投资的是债券、货币基金或者指数基金，因为风险系数小，那么从大概率上讲是可以衡量风险的。

③假设最坏的情况发生，对自己会造成什么样的影响？一旦最坏的情况发生，有没有止损的防范措施和应急救援方案？

实际上，不仅赚钱和投资如此，生活中任何事情都有风险，如果我们学会了防范和控制风险，就会采取完全不同的策略去思考和行动。

除了用钱挣钱，学习投资的另一个必要性是能够在生活中用一种理性的态度、量化的方法看待和处理各种事情。所谓“投资即人性”，在这个过程中可以学到很多人生智慧，这份收获有时比经济上的回报更有意义。

第四章

# 怎样赚取人生的第一桶金

多收入少支出，这句话听起来很普通，但你会发现，储蓄其实是一件非常有趣的事情，而且是有意义的。

使你变得富有的是储蓄而不是收入，没有人能仅仅通过挣很多钱就变得富有。

——博多·舍费尔

就像很多人都知道投资理财的终极目标，是实现财务自由。第一桶金这个词，相信很多人也都听说过，但是拥有多少钱才能称得上第一桶金呢？10 万元？100 万元？还是 1 000 万元？

正如一千个人眼里，就有一千个哈姆雷特，这个具体的金钱数字很难定义。大多数人都只有很模糊的概念，隐约中感觉这应该就是一大笔钱。

在通往财务自由之路上，这可是一个关键环节。我们先来梳理清楚几个概念（第二章有过阐释）。

主动收入：通过出卖自己的时间换取的工资收入。

被动收入：除固定工资以外的其他收入，如房租、利息、股息、版税、外快等。

财务自由（最低标准）：被动收入大于生活总支出。

资本报酬率：通过投资理财获得的收入回报率，如银行存款利率、基金收益率、资产回报率等。通常情况下，银行的存款利率极低，并不足以抵消通货膨胀所带来的资产贬值。

给大家分享一个简单的公式：

第一桶金×资本报酬率>生活总支出

举个例子：张三通过银行理财产品、P2P 平台、指数基金等投资渠道，获得了平均年化 12%的投资收益率（此处忽略通货膨胀）。同时，张三每年的生活总开支是 6 万元。

那么对于张三而言，第一桶金的数额最少应该是：6÷12%＝50 万元。

以上只是一个比较粗糙的计算方式，年化 12%的收益并不低。实际生活中，资本报酬率不是一成不变的，生活总开支也会发生变化。

另一个值得警惕的问题是，每年的通货膨胀是不能忽视的，大部分投资理财产品都是跑不赢通货膨胀的。

第一桶金，尽管说起来很简单，真要达成却并不容易，尤其对于年轻人而言，相对更难。

大家都已经明白，通过投资理财来最终实现财务自由的目标，是一条已被无数事例证明切实可行的路径。只是，在这条道路上，大家总会遇到一个棘手的问题：第一桶金。

这是一道天然屏障。小 A 有存款 1 000 万元，年化收益 10%就是 100 万元，小 B 只有 10 万元，年化收益 30%也不过 3 万元。本金不够，收益再高也作用不大。

富二代、中彩票……这些事情，都存在“幸存者偏差”，也不在我们的讨论之列。对于兢兢业业上班的普通人来说，往往都是那些不起眼的小钱，最后汇聚成人生的第一桶金。也许不经意间，就构筑起财富之路的起点。

## 一、要投资，先规划

我一直认为，建立认知框架和思维方式远大于漫无目的的盲动。没有规划的人生叫拼图，有规划的人生叫蓝图。

换句话说，凡事谋定而后动，获胜的概率大得多。

小 A 在上大学的时候，尽管父母给的生活费并不高，但除去那些必要的日常生活开销，每月还是有不少结余。于是他把每月剩余的钱攒下来，去旅游、买衣服、换手机……有时候还厚着脸皮向父母再要一笔生活费，没有丝毫理财的概念。在这种惯性思维的驱使下，毕业五年多了，至今仍是“月光族”。

小 B 的家境不太好，在大学期间的生活费比小 A 几乎少了 1/3，但每月也有一些结余。她很少买衣服鞋子，说干净整洁就好，更何况爸妈偶尔也会给她买新的，攒下的钱几乎都存在银行卡里。并且，她还约上同学一起接了三四个收入不错的家教。毕业后，她考进了一个准二线城市不错的事业编制单位，工资也不错，依旧保持着上学时的消费习惯。毕业四年多，她就自己首付买了一套小户型房子。

在听完讲座后，小B跟我交流说，可能正是因为家境不好，她从小就见识了人情冷暖，懂得金钱的重要性，开始很努力地省钱、存钱，上大学后做家教、打短工，并且把这些钱都存入了银行理财等，从没挪用过，以“滚雪球”的方式赚取了不少复利收益。

很多时候，投资理财其实并没有想象中那么困难，不是非得要有多少钱才能开始理财，而在于清楚地知道自己想要的生活状态，思考财务如何支持我们实现这些目标，然后开始仔细制订规划并付诸行动。

### 1. 制定规划的意义

一说到理财，很多人就会自然想到要么投资、要么赚钱。实际上，理财的范围并不局限于此，它是一个人贯穿一生的现金流的管理。投资理财从来都不是某一个时间段的工作，而是持续一辈子的事业，不管这个阶段有没有钱、有多少钱。所以，投资理财必须先有目标和规划。有了目标，才知道往哪儿走；有了规划，才知道怎样走。

理财规划其实是一件挺个性化的事情，因为每个家庭的状况不一样，每个人的性格差别较大，观念、收入、资源等也不同，这些都决定了选择理财方式的差异。但是，所有的投资理财又都有一些共性的东西，比如说一些基本原则和规律。虽然可能很简单，但它们是已经被无数人证实过行之有效的财富处理方式。所以，掌握这些原则，也能让自己和家庭的财富稳定，抗风险能力更高。

很多人刚毕业开始工作，挣得不多，花得不少，三五年下来，钱却一点儿都没存，每到月底就穷得叮当响。这些现象背后的矛头都指向了做事太缺乏规划，没有目标，更别说通过理财等赚取可观收益了。

这些年的投资理财经历，除了金钱，让我获得最大收益的，就是不管是工作还是生活，不管多大资金量的理财，都养成了做计划、定目标的习惯。

①有了理财规划，每一步做什么、要达到什么目标、自己做理财配备行动是否有偏差都会一清二楚。

②有了目标，才能强制性存钱，不会乱消费，慢慢就能节省很多资金。

③有了详细的规划和整体目标，可以根据变化随时调整自己的理财方案，以适应最终的理财目标，达到预期。

④持续保持对理财的关注度，让自己养成理财的习惯，并不断实践变得熟练。

特别提醒：理财规划目标一定要切合实际。例如，你打算用 10 万元的本金 3 年之内要变成 30 万元，翻 3 倍，那么你需要投资年化收益率 66.7%的理财产品。这个收益太高了，几乎是不现实的。

每年都是一个新的起点，如果你一直都坚持记账（这是一个好习惯）的话，在新的一年开始前翻开账本，通过简单的加减法，对前一年的收支进行复盘，以及检查自己当前的财务状况，对下一阶段做出规划安排。

一个可靠、有效的理财规划应该包括：一个正式、可控的预算，符合实际情况的投资策略和独一无二的个人目标。即使每个人的计划有所不同，但一个合理的规划都要符合这几个原则：灵活性、波动性、保障性。

具体来说，那需要多少钱才算财务自由呢？

有人说，当你的可投资资产大于家庭年支出 20 倍时，恭喜你，基本上可以算财务自由了。

假设这个说法成立，我们先来做一道算术题：

A 家庭一年的支出约为 25 万元，即 25 万元能基本保证一个普通家庭过上有品质的生活。20×25 万元＝500 万元，即需要 500 万元的资金（无负债）就可以实现财务自由：将 500 万元投资于债券、基金、股票等，实现年化收益 12%即 60 万元，25 万元用于支出，35 万元用于抗通货膨胀和扩大再投资。

考虑通货膨胀和每年收益不均衡的因素，我们将财务自由门槛提高到 25 倍，再来算算：

①家庭年支出为 25 万元；

②财务自由门槛为 25 倍，25×25 万元＝625 万元；

③通货膨胀率为3%，未来资金也以3%的静态通货膨胀率进行折现。

当然，制定规划只是第一步，坚决执行下去才是最重要的。

## 2. 践行规划的三大要素

明白了制定规划的意义，对自己财务自由的标准也心中有数之后，在践行规划时，有三个要素调控着财富增长的变化。

先来看看这个公式：

总资产收益=本金×(1+收益率)^时间^

从这个公式里你就能直观地看出，如果想要享受高收益的总资产，可以从三个关键要素下功夫：本金、收益率、时间（计息期）。

在我看来，对于普通人来说，实现财务自由最重要的一个因素，不是第一桶金（本金）或者投资能力（收益率），而是：活得久（时间）。

只要你活得够久，即使你的本金不多，每年赚得不多，最终你也有机会实现财务自由。

（1）时间的力量

换句话说，这也是被爱因斯坦称为世界第八大奇迹的“复利”。一点都不夸张，总资产收益是随着时间呈现出指数增长的，投资的时间越长，复利的威力就越大。

巴菲特曾经说过：找一条足够长的坡地，足够湿润的雪，就能让财富滚雪球。这个滚雪球的道理，就是通过时间的积累，形成复利的力量。

就算没有巨大的资金基础和高额的盈利回报，但只要源源不断地长时间投入，持之以恒的复利投资也能给普通人带来不错的收益回报（图4-1）。

假设你有30万元的初始资金（这个应该不难），从30岁开始投资，平均年化回报率为15%（含每年3%通货膨胀率，下同），只需要60年的时间，你即可以拥有身家2.12亿元，至少实现“两个小目标”！

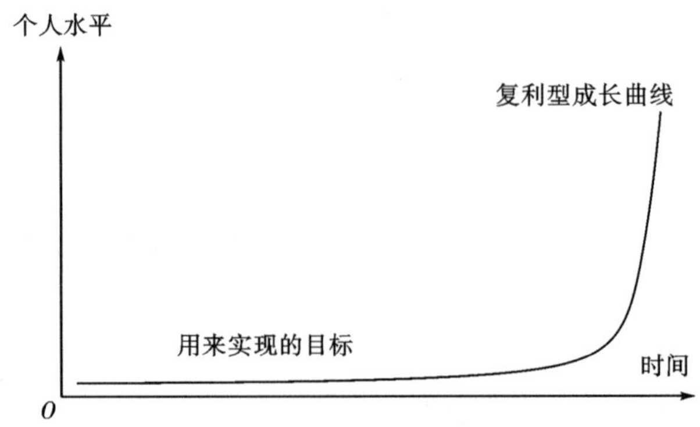


**图 4-1　时间与复利的曲线**

这还没有考虑如果你处于事业上升期，可留存的投资金额逐年递增，实现财务自由的时间将会被大大缩短。

即使每年的投资回报率为 10%，保持 30 万元的初始资金不变，考虑复利放大的因素，60 年后你也可以拥有约 1 500 万元身家。如果其他条件不变，年化收益率为 25%，则只需要 30 年时间，你即可成为亿万富翁。

看看下列表格，就知道时间（复利）积累的力量：

30 岁开始投资，年化 15%的收益率，则 60 岁能积累 899 万元；如果年化 20%的收益率，则 60 岁能积累超过 1.6 亿元（表 4-1）。

**表 4-1　30 岁开始投资的复利收益**　　单位：万元

| 30 岁初始资金 30 万元 | | | | | |
|---|---|---|---|---|---|
| 年龄（岁） | 年化收益 5% | 年化收益 10% | 年化收益 15% | 年化收益 20% | 年化收益 25% |
| 30 | 30 | 30 | 30 | 30 | 30 |
| 40 | 37 | 59 | 93 | 144 | 219 |
| 50 | 45 | 116 | 289 | 693 | 1 601 |
| 60 | 54 | 228 | 899 | 3 332 | 11 693 |
| 70 | 66 | 228 | 2 792 | 16 016 | 85 411 |
| 80 | 81 | 449 | 8 670 | 76 986 | 623 897 |
| 90 | 98 | 1 738 | 26 928 | 370 061 | 4 557 336 |
| 100 | 120 | 3 420 | 83 634 | 1 778 818 | 33 289 663 |

注：1. 假设通货膨胀率为 3%。
　　2. 表中计算结果保留到个位。

如果从25岁开始投资，年化15%的收益率，则60岁能积累1 320万元；即使年化10%的收益率，到70岁也能拥有525万元（表4-2）。

**表4-2　25岁开始投资的复利收益**　　单位：万元

| 25岁初始资金30万元 | | | | | |
|---|---|---|---|---|---|
| 年龄（岁） | 年化收益 5% | 年化收益 10% | 年化收益 15% | 年化收益 20% | 年化收益 25% |
| 25 | 25 | 25 | 25 | 25 | 25 |
| 30 | 28 | 35 | 44 | 55 | 55 |
| 40 | 34 | 69 | 137 | 263 | 494 |
| 50 | 41 | 136 | 425 | 1 266 | 3 605 |
| 60 | 50 | 267 | 1 320 | 6 088 | 26 335 |
| 70 | 61 | 525 | 4 100 | 29 262 | 192 368 |
| 80 | 74 | 1 033 | 12 733 | 140 657 | 1 405 176 |
| 90 | 91 | 2 032 | 39 547 | 676 116 | 10 264 292 |
| 100 | 110 | 3 997 | 122 826 | 3 249 972 | 74 976 871 |

注：1. 假设通货膨胀率为3%。

2. 表中计算结果保留到个位。

截至2018年，现年88岁的股神沃伦·巴菲特，资产已经超过1 000亿美元。其中，仅仅最近5年，巴菲特的财富就增长了450亿美元，平均每年增长90亿美元，每天增长2 465万美元。

吸金速度惊人！而巴菲特财富积累中另一个惊人的事实是，他拥有的99%的财富，是在50岁之后才赚到的。巴菲特并没有像一些互联网新贵那样，年纪轻轻就身价数亿元、数十亿元，相信他也不曾期待过一夜暴富，心态好应该也是他长寿的秘诀之一。

借助复利的力量，“活得久”的价值可见一斑。如果初始本金、投资收益拼不过别人，那就争取比别人活得长。

（2）原始资金的积累

投资需要原始资金的积累，换句话说也就是“第一桶金”。

先来看一则寓言故事：

阿尔卡德是古代巴比伦一个普通的年轻人，在一个图书馆做抄写员。尽管每天长时间辛苦地工作，但他获得的报酬却少得可怜，因此常常过着入不敷出的日子。

后来有一天，阿尔卡德遇见了放债人奥佳米什，这个巴比伦的有钱人告诉了他一个办法，即把收入的一部分存起来。

年轻的抄写员不敢相信自己的耳朵，认为这并不是一个可行的办法。但是奥佳米什强调，就是这个方法让他从一个抄写员变成放债人。

尽管持有怀疑，但阿尔卡德决心试一试。他努力省吃俭用，将每次收入的 1/5 强制性存下。没过几年，阿尔卡德就存到了人生的“第一桶金”。

这也正是这位后来被誉为“巴比伦最富有的人”积累财富的开始。

事实上，“储蓄”是许多人实现财务自由的先决条件，也是最基本最简单的理财方式。

如果你现在只有 5 万元的存款，就希望靠投资理财实现财务自由，这是非常不现实的。相反，你应努力工作，不断地提升自己的专业技能，通过升职加薪增加工资性收入，积累本金，同时利用一切时间学习投资理念和财务知识，并养成良好的理财习惯。

投资是一个催化剂，只有当拥有一定数量的原始本金后，它才能为你锦上添花。

例如，你最初的本金只有 10 万元，30 岁开始进行基金、股市等投资理财，平均每年复合收益率为 20%，那么你会在 70 岁也即 40 年后拥有 5 339 万元（表 4-3），实现财务自由。但 70 岁的时候是不是太晚了点？这肯定不是大多数人想要的。

**表 4-3　10 万元本金的投资复利收益**　　单位：万元

| 30 岁初始本金 10 万元 | | | | | |
|---|---|---|---|---|---|
| 年龄（岁） | 年化收益 5% | 年化收益 10% | 年化收益 15% | 年化收益 20% | 年化收益 25% |
| 30 | 10 | 10 | 10 | 10 | 10 |
| 40 | 12 | 20 | 31 | 48 | 73 |
| 50 | 15 | 39 | 96 | 231 | 534 |
| 60 | 18 | 76 | 300 | 1 111 | 3 898 |
| 70 | 22 | 76 | 931 | 5 339 | 28 470 |
| 80 | 27 | 150 | 2 890 | 25 662 | 207 966 |
| 90 | 33 | 579 | 8 976 | 123 354 | 1 519 112 |
| 100 | 40 | 1 140 | 27 878 | 592 939 | 11 096 554 |

注：1. 假设通货膨胀率为 3%。
2. 表中计算结果保留到个位。

换一种思路：如果我们在 30 岁之前努力工作，将自己的原始本金提高到 30 万元，结果会怎样呢？我们在 60 岁的时候，就能积累到接近 900 万元（表 4-1）的资产，60 岁退休貌似还不错。

某种意义上，人生其实是不公平的。对于含着金钥匙出生的“富二代”来说，他们拥有包括父辈在内的人脉、资金、资源等，可能在年纪轻轻时就赚取了绝大多数人羡慕的第一桶金。

例如，30 岁就有 100 万元现金（现实可能远不止于此），他们不靠继承大笔的财富，仅以自己每年 20%的复合收益率计算，50 岁时就能拥有 2 311 万元的财富（表 4-4）。

那如何提高每年的可投资本金呢？一方面，我们可以改善自己的收入状况和消费支出结构；另一方面，我们可以养成细水长流的良好存钱习惯。

总之，第一桶金可以称为财富之路的起点，你越早攒下第一桶金，未来致富的概率也会越大。在后面的章节中，我们会重点介绍一些方法。

**表 4-4　100 万元本金的投资复利收益**　　单位：万元

| 30 岁初始本金 100 万元 | | | | | |
|---|---|---|---|---|---|
| 年龄（岁） | 年化收益 5% | 年化收益 10% | 年化收益 15% | 年化收益 20% | 年化收益 25% |
| 30 | 100 | 100 | 100 | 100 | 100 |
| 40 | 122 | 197 | 311 | 481 | 730 |
| 50 | 149 | 387 | 965 | 2 311 | 5 336 |
| 60 | 181 | 761 | 2 996 | 11 106 | 38 976 |
| 70 | 221 | 761 | 9 305 | 53 387 | 284 704 |
| 80 | 269 | 1 497 | 28 900 | 256 622 | 2 079 656 |
| 90 | 328 | 5 795 | 89 760 | 1 233 536 | 15 191 122 |
| 100 | 400 | 11 399 | 278 780 | 5 929 394 | 110 965 544 |

注：1. 假设通货膨胀率为 3%。
2. 表中计算结果保留到个位。

（3）收益率的提升

如果每年的投资收益率达到 8%，70 年里每年投入 7 万元，最后我们的账户里会多出 7 741 万元。

这个收益率，其实就是我们财富增长的放大镜和加速器。几乎任何投资，都是需要一个合理的预期收益率的。

也许有人会说，如果我们的原始资金不够，那我们可以通过努力把收益率提高就好了。我只能说，想法是好的，但收益率真要增加一个百分点都会很困难。相反，收益率每提高一个点，往往就意味着增加 10%的风险，很可能到最后收益没获得，本金却损失掉了。

先来看看投资大师们的收益率：

沃尔特·施洛斯，47 年，年化收益率 20.09%。

本杰明·格雷厄姆，30 年，年化收益率 20%。

沃伦·巴菲特，46 年，年化收益率 22.3%。

乔治·索罗斯，29 年，年化收益率超过 30%。

戴维斯家族，47 年，年化收益率 23%。

在投资规划中，如果你试图在较长时期内把预期年化收益率提高到25%、30%，除非你认为自己的投资能力远超这些世界上顶级的投资大师，否则请尽早放弃这种不切实际的幻想。这也从一个侧面证实，那些告诉你年化收益率超过30%，甚至每年翻倍的投资产品，基本可以确定是一个显而易见的骗局。

如果你属于保守型的投资者，抗风险能力较弱，对投资的预期收益率低于10%，那就没必要投资如股票、期货这些风险大、波动性高的品类，通过货币基金、债券、指数基金等，就可以轻松实现预期收益。

因此，当我们进行投资时，事先应对收益率有一个合理的预期，比如说10%~20%是一个相对可行的选择（这个区间也是A股正常的市盈率倍数）。要将这个区间的收益率每提高一个百分点，都需要付出极大的努力。

我们还是保持以表4-1的30岁、30万元的初始资金和假设年化通货膨胀率3%来计算，看看不同的收益率对实现财务自由的影响：

①年化收益率10%，到70岁时才获得228万元的资产，你还剩下多少时间？

②年化收益率15%，到60岁时便可以积累899万元的财富，看着似乎不错；

③年化收益率20%，到60岁时就能够拥有3 332万元的资产，实现财富自由了。

关于收益率的提升，在本书后面的章节中，我们会重点介绍各种投资品类，你可以根据自己的资产、家庭、工作等情况，进行适合自己的投资组合的资产配置。

在通往财务自由之路上，需要原始资金积累（努力工作赚取第一桶金）+合理的收益率（10%~15%）+足够长的时间（复利的力量），这三个要素都不简单，因此只有少数人通过足够的努力，才能最终获得财务自由。

## 二、学会聪明地花钱

赚钱是能力，花钱是智慧。

古语有言：“君子爱财取之有道，用之有方。”比尔·盖茨也曾经说过一句话：“巧妙地花一笔钱和挣到这笔钱一样困难。”

你难免会产生疑问：这世界上只有不会赚钱的人，哪有不会花钱的人呀？那可未必。因为我们的钱总是有限的，而需要买的东西实在太多了。

从小我就听父母说挣钱不容易，要学会省钱。尤其是在家里发生一场大的变故后，经济状况愈加糟糕，父亲养鸡、开杂货铺，一分钱一分钱地攒，为了一点利息，每每有些结余就去银行存定期。在这种氛围里，我也学会了攒钱节俭，并且从高中开始写稿赚钱。从小到大，养成了自律的习惯，不乱花钱，能很好地管理自己，尤其是自己的消费欲望。

工作后挣钱了，省钱的习惯也没有改变。例如，100 元左右的鞋子，穿着也不错，何必买几百上千元的呢？然后也就很自然地接受了廉价的东西。我曾经在淘宝上买了不少衣服、鞋子，穿不了多久就开始落线、掉帮，于是又买了一些……结果发现，这些便宜的东西看似节省，其总价却不会低于一件好东西，还成为弃之可惜的“鸡肋”。

同样的道理，那些看似捡便宜的过期的营养品、很快就淘汰的电子产品……它们只是在白白地浪费钱，并没有给生活带来愉悦，更别说因此而产生任何收益。

那些住着豪宅、开着名车的有钱人，或者工作光鲜、薪水丰厚的金领一族，挣得多就不会穷吗？

拳击史上最年轻的拳王泰森，在他 20 多年的职业生涯中赚了至少 5 亿美元，后来却破产了。拥有一双令对手胆寒的铁拳，为什么却掌握不住自己用血汗换来的金钱，使自己陷入财务危机呢？

首先是经纪人唐·金，在泰森身上榨取了巨额的利润，以至于泰森的收入跟不上消费；其次是泰森的第二任妻子莫妮卡，她奢靡的生活方式，浪费了泰森大量的金钱；最后便是打官司产生的巨额诉讼费。

一个身价 5 亿美元的拳王，在不懂花钱和缺乏理财规划的情况下，变成一个穷光蛋。而我们每个月只有几千元或是一两万元的收入，陷入财务危机太正常了。

所以，想要避开财务困境，仅有高收入也同样不能解决问题。

不会赚钱不是你的错，但对钱不负责就是你的不对了。

金钱就像爱人，你爱它，它才会爱你。因此，在稍不留神就会掉入“坑”里的情况下，用聪明的消费观念武装自己，就是非常有必要的了。

### 1. 不买低效用的东西

你有没有过下列行为：

换季打折抢购款式、颜色早就过时的衣服；

双十一疯狂囤积那些占地方的沐浴液、卫生纸；

为了多穿两年，给孩子买的都是宽松不合体的衣服……

在生活中，我们总是听到人说：又花了一笔冤枉钱，买了一堆废物回家积灰。或者，有人刚发了工资，2/3 就马上拿去还了信用卡，剩下大半个月勒紧裤腰带过日子，要么又拼命刷卡，恶性循环周而复始。

怎样判断一个东西有没有价值呢？理财师简七提出过一个考量的方法——好东西法则，即把你对一样东西的相对喜欢程度从 1 分到 5 分划一个标准，然后用这个分数乘以你每月使用的频率，所有低于 10 分的，都可以根据具体情况考虑丢掉。

所谓花钱消费，就是指“为了满足欲望而消耗资产、服务”的行为。通俗地说，如为了解嘴馋去买零食，为了填饱肚子去大吃一顿，为了让自己变得更漂亮去买化妆品，等等，这些出于自己的欲望而花钱的行为就叫消费。经济学里把这种情感的满足程度叫作“效用”。

如果效用大于物品价格，那我们可以毫不犹豫地买下；如果物品价格高于效用，则这是一笔不合算的买卖。当然，这个判断比较个性化，因为每个人的感受和需求不一样，所以不能一概而论。

每个人，对同一件商品的喜好程度是不同的，那么商品的效用也就不同。这个容易理解。

另外，一件物品的效用也是会发生变化的，如再好吃的零食，吃多了也会觉得腻味。这便是“边际效用递减规律”。

实际上，学会聪明地花钱，也是为了在购买之前养成思考的习惯，避免冲动购物。例如，一件东西的使用频率低，很可能这件东西对你来说真正的意义并不大。

时间久了，也会慢慢养成习惯，总结出属于自己的、一套令自己每次花钱都觉得很值得的方法出来。

也许有些习惯了乱买东西的人会感觉憋屈：买个东西之前还要想这想那的，累不累？没办法，想要有所收获就必须有所割舍，鱼和熊掌不可兼得，不动脑子乱花钱是没法避免买到不必要、低效用的东西的。

无数事例告诉我们，只听从欲望的下场通常很惨。

换一个角度来说，与其将就，不如讲究。如果是使用频率高的物品，为什么不替换成一个更物美价廉的同类产品呢？

例如，家里装修的时候，在购买插座、开关、马桶以及电器家具等物品时，尽量要选择高档的，所谓一分钱一分货，一般来说舒适耐用方面都是价高者胜。小家电则要符合自己的生活习惯，如豆浆机、水果榨汁机等，若使用频率极低则无异于浪费闲置了。

减少购买“烂东西”，如淘宝上买的那些廉价衣服，它们的总价其实并不会低于一件好衣服。而且，在衣着方面，我们也要穿出自己的气质，使每天做事的效率和幸福指数飙升。

不买低效用的东西，一方面可以提醒自己思考自己的消费是否合理，另一方面还可以为购买真正需要的、有品质的物品腾出更多的心理和物理空间。

## 2. 学会有经验地省钱

花钱大家都会，省钱大家也都理解，但什么是有经验地省钱呢？

仔细观察一下，我们身边很多人为了省一点钱东奔西跑，货比七八家，不仅容易导致选择困难症，而且做了过多耗费自己精力的事。

例如，你在四五家商场逛了五六个小时，辛苦地买下了全市价格最低的一款口红，给自己省下了 50 块钱，还为自己的聪明才智高兴了 30 分钟，但是却忘了自己每个小时的收入是 200 元钱。这，真的值吗？

所以，这个“有经验”，其实是想告诉大家花钱的时候需要节省，但得根据自己的实际情况或者生活习惯掌握一些必要的省钱方式，不需要一味追求省钱，毕竟我们的时间和注意力也是非常宝贵的。

学着去掌握一些必买物品的有效时间点是最简单的，比如说你知道常去的超市什么时候买菜最新鲜，买衣服的门店什么时候会有打折，汽车 4S 店什么时候保养有优惠，等等。

既然挣钱不容易，那为什么不在花钱的时候积累些经验来省钱呢？

（1）机会成本

从机会成本的角度来说，我们应清楚地知道获得一种东西要付出的代价是什么。当然，有些东西是无法直接衡量花销是否值得的，那就可以尝试替换成其他东西。例如，把钱换算成时间，我们为某个东西花的钱，可以折算成几个小时或者几个月的工资。

（2）太相信自己

一般来说，我们的消费行为，往往都是根据过去的经验来不断重复。例如，很多人每天都花几十块钱买星巴克的咖啡，当这个行为形成了惯性，就会产生本能的消费冲动。

其实，应该停下来想一想，反思一下自己的习惯。例如，只是为了在跑步机上一边玩手机一边走一个小时，真的值得你费劲地找停车位去某家健身房吗？还不如戴上口罩在小区内散步。还有，家里几乎从来不用的固定电话，真的值得去交几十块钱的座机费吗？

（3）信用卡或手机转账

尽管我们都崇尚简单，但不要用最简单的方式付钱，这样你就会感觉不到花钱的心痛。用现金支付，至少能让你思考一下所做选择的价值以及机会成本，也会强制性地让你在买东西之前再想一想，这个钱到底该不该花？

如果你使用现金消费，让自己在数钱的时候慢下来，可能大脑的神经组织就会例行思考是否值得消费，而不是由大脑主要管理情绪的“杏仁核”直接下达指令。

（4）“捡便宜”

“捡便宜”几乎是每个人都有的习惯性思维，一旦听说商场优惠促销或者

“双十一”打折的时候，大多数人都按捺不住自己的钱包，被裹挟着“强制性”消费。碰上这种情况，你要考虑的不是原价多少钱，或者省了多少钱，而是应该想一想自己真正要花多少钱？

例如，买一件漂亮的风衣，原价是1 500元，打6折之后是900元，不是省了600元，而是花出去了900元。再如，基金机构都会收取1%的管理费，看起来毫不起眼，但如果每次交易都收取1%，数年下来的费用将是很可观的一大笔钱。

### 3. 花钱的原则：资产>负债

所谓资产，就是那些能为我们不断带来正收益的东西，而负债则是从你的口袋里源源不断地往外拿走利益的东西。拥有资产才是“钱生钱”的根本，这也是我们在投资时首先会考虑到的因素。

资产包括：

①流动资产，如现金、存款、货币基金、短期债券及其他短期金融资产；

②非流动资产，如不动产、股票、长期债券及其他长期金融资产；

③表外资产，如时间、创造价值的能力、积攒的人脉等。

比如说房屋出租，每个月我们都能收到3 000元的租金，这个租金就是资产带给我们的现金流，源源不断地放入我们的口袋，这就是资产。

负债包括：

①流动负债，如信用卡欠款、短期消费贷、股票融资、短期疾病、短期私人借款；

②非流动负债，如房贷、车贷、长期私人借款、赡养老人、抚养子女；

③表外负债，如欠下的人情、未来的疾病、突发的意外事件等。

比如说每个月缴纳的水电气费，它源源不断地让我们的钱从口袋里流出，我们就可以把它理解为负债。

对于大多数人来说，主要收入都是工资。每个月领取之后，就得立即支出，如买食品、交按揭、买衣服，还有各种娱乐、交通、通信等费用，扣除之后所剩无几。

收入高一些的中产阶层，扣除日常消费之后留有一些结余，为了追求生活品质，就会通过银行、保险公司、支付宝等贷款，去买更好的房子、车子、电视、手机、服务、旅行等，负债越滚越多。

富人每个月也有收入和支出，但他们还有一项叫资产。各种各样的资产会带来收益，如房租、公司分红、股票收益、专利产品的授权使用费等，通过资产不断产生现金流，一部分流入收入项，另一部分还可以继续买入更多的资产。

随着资产量不断提升，当资产项带来的现金流收入大于支出所需要的费用，这就实现了最初级的财务自由。

大家更熟悉的，可能是负债。所有一旦买回来就贬值的东西，都可以视为负债，包括衣服、奢侈品、手机、电视以及汽车等，都是负债。

这一类消费，我们在花钱之前就应该要想明白。未来不会给我们带来现金流收益，反而成为负债的东西，千万不要买。

那些深陷财务危机的人，或者一辈子陷入“老鼠赛跑”游戏的人，多半分不清楚资产和负债。

他们一辈子辛苦工作，不断地增加收入，然后买豪宅、豪车、奢侈品，满世界旅行等，看上去很富有，其实是给自己的未来套上了枷锁。

巴菲特著名的雪球理论说的就是资产的原理，所有的钱在最初可能都只是你手里的一捧雪花，你需要把它团成一个小雪球，然后不停地寻找湿的雪，在一个长长的时间通道上滚动它，最终就会成为一个巨大的雪球。

我们花钱的原则，是根据我们的目标需要，只买以后越来越值钱的东西，同时考虑折现率和时间对价值的影响，从而让花出去的钱更值钱。

### 4. 多为自己花钱

一提到投资，大多数人想到的就是买股票、基金、债券之类的金融产品。其实除此之外，还有一种更合算的消费型投资，那就是多为自己买单——投资自己。

我们讲的投资理财，并不是抠门，更不是“吝啬”，而是如何精明、理智地花钱，让每一分钱能够产生价值和回报。

例如，去健身房游泳、锻炼身体，使自己精力充沛，身体更健康；又如，有的女性购买高档化妆品，可以保养皮肤，青春常驻；还有的人在工作之余，报了各种培训课程，让自己提升赚钱能力和职场竞争力，这些都属于投资自己。

年轻的时候，我们都活成了别人期待的样子，把所有的钱、聪明都堆积在表象上。后来才逐渐懂得，真正爱自己和内心的强大，其实是不需要虚荣心来装潢的，舒适的品质才是根本。

看不见的地方，才是真实的模样。

《格调》这本书里曾说过，在真正看不见的上流社会的生活里，完全没有我们想象中的大牌奢侈品，他们会选择花钱去定制自己喜欢的、真正舒适的东西。

在职场上，拿高薪的是什么人？是拥有豪宅、开好车、已经身价丰厚的人吗？不一定。人的价值，不是由他当前拥有的现金总额决定的，而是由他创造现金流量的能力所决定的。

最好的投资是投资自己，也就是让自己变得更好，更加优秀。一个有能力的人，即使身无分文，只要他赚钱的能力还在，也可以再次赚到钱，东山再起。

人是经济活动的核心主体，是能够持续不断地创造现金流量的重要资产，所以对人的“投资”，回报率最高。不管是什么形式，只要在经济活动中承担责任，能够通过投资、消费及工作持续创造现金流量的价值才是重要的。

如果一个人将培训学习到的知识和技能，顺利运用到商业活动中，就可以创造更多的现金流。

成长永远比成功更重要。

成长是一种保持更新的状态，不论你拥有多少才华或成就，你都需要不断地修炼和进阶，挖掘出更丰富、更有魅力的自己。

## 三、储蓄——告别“月光族”

“我每个月的工资就那么一点，吃饭、交通、话费、娱乐、买衣服、买化妆品……哪一样不要花钱呀，到了月底，哪里还有钱去理财？”“工作两三年了，银行账户还是零资产。”在生活中，许多年轻人不管收入高或者低，银行里的存款却出奇一致——不会超过 5 位数，而步入职场没几年的存款则大多不会超过 4 位数，还有不少人长期佩戴着“月光族”和“卡奴”的标签。

每个月的信用卡账单基本上与工资持平，有的时候甚至比工资还高。日常生活中，他们谈论的不是读书学习、提升自己，而是哪里的衣服在打折，哪家的化妆品好用，以及说走就走的旅行。

自从有了信用卡、支付宝、微信后，支付变得更加方便了，出门需要购物只用手机就能搞定，花钱更是没有感觉，但是看到每个月的账单，想着下个月要还的钱，恨不得“剁手”！

毫无疑问，“月光”是大多数人在理财道路上遭遇的第一只“拦路虎”。如果花钱习惯不改变，就算再努力赚钱，到头来也是一场空。

即使你收入再高，不知道存钱，依然是不会有任何积蓄的。或者说，存钱是为了在需要你拿出一笔钱的时候，不会为此烦恼，丢掉自尊，甚至可以“以钱生钱”。

### 1. 学会记账

存钱的第一要义就是记账。

通过记账来控制自己每天、每月的开销。这样做的好处是弄清了钱都花哪儿去了。

每个人的情况差异较大，可以选择适合自己的记账方式，用笔记本，或者选择一款好用的记账 APP 都可以。现在有很多记账类 APP，都可以自动统计收支比例，以及在每个类别上的支出比例。

月底，可以查看自己在吃饭上花了多少钱，在化妆品上花了多少钱，在 K 歌娱乐上花了多少钱，等等。一个月的花费都记录在案，你或许就会发现自己可能在很多无所谓的地方浪费了很多钱。等到下个月的时候，就可以节约这些不必要的开支，把钱花在刀刃上。

不记账，不做规划，你可能会遇到这些问题：

①理财的项目记不住；

②自己的资产状况不清楚；

③工作几年下来没有存款。

在一定程度上，记账能够帮助你梳理清楚这些问题，并且提供改善的依据。

记账的目的，一是记录资产，二是记录支出。如果仅从行为上来说，记账本身并不会让你变得更加节省，但通过一笔笔的账目，至少能帮助你随时清楚自己的财务状况。

（1）选择合适的记账方式

每个人的财务状况都是千差万别的，要根据自己的情况选择合适的记账方式，如纸质记账、表格记账、APP 记账等。现在手机这么方便，建议选择用 APP 记账，可以随时将自己的消费详情一笔一笔地记录下来。

作为一款记账 APP 最重要的一点就是简单，如 Daily Cost 向下拖动“纸片”，就可以新建一条开销记录，细化的便签能让你的记账更为条理化，清晰的月统计和周统计可以清晰地观察开支走向。

挖财支持信用卡、银行卡、淘宝账户的同步，连余额宝也一起同步，比较适合懒惰的用户。

多功能类的 APP，如多赚和财鱼管家的记账还包含了基金、股票、网贷等丰富的种类，只是后者的综合性更强一点。

（2）定时记账

定时记账也可以称为分时段记账，能让你省出很多时间，如对于线上消费，可以采取五天同步一次账单的方法；针对现金消费，可以在每次取钱之后，马上记录，然后设定一个现金支出分类，在真正花现金的时候，就不需要每次都一笔一笔地去添加了。

不得不说，记账是一件很琐碎的事情，有时候一旦忙起来就可能忘掉了，但坚持记账不仅可以锻炼我们的耐力，更重要的是它能给我们带来很多好处。

一是梳理自己的消费习惯，学会管理预算。

不少人的开销几乎是一笔糊涂账，一旦看到喜欢的东西就买下，根本就不知道自己在买衣服买化妆品买饰品上究竟花了多少钱，甚至很多东西还是重复购买。记账后，你会立即梳理清楚在每一类物品上的花销，并因此给自己设置每月固定的预算，买衣服的时候就会首先冷静地想一想是否该买，是否应该把钱花在真正需要的地方。

二是了解可支配资产，为理财规划打下基础。

简单地说，就是清点一下账户上哪些钱是余钱，可以拿去投资理财的，可以投资多久？把流动资产和非流动资产进行区分，把负债类项目提上还款的议事日程。学会理财，就是每一分钱都不应当被闲置，流动起来才能产生收益，如次月才需要偿还的信用卡，可在此之前用于购买货币基金，还款日前几天赎回即可，利用时间差赚取一笔小小的收益。

记账是告别“月光族”的第一步必要动作，从形形色色的账单中，我们可以清楚地知道自己辛苦挣来的钱究竟花在哪些地方了，清楚哪些是日常生活的必要开支和非必要支出，找出生活中的“惯性消费”因素，从而更加理性地量入为出。

## 2. 设定预算

记账只是起步，是为了更好地做预算。而预算是一个被 90% 的人忽略的问题。

预算也可以称为规划，就是根据以前的花费进行盘点，制订出一个可供开销和储蓄的计划，尤其是在我们沉浸于膨胀的购物欲时，预算会给我们一个很好的提醒和约束，从而在一定程度上抑制过分膨胀的物欲。

很多人都有过这样的疑惑：我没有买什么乱七八糟的东西呀，为什么每个月的开销这么大？逛个超市，买的都是生活必需品呀，怎么几百块钱就没了？等等。

如果做了第一步记账，一看账目中的这个是必需的，看账目中的那个也是必需的……最后可能得出结论：我挺节约的，没怎么乱花钱，都是一些必需品呢。

实际上呢？很多人都没有明确清晰地想过消费时“必要”“需要”和“想要”的概念。这恰恰是需要通过做预算来逐一进行排除的，进而控制消费欲望。

必要：维持基本生活所需的东西，如衣食住行的必需品，没有它你会很困顿潦倒的那种。

需要：在必要的基础上进一步满足生活和情绪的需求，追求一定的舒适度。例如，吃一个馒头可以饱腹，但是去吃了一碗面；住一个单间足够安身，但是却买了一室一厅带独立厨卫的套房。单间是必要，套房就是需要。

想要：基本上可以定义为不必要的花销，追求炫耀性的奢侈消费。例如，不想吃馒头，也不愿意吃面，只想去吃一顿豪华大餐；嫌弃单间太狭小，一室一厅带独立厨卫的套房位置不好，最后挑选了一个高级公寓带精装修的三室一厅。

另一种情况也比较常见，有些粉领族每个月会定时SPA、手足保养，或者跟闺蜜喝一个下午茶，好像花的都是小钱，单笔消费没感觉，累积起来1万元的薪水早已花得差不多了。

经济学上有个名词叫“拿铁因子”，意思是说有些支出看起来并不起眼，日积月累却是很大的一笔费用，讲的就是这种现象。

每个月初做预算时，首先要懂得“取舍”，哪些是真正值得花的钱。然后，在生活中坚持“必要”，维持基本的生活需求。但只坚持“必要”会很辛苦，像一个清教徒似的。偶尔满足“需要”，给自己一点奖励是很合理的。杜绝“想要”，在付款之前，先冷静地问自己一个问题：不买会死吗？不要被冲动和攀比性的消费欲望所控制。

**小贴士**：可以画一个表格，把所有的消费预算都一一罗列出来，分别归类到“必要”“需要”和“想要”这三栏，究竟哪些钱不该花，立即就能一目了然。

### 3. 把收支交换位置

针对每个人的差异情况，首先问自己四个问题：

①每个月的必要开支有哪些？

②每个月的非必要花销有哪些？

③每个月的偶发支出可能有哪些？

④每个月的储蓄有什么安排？

千万别忽视了这几个小问题，它们可都是你成功告别“月光族”的路线图，如果想清楚了，就会对自己的财务状况越发清晰，并将预算做得更科学。

然后就是具体的分类。每个月按时领取工资后，如何分配比例才是合理的呢？

· 日常的必要支出：占收入的 50%。如果这部分占比超过 70%，情况就不太妙了，必须得努力提高自己的工资水平。

· 非必要支出：占收入的 10%。

· 偶发性支出：占收入的 20%。

· 长期储蓄：占收入的 20%。

例如，一个月的收入是 1 万元，那么相对应的分配是：5 000 元用于满足日常生活的必需开销，如最基本的衣食住行、按揭还款等；1 000 元用于非必要支出，如购买一件衣服，或者看一场电影等；2 000 元用于偶发性的必要支出，如孝敬父母、结婚送礼、医疗费用等；2 000 元的结余用于存储，如购买债券、货币基金、指数基金、股票等。

请对号入座，对比一下自己的花销结构，有没有因为随意消费而导致超支的部分？

这样一个大致的轮廓出来后，那就是花钱的顺序。

大多数人是这样的：

收入－必要支出－非必要支出－偶发性支出＝储蓄，也就是所有花销之后的结余用来存储。现在很多“80 后”“90 后”都是采用先花再存这种方式，然后想存钱的时候已经花光了，这也是月光族的穷人公式。

而有理财意识的人，先把应该存下来的钱强制性存储，然后再放心地去花钱。

收入－必要支出－存储＝非必要支出。必要支出是必须要花的，而且生活质量还不能降低，然后就是存储。钱是规划出来的，这就是富人公式。

其实，即使是必要支出部分的花销，也有很多聪明的办法进行节省。例如，你经常去一些小餐馆吃饭，可以尝试着自己在家里做，不仅会省下不少钱，而且吃得也更健康。再如，距离上班的地方只有一两站路程，那就选择步行吧，锻炼身体的同时还可以享受很多乐趣。

科学的设定预算是成功的第一步，预算不能定得太高或太低，一定要根据自己的实际生活情况来。

年轻人如果想在未来拥有财富，现在不刻意做安排，减少不必要的开销，就真的很难拥有和留住钱，更别提以后实现财务自由了。

有句话说：大道至简。其实理财也是一样的，只是把支出和财富交换了一下位置，就产生了本质上的不同。

### 4. 存钱，是一种习惯

我们往往错误地认为，“等以后我的收入提高了，一切就都可以改善了”。然而事实是，我们的生活成本不断增加，消费欲望会升级，提高生活质量的诉求一直存在。

生活不受限制，随心所欲只是一种理想状态。

（1）先存钱，后消费

无处不在的广告随时都在鼓吹超前消费，仿佛储蓄已经落伍不再流行了。但如果我们一味地追逐高消费，抵挡不了高消费欲望的诱惑，把辛苦挣来的钱挥霍掉，恐怕会自食其果而很快进入被动的财务困境。

巴菲特曾经说过，自己成功的秘诀很简单——就是储蓄、投资，然后再储蓄、再投资。积累财富，只要做好这两件事而已。

2018 年，巴菲特的身价已达 919 亿美元，折合人民币约 5 915 亿元。尽管如此，他依然住在 20 世纪 50 年代用 3 万美元买来的老房子里，家里的电视机、冰箱、沙发都已用了多年。小儿子皮特 · 巴菲特说：“如果你今天走进家里，你会看到我在 1965 年看到的同样场景。”

古巴比伦最富有的人阿尔卡德，给学生的第一个建议就是，每个月存下自己收入的 1/10。学生表示，自己挣的钱不多，刚刚够花，存不下钱。阿尔卡德是这样回答的：

每个人挣的钱并不是同样多的，家庭负担也不一样，可是呢？你们都花光了。由此可见，问题并不在于收入的多少，而是在于你们并没刻意地控制自己的支出。

如果想要存下钱，就要按照比自己收入低一点的生活水平来生活。因为我们的生活需求总会随着收入的增加而提高，如果不刻意控制，我们挣的钱都永远只会“刚刚够花”，甚至不够花而通过其他方式透支。

因此，储蓄不应该是等到每个月结束时，将花剩下的钱存起来，而是在每个月拿到工资后，先存下1/5，剩下的钱再用于日常开销。也就是前一节所列公式：

收入-储蓄=支出

狠下心吧，就当作自己每个月只挣了那4/5的钱，绝对不动用存下的1/5的钱。也就是：先储蓄，后消费。

不要小看了这个顺序的变动，正是它改变了我们花钱的基数。打个比方，假设你一个月赚了2万元，在“先消费，后储蓄”的惯性思维中，你总会想着我有2万元可以花，结果最后花光了，一分钱都没有存下。

而在“先储蓄，后消费”的模式中，你可能会想着我只有1.6万元可以花，最后即使这1.6万元都花光了，但你仍然存下了0.4万元。一年下来，账户上就会多出4.8万元的存款，如果再做一些存单、基金类投资，就更好了。

《巴比伦最富有的人》这本书里讲过一个叫达巴希尔的骆驼商人，他每个月只用3/5的钱来维持日常生活，1/5的钱用来还债，1/5的钱存下来。他每个月赚到的钱并不相等，有的月份多，有的月份少。在赚得比较少的月份，他只吃一些蔬菜来维持生活，只有等到收入好的月份，才会吃一些好的，或者购买一些衣服鞋子之类的生活用品。无论如何，他都守住一个原则，那就是：确定好可以消费和还债的钱之后，努力存钱！

储蓄之所以重要，除了它可以作为赚钱的本金，更重要的是它作为一种习惯，能够让你感受到金钱积累的过程，培养良好的消费习惯。另外，储蓄也会让你学会投资中非常重要的理念：永远不要让你的本金损失掉。

芒格曾经说过：不要把简单和容易混淆起来。储蓄就是一件看起来简单，做起来却并不容易的事情。

（2）存钱的五个诀窍

在第三章“农户与金蛋”的故事中，“鸡”代表资本，“金蛋”代表利息。没有资本就没有利息。大多数人将自己所有的钱花光，因此他们根本不可能得到“金蛋”。

博多·舍费尔说，使你变得富有的是储蓄而不是收入，没有人能仅仅通过挣很多钱就变得富有。当然，储蓄也还有一些小诀窍。

一是梯形存钱。利用投资定期产品进行强制储蓄，将储蓄投资资金平均放在不同期限的定期产品上。这种储蓄方案，既有利于分散储蓄投资风险，也有利于简化储蓄投资的操作。

例如，你有10万元的资金，可分为2万元、3万元、5万元三笔，分别投资1年期、2年期和3年期的定期存款。

1年后，期限最短的定期存款到期，就可以将本息取回，然后改为投资3年期。同时，原来期限次短（2年期）的定期存款，就变为最短的储蓄投资品种，从而避免了急用钱的风险。这样，你就有了3笔定存，且未来每年都有一张存单到期。

这种梯形储蓄方案，是一种非常好的保守型储蓄计划，即使第一年就需要急用资金，只需把3笔定存中的1年期取出即可，另外两笔的收益并不受影响。

二是杠铃存钱。这种方案是将资金集中在长期和短期的定期储蓄品种上，不持有或少量持有中期的定期储蓄品种。

长期的定期存款收益高，但流动性和灵活性比较差，而短期的定期存款却恰恰相反。两者正好互补，各取所长，最终形成一种合理的储蓄投资组合。

三是复合存钱。这是一种存本取息与零存整取相结合的储蓄方法。

如果你有一笔额度较大的闲置资金，可以选择将这笔钱存为存本取息的储蓄。在一个月后，取出这笔存款第一个月的收益，然后再开设一个零存整取的储蓄账户，把取出来的收益存到里面。以后每个月固定把第一个账户中产生的收益取出，存入零存整取账户。

这样，不仅存本取息储蓄得到了收益，而且其收益在参加零存整取储蓄后，又取得了收益。

例如一笔 10 万元的闲置资金，若是选择存 2 年期，24 个月都分别有一笔收益存入另外一个账户，再去产生收益。

四是五张存单法。为了获得收益以及充分体现流动性，以防平时要急用，将一笔现金分成 5 份，一份做 1 年定期，两份做 2 年定期，一份做 3 年定期，一份做 5 年定期。等到 1 年后，1 年期定存到期，将其本息取出存为 5 年期定存。2 年后，两份 2 年期定存到期，一份续存 2 年定期，一份将本息取出存成 5 年期定存；3 年后，3 年定存到期，将本息取出存成 5 年定期；以此类推，4 年后，那份续存的 2 年定期也到期，将其本息取出存成 5 年定期；最后一个 5 年定期继续存 5 年定期。

五是十二月存单法。十二月存单法跟五张存单法类似，是指每月将一笔钱以定期一年的方式存入银行，坚持一年，从次年第一个月开始，每个月都会获得相应的定期收入。

这种方案主要针对工薪族，让你避免在领到工资后，将所有钱直接留在收益很低的活期账户里，如果大量的工资留在里面，无形中就损失了一笔收入。

例如，你可以每月都将工资收入的 20%，存个 1 年期定期存款单。一年下来，你就会有 12 张 1 年期的定期存款单。从第二年起，每个月都会有一张存单到期，若有急用，也不会损失存款收益。

若不使用，这些存单可以自动续存。而且从第二年起，可以把每月要存的钱添加到当月到期的存单中，重新做一张存款单，继续滚动存款。

假如你这样坚持下去，日积月累，就会攒下一笔不小的存款。因此，十二月存单法同时具备了灵活存取和回报两大优势。

读完本章，是不是有点小激动？那我们立刻开始行动吧。记住，养成良好的储蓄习惯，其实也是在付钱给自己，可以帮助我们更好地实现理财目标。

第五章

# 建立基本的财务保障

很多人平常看起来收入不错，生活幸福，实际上对风险的承受能力十分脆弱。哪怕只是偶然的一个意外，这些风险都会在一个家庭里迅速“传染”，将经济压力传导给其他的成员。

有两条通向幸福的道路：降低要求或者增加财富……聪明的人，会同时给自己创造两条路。

——本杰明·富兰克林

正如控制风险是投资理财的第一要义，建立并拥有基本的财务安全保障则是投资理财的前提条件。

假设：你突然断了经济来源，没有其他收入；或者公司经营不好，你被裁员了；或者你大病一场——这样的情况下，你将依靠什么支付开销？

这正是我们要谈到的财务安全保障。

这个问题往往被很多人所忽视，总以为今天看似舒适的生活状态必然会延续至明天，失业、疾病、意外等情况被自我屏蔽，甚至连国家提供的一些基本的社会保障都知之甚少，几乎是稀里糊涂生活的状态。在北京、上海、广东、深圳等大城市，社保还跟买房限购、买车摇号等挂钩。有的人因为不了解公积金贷款，选择了昂贵的商业贷款，为此多支付了 10 多万元的利息。有的人在保险推销员的哄骗下，购买了昂贵却不合适的产品，不仅浪费了金钱，更耽误了后续的理赔。

## 一、社保这些事，你应该知道

实际上，类似小 T 这样对社保概念模糊的人不在少数。

在公司上班很多年，并没有仔细地了解五险一金，只知道自己每个月工资会被划走几百元，对公司缴了多少稀里糊涂，自然也不知道这些钱究竟花在哪儿了。如果从公司离职，待业时间超过 1 个月，社保就会停缴了，这会影响自己以后办理签证、买房买车、孩子上学等。也有换城市时，忘记把自己的社保、公积金迁移过去，结果要用的时候才发现吃了大亏。

我们常说的“五险一金”分为两个部分：一部分是社保，也就是“五险”。它是一种为丧失劳动能力、暂时失去工作或因生病造成损失的人，提供收入或补偿的社会和经济制度。另一部分即住房公积金，也叫“一金”。

社保和公积金都是国家强制规定缴纳的，公司必须为每一位形成劳动关系的员工缴纳。这是国家、企业给予我们的福利，也是对我们未来生活的一个基本保障。

### 1. 五险

五险是一大堆保险的统称，具体指的是社会基本养老保险、基本医疗保险、失业保险、工伤保险和生育保险。其中，最为重要的是社会基本养老保险和基本医疗保险，也是五险项目中缴费占比最大的，这两项福利与我们的生活密切相关，并在许多关键的突发时刻扮演着“保护伞”的角色。

每一种保险项目要缴纳的钱，都等于缴纳基数乘以缴纳比例。缴纳基数是根据上一年度的社会平均工资定额，所以不同城市之间因为社会平均工资的差异，而导致规定的社保缴纳基数和比例有所不同。

社会平均工资越高的城市，社保缴纳基数相对来说也就越高，未来能够领取的退休工资、医疗保险、失业保险等就比较高。缴纳基数以上一年度的所有收入的月平均额为基准，但是还有一个约束范围（缴费指数），一般是各个城市社会平均工资的 60%～300%。也就是说，社保的缴纳基数上有封顶，下有保底。

举个例子，A 城市 2018 年的月平均工资为 6 500 元，2019 年当地社保缴纳基数的下限就是 6 500 元的 60%，也就是 3 900 元，上限是 6 500 元的 300%，也就是 19 500 元。

如果你的工资在 3 900 元至 19 500 元这个范围内，那就以你的实际工资为基数，乘以对应的缴费比例，所得结果就是你每个月要交的社保费用。

如果你的工资只有 3 000 元，但依然要以 3 900 元为基数来交社保（五险一金）；如果你的工资比较高，每个月有 30 000 元，也只需要以 19 500 元为基数来交费，超过部分不计入缴费工资基数，也不计入计发养老金的基数。

表 5-1 是以 2017 年重庆社保缴纳基数进行测算的相关数据，大家可以作

为参考。

**表 5-1　2017 年重庆社保缴纳基数（月平均工资约 5 175 元）**

| 参加险种 | 缴费工资基数(元) | | 缴费比例(%) | | 最低缴费金额(元) | | 最高缴费金额(元) | |
|---|---|---|---|---|---|---|---|---|
| | 上限 | 下限 | 单位 | 个人 | 单位 | 个人 | 单位 | 个人 |
| 养老保险 | 3 105 | 15 523 | 19 | 8 | 589.95 | 248.40 | 2 949.37 | 1 241.84 |
| 失业保险 | | | 0.5 | 0.5 | 15.53 | 15.53 | 77.62 | 77.62 |
| 工伤保险 | | | 0.5 | 0 | 15.53 | 0.00 | 77.62 | 0.00 |
| 生育保险 | | | 0.5 | 0 | 15.53 | 0.00 | 77.62 | 0.00 |
| 医疗保险 | | | 7.5 | 2 | 232.88 | 62.10 | 1 164.23 | 310.46 |
| 总计 | | | 32.60 | 10.20 | 869.42 | 326.03 | 4 346.46 | 1 629.92 |

注：表中计算结果保留到小数点后两位。

也许大家感觉还是有些复杂，不要紧，接下来我们会针对每一类险种进行一一拆解分析。

(1) 社会基本养老保险

简单地说，社会基本养老保险（简称养老保险）就是等我们退休以后开始领取的福利，也就是退休金，满足退休后的基本生活需要。在国内，这部分钱是由企业和员工共同按照工资的一定比例逐月缴纳的。

· 个人：一般个人缴纳的比例是 8%。这部分钱会从你的工资中直接扣除，全部进入你的养老账户，等到退休后方可领取。

· 单位：单位需要为你缴纳约 20%。这部分钱统一进入统筹账户，这个账户会由国家进行统一管理分配。

你也许会问：是不是单位缴纳的钱越多，你在未来拿的钱就越多呢？答案是：不一定。因为通货膨胀会导致货币贬值，进入统筹账户里的养老金，通常会由国家委托投资理财以跑赢 CPI，也就是大家听说过的养老金入市。所以，未来能够拿到的钱多少，取决于养老金在我们退休时的投资运作情况。

怎么领取养老保险呢？按照调整后的政策规定，1997 年之后参加工作的人，退休后每个月可领取的养老金由两部分构成：

养老金=个人账户养老金+基础账户养老金

拆解开来，具体如下：

个人养老金：根据你的养老金个人缴纳金额和退休年龄计算确定(来源于个人账户)=个人账户储蓄额÷计发月数。

基础养老金：根据退休当年所在城市平均工资和个人缴费年限计算确定(来源于统筹账户)=当地月平均工资×(1-本人平均缴费指数)÷2×缴费年限×1%。

在退休前需要累积缴纳养老保险满15年，才有资格参与统筹账户的分配，否则只能领回自己交的那部分养老保险金，不能享受国家“养老金大金库”的红利。

总体来说，你缴纳的时间越长、金额越多，所在的城市平均工资水平越高，退休之后领取的养老金就越多。例如，你在25岁左右工作，60岁退休，养老金基本可以达到在职工资的45%~65%。

不少人有疑问：退休后养老保险真的能够让我们安心养老吗？坦率地说，如果计入多年持续的通货膨胀，养老保险只是负担我们退休后的一部分生活，对未来起到一定的保障作用，只靠养老金很难维持现有的生活水准。

正因为如此，我们才需要学习投资理财，以钱生钱。在后面的章节里，我们会深入探讨和讲解其他的投资方式，以弥补养老保险金的不足。

(2) 基本医疗保险

基本医疗保险（简称医疗保险）对每个人来说都非常重要，也是我认为五险中最划算的一项。无论是平时感冒发热这类小病还是做个小手术，很多常用的药品和项目都可以报销。即使大病住院，在规定范围内就医、住院的费用超过一定额度后，还能享受医保报销。

医疗保险的个人账户在定点零售药店和医疗机构可以自由支配，在不发生医疗费用的时间里，可为我们积蓄一定的资金，并可由配偶、子女等亲属依法继承。在缴费累积满足最低年限，我们退休后就可以享受终身医保和比在职时报销水平更高的医保待遇。

医疗保险和养老保险一样，也是需要我们和单位共同缴纳，具体比例是：

单位一般按 8%~10%比例缴纳，个人缴纳 2%+每月几元钱的大病保险。

· 个人缴纳的全部医保和单位缴纳的部分医保（一般为 25%~30%）每年返还至个人医保卡中，可以刷卡买药、看门诊。

· 符合一定条件的医疗花销可以统筹报销。

一个重要问题，就是如果医保停止缴纳 3 个月后，就不能享受医疗报销的待遇。需要连续缴纳 6 个月后，才能再次享受住院等医保报销。所以，没什么特殊情况千万不要停止缴纳医保。如果长时间没有缴纳，建议自己去社保中心个人缴纳社保，或者直接购买一份商业医疗保险。

目前，不同的城市对退休之后的医保待遇做出了不同的规定，如退休前必须累积缴纳一定年限（20~25 年）的医疗保险，退休后方可享受医保待遇。

例如在北京，如果到了退休年龄，还是不够最低缴费年限，北京户口可以办理延期缴费。外地户口交够 10 年后才能办理延期缴费，不够 10 年的只能转回户口所在地续交了。又如在深圳，必须满足累积缴纳医保 25 年，且在深圳缴纳社保 15 年的条件，退休后才能在深圳享受医保待遇。

另外，一般医保卡里的钱只能自己使用，且不能提现，两种情况除外：①参保人突发死亡，其继承人可以将他的医保卡里的钱，即本金和利息全部提取出来。如果继承人参加了医保，可以通过转账形式转到继承人的医保卡里。②参保人需要离开参保城市，必须先将医保卡停保，凭借停保证明才能提取账户里的钱。如果这个人已经在其他城市参保了，就要通过转账的形式将停保的医保卡内的钱转入新账号之中。

（3）失业保险

顾名思义，失业保险就是指为失去工作而暂时中断生活来源的参保人发放津贴，提供物质上的帮助，好让失业人员重新找到下一份工作。失业保险的使用概率不太高，要满足这份津贴的领用条件并不容易。

· 按规定参加失业保险，所在单位和个人已按规定履行缴费义务满 1 年。

· 非因本人意愿中断就业的。

· 已办理失业登记，并有求职要求的。

如果的确是被迫失业，需要领取失业保险津贴的流程是：

首先要先到当地的就业服务中心（人才中心）进行失业登记。需提供的资料：解除合同证明书、身份证复印件。领取登记表填写并申请按规定享受失业救济金待遇。同时办理再就业优惠证，享受相关的政策优惠待遇。

然后，提供失业证、再就业优惠证、身份证、单位出具的参加医疗保险时限证明书到医保中心办理医疗保险参保手续。

最后，待业期间所欠缴费用，必须到社保中心（就业中心）个人缴费窗口，提供《养老保险手册》、养老保险个人账户登记卡片、养老保险个人账户封存单、失业证、再就业优惠证等，按照手续办理城乡居民养老保险。

失业保险的费用，也是由单位和个人共同缴纳。单位缴纳 2%，个人缴纳 0.2%~1%，不同的地方有不同的规定。失业保险一般参照当地最低生活保障水平制定，根据工作和缴纳失业保险的年限不同，可以领取最多不超过 2 年的失业津贴。说实话，失业津贴并不多，它更重要的作用是，可以保证你在失业期间继续享受医疗保险。

（4）生育保险

很多人对生育保险有误解，如认为它只和女性有关，而实际上，男性也有生育保险和陪伴产假。

生育保险主要包括两项：一是生育津贴，二是生育医疗待遇（表 5-2）。如果妈妈没有生育保险的话，准爸爸的生育险账户也是可以报销生育费用的。

**表 5-2　生育保险的主要两项科目**

<table>
<tr><td rowspan="4">生育保险待遇</td><td rowspan="2">医疗费用待遇</td><td>生育的医疗费用</td></tr>
<tr><td>计划生育的医疗费用</td></tr>
<tr><td rowspan="2">生育津贴</td><td>女职工产假的生育津贴</td></tr>
<tr><td>男女职工计划生育手术后的休假津贴</td></tr>
</table>

这个保险的全部保费由单位缴纳，比例为 0.5%~1%。

一般来说，生孩子相关的费用，如产前检查、手术费、接生费、住院费、药费，甚至因生育引起疾病的医疗费等，可以用生育保险进行直接报销，但是超出规定的医疗费用和药费不能报销。

不过领取生育保险也并非没有门槛，如在大部分城市，必须在所在单位缴纳满 1 年以上的时间，才能享受到这个待遇。如果中断缴纳生育保险，必须再连续缴费 6~12 个月（按各个城市规定），才能重新享受。特别注意，在非医保定点医院分娩，则无法享受生育保险。

（5）工伤保险

当劳动者在工作期间，遭受了意外伤害或者患了职业病，暂时或者永久丧失了劳动能力，甚至不幸死亡，都可以通过工伤保险来获得补偿。

一般来说，这个险种对于那些工作劳动强度比较大和安全性要求高的行业，如建筑行业、高空作业等，具有很好的保障作用。值得注意的是，如果员工在上下班途中发生意外，也是计入工伤范畴的。

这部分保险全部由用工单位缴纳，根据所从事行业的危险程度不同有所区别，缴纳比例在 0.5%~2%，根据受伤程度有不同的报销和补偿比例。

不过，因公死亡必须是在被救治后 48 小时内死亡才能计入在工伤保险范围内。

## 2. 这几个社保问题要注意

通过上述讲述，相信大家对社保已经有了初步的了解。在实际使用过程中，它可能会出现哪些问题，一旦发生这些情况，我们将采取什么办法加以应对？

归纳起来，有三种情况是比较常见的。尽管看起来都是一些不经意的小事情，但因为涉及大家的切身利益，如果不引起重视，往往最后会吃大亏。

（1）社保中断

社保作为一种基本的社会保障福利，能够在我们遭遇意外的情况下，起到一定的“保护伞”作用，尽量不要中断。因为连续缴纳社保、个税，在北京、上海、广州、深圳等城市，还跟买房、买车、签证、孩子上学等权利挂钩。

例如在北京，如果你是外地户口，只有连续上满 5 年的社保才能有资格买车摇号和买房，这里的社保只包括五险。只要中间断一天，5 年就要重新计算了。在深圳，如果医疗保险中断时间超过 3 个月，则医疗保险清零。

而且，像医疗保险、养老保险这些具有长期保障的险种，都必须缴纳足够的年限，退休后才能享受到相应的福利待遇。最不划算的就是已缴费，但是年限不够。

如果不小心发生了断缴，怎么办呢？养老保险和医疗保险的缴纳年限都是可以累计的，如果中间断缴了，只要交够总的年限就可以了。如果到了退休年龄，还是不够最低缴费年限，可以依照当地的规定办理延期缴费。例如在北京，当地户口可以办理延期缴费，外地户口必须交够 10 年才能办理，不够 10 年就只能转回户口所在地续交。

养老保险断缴时间的长短，直接影响养老金，要是断缴时间过长，那对于养老金是大打折扣的。

医保一旦中断，医保待遇从中断当月的下个月起就会停掉，重新缴纳还是可以报销的。万一断缴，医保卡会有 2~3 个月的恢复期，在此期间只能手工报销，医保卡不能自动报销了。还有的地方规定，如果断缴超过 2 个月，会有 6 个月的等待期，这 6 个月中则不能报销。

如果你的医疗保险断缴，社保卡处于停保状态，就只能使用个人账户上的钱，看病住院等医疗费皆无法报销。

（2）工作变动影响社保缴纳

假设以前在北京、上海等城市工作，开销和压力都挺大，现在想回到自己老家所在城市工作，务必记得要把之前自己缴纳的社保和公积金转移到新的城市。

有不少人离开大城市后，都放弃了之前缴纳的社保，打算回去以后重新缴纳，这就浪费了已经累积的缴纳年限。有新闻曾经说，如果你从 25 岁到 40 岁，已经缴纳了 15 年的社保，40 岁回到家没有转移社保，重新缴纳，你连医疗保险的缴纳年限都够不上，到时候就连退休金和终身的医疗保险待遇都没了，之前辛辛苦苦缴纳了那么多年的社保，岂不就亏大了？

那五险应该怎么转呢？哪些没有必要转？

在原单位和社保中心开具参保缴纳凭证，带到新的工作城市的社保机构。如果已经有了新单位，直接交给单位办理就可以了。

其中，养老保险个人的部分可以全部转走，单位缴纳的可以转移12%。医疗保险可以转移你的缴费年限，个人的部分可以取出来自用。失业、工伤、生育险一般不需要转，去新单位后直接缴纳就行了。

（3）自由职业者怎么缴纳社保

这可能是很多创业者、自由职业者比较关心的问题。答案很简单，你可以选择自己缴纳。一般的正常渠道只能缴纳三险（养老、医疗、失业），找代理机构可以缴纳五险一金。

如果你是本地户口，到当地的人才服务中心或者职业介绍服务中心就可以缴纳。外地户口如果想在异地缴纳，如外地人在北京做自由职业者，只能找一家社保代理机构，通常一年交上几百元服务费，就能帮着缴纳五险一金。

那到底选择哪一档缴费才划算呢？一般参保人员社保月缴纳标准分为最低档（40%）、一档（60%）、二档（80%）、三档（100%），档次是指上一年当地的社会平均工资缴纳基数。档次越高，可享受的医疗报销金额就越高，在缴费年限相同的情况下，退休时能够领取的退休金也就越多。

对于自由职业者来说，因为钱都是自己出，负担相对较重，而且所缴费只有40%进入个人账户，剩余60%都进入统筹账户里，如果活的时间不够长，可能会吃亏。

总的来说，社保交不交、选择什么档次，都取决于你自己的工作能力和经济收入。如果高收入并且预期未来收入还会增加的，就可以不交或者少交；如果低收入那就还是老实交吧，个体抗风险能力肯定比社保低。

关于社保还有不少细枝末节的问题，加上由于各个城市的差异比较大，而且政策经常改变，所以建议多咨询当地社保局或社保中心，信息可能更准确。

## 二、住房公积金，不只是用来买房

在我们的工资单上，经常和“五险”一起出现的“一金”，就是指住房公积金。

说起公积金，很多人都不陌生，但总觉得它对自己没有多大用处，“我现在没有买房计划，还得每月都交，又不能随时取出来用，心里总觉得有点亏。不如不缴公积金，这样我每个月还能多拿到点钱”。

我们身边不少人对它真有很多误解，这都是因为大家根本没有搞清楚公积金的用处。一位朋友曾经跟我抱怨：“在北京工作了这么多年，房价不停地向上涨，连五环的均价都要 6 万元/平方米，根本买不起了，所以前几年回成都在华侨城买了一套三房。但是北京的公积金缴纳比例为 8%，每个月到手的工资直接少了 1 200 元，加上公司缴纳的，将近 2 400 元啊。如果不在北京买房，这些钱就真是浪费掉了！还不如把钱直接发给我们，还可能会拉动消费呢。”

我在做讲座的时候，还曾遇见过一个更有趣的事情：小 A 有一天去查自己的公积金账户，发现里面居然有近 10 万元！刚毕业的时候，小 A 总是纠结着换工作的问题，就是因为目前工作的五险一金缴费比例太高了，直接导致到手的工资缩水。当时她并没有想到，毕业七八年怎么也攒不下来的钱，最后居然是公积金帮她实现了一笔不多不少的存款。

很多人觉得，住房公积金嘛，肯定就是买房子用的，如果自己不买房，基本上就是一笔死钱，拿不出来，浪费了。即使能拿出来，这么多年放在公积金账户上吃活期，似乎也不那么划算。

其实，公积金的用处很多。今天，我就来科普一下。

公积金，也叫住房公积金，是单位或企业给在职员工缴存的长期住房储备金，是给我们的一项福利。简单地说，就是政府为了大家买房，而组织了这样一个福利账户。

公积金由我们和单位同比例缴纳，也就是你缴纳多少，单位也会缴纳多少。各地的缴费基数不尽相同，公积金管理中心每年都会公布缴纳基数，全国的浮动比例为 5%~12%。

北京之前的缴纳比例高达 15%，上海的缴纳比例统一为 7%，重庆的缴纳比例约为 8%。但从 2016 年开始，全国的公积金缴纳比例调整为不能超过 12%。

公积金和社保（如养老金）不同，公司缴纳的部分和个人缴纳的部分，都属于个人公积金账户，而且公积金是不需要缴纳个人所得税的，相当于合理避税。

所以说，公积金不是不好，就怕我们用不好。再如，像我的朋友这种情况，现在很多城市都放开了政策，完全可以在老家买房后，及时申请对原来所在城市的公积金进行提取，用于老家的购房还贷。

## 1. 公积金有哪些用法

（1）买房

既然叫作“住房公积金”，第一大用处自然是可以用来买房。我强烈建议大家，在买房时优先选择公积金贷款，或者公积金加商业贷款的组合贷款方式，因为利率会低不少。

如果你打算全款买房，不要浪费自己的公积金，可申请一次性提取，用于抵扣房款。但一般不建议全款买房，尤其是公积金贷款，多便宜呀。以北京的5年期以上贷款为例，公积金贷款利率首套3.25%，二套上浮10%为3.58%；商业贷款基准利率4.9%，最高上浮20%，高达5.88%。

相比商业贷款，公积金贷款低将近2%，购房成本一下子就少了很多，几十年下来可以节省很大一笔钱。

不过，使用公积金贷款，也是需要满足不少基本条件的，如在申请贷款前6个月连续正常缴纳住房公积金，而且此前没有未还清的住房公积金债务等。

公积金的贷款额度，也受到不少因素影响和限制。例如，公积金贷款额度有上限，且各个城市都有不同。又如，首套房的贷款额度比较大，贷款利率也比较低。

另外，公积金贷款额度还会受账户余额影响，如果公积金账户余额过低，也可能影响贷款额度。例如在重庆，小A公积金账户上的余额1万元，只能获得的贷款额度是公积金的25倍，而获得不了最高上限贷款额度40万元。

总结一下，如果是全款买房，可以取出公积金抵扣房款，不用白不用；如果贷款买房，能用公积金贷款就用公积金贷款，利息低了很大一截，省下的都是自己的钱。当然，如果因为受到额度限制，也可以采用公积金贷款加商业贷款的组合方式，但是商业贷款部分就不能享受公积金贷款较低的利率。

（2）租房

在如今房价高居不下的情况下，很多年轻人在短期内还不具备买房的条件，所以对公积金提取和贷款方面，会感觉比较陌生。毕竟，买一套属于自己的房子，并不是想象中那么简单。

在这样的状况下，那就需要租房来过渡。按照2015年出台的规定，对那些无房的职工，只要连续缴纳公积金满3个月，无须租房发票、税票也可以支取公积金了，这个消息对大多数打工的人来说无疑是福音。

那么租房如何提取公积金呢？当你连续缴纳公积金满3个月后，在证明自己与配偶都在本地没有自有住房的情况下，只需要带上身份证、结婚证、租赁合同、租赁费用申请表等资料，直接去当地公积金管理中心办理提取公积金业务即可。

以重庆为例，单身职工提取限额为每月900元（10 800元/年），夫妻双方提取限额为1 800元（21 600元/年）。在房租高昂的一线城市，提取金额更高一些。

但有必要提醒大家的是，如上一节所讲，因为公积金余额会影响购房时的贷款额度。因此，两类人群比较适合提取公积金：

一是近几年甚至更长时间都没有买房计划的人。与其让公积金闲置，不如提取出来支付房租。

二是公积金账户里已经积存了大量余额，而本身又用不上这些钱的人。如果将公积金提取出来转做其他有更高收益的投资理财，反而是一种利用资金的好方式。

（3）建造或翻修自有住房

这一类用法对大多数人来说不那么常见，就是可以提取公积金余额，用于在农村集体土地上自建房，或者对现有的住房进行翻修或者大修。值得注意的是，这个和装修还是有一定差别的。

在建造或大修自有住房过程中，你及配偶可提取修建房被批准当月（含当月所有公积金）的余额，但提取金额合计不得超过修建房屋整体的费用。

（4）特殊情况：非住房一次性提取公积金

前面给大家分享了住房类公积金提取方式后，相信大家一定有所收获。其实，除了这三种和房子联系最紧密的用途外，还有一些跟住房无关的方式也可以一次性提取公积金。但它们都属于比较特殊的情况，如离职提取、患重大疾病提取、退（离）休提取、完全丧失劳动能力提取等。

其中，有两种情况比较常见：

一是和单位解除了劳动合同，也不打算继续从事其他工作，也就是离职后不再就业了，与单位终止劳动关系满 2 年（或男性满 50 岁、女性满 45 岁，未再就业），即可持离职证明、本人身份证和公积金联名卡等资料，对公积金进行一次性提取。

二是如果移民到国外（含港、澳、台地区），可以携带身份证、公积金联名卡、户籍注销证明（出境定居）等资料，一次性提取公积金账户内本息余额，并进行注销。其实不少人账户里累积了不少钱，因为此前没有留意，被遗忘了。

## 三、买保险，把风险转嫁出去

多年前的一位女同事，当时我们一起在一家报社任职，之后我辞职创业，就没有再聚过。

2015 年夏天，在报社老同事组织的一次聚会上，才重新相遇，互相问候得知，在我辞职 3 年后，她也办理了离职，重拾老本行，创办了一家教育培训机构。

她很努力，专门根据人教版大纲编写了一套系统化的教材，高薪挖来了几个授课教师，教学质量有口皆碑，几乎每年都有 100 多个固定的生源。想来这些年她应该过得不错，既赚钱又充实，三口之家也幸福美满，真是令人羡慕。

再后来，有一次在电话里聊天，我才发现原来老天爷并没有始终眷顾她。相反，她在这几年不但经历了生离死别，还一度陷入生活的窘迫中，甚至生活费有时都要靠父母援助。

她的先生在一家大型国企上班，据说还是一名中层干部，工资收入相当丰厚，还享有各种福利待遇。而且，作为公司重点培养的后备干部，进入高层指日可待。但也就过了两三年的时间，她的先生在单位组织的体检中查出了肺癌，而且是晚期，需要马上住院治疗。这个时候，他们才发现，尽管缴纳了社保，但在治疗癌症的药品目录里，凡是好药几乎都不在社保的报销范围之内。

“那段时间压力真的好大，房子、孩子、老人，真的不敢生病，病不起啊……”为了治病，他们不得不卖掉了一套房子。“一旦摊上这种大病，那钱就跟流水一样地往外淌，挡都挡不住。”

即使如此，卖房的钱也很快就花光了，无奈之下她四处找亲戚朋友借钱，又欠下了 20 多万元的债。但最终，她先生还是没能挽留住，扔下她和 9 岁的女儿，以及 40 多万元的债务撒手人寰。

她说，最糟糕的时候困难到揭不开锅，好在父母偶尔会挤出一些生活费，让她们娘俩得以坚持下来。每到招生季的时候，她就自己抱着宣传单天天在附近的学校、小区门口四处游走散发。

尽管现在培训机构生源不错，但是赚来的钱除了娘俩简单的生活费用外，其余都拿去还债了。她感慨说，为了早点还完欠债，她不敢休息，不敢生病，就这么一直绷着、劳碌着。

人生总是充满了诸多意外。现实生活中，很多人平常看起来收入不错，生活幸福，实际上对风险的承受能力十分脆弱，就像荷尔德林所说的“生命中不能承受之轻”。哪怕只是偶然的一个意外，就都会打破昔日的平静，并且这些风险会在一个家庭里迅速“传染”，将经济压力传导给其他的成员。

虽然，很多人都已经拥有了类似五险一金的社会保障，但那只是最为基础的保障，完全不足以抵挡稍微大一点的风险。这就必然涉及再为你加一层更有力的保障——商业保险。

### 1. 保险是最基本的财务保障

必须强调，在你的储蓄中，应该首先拿出一笔钱购买相应的保险，然后再参与投资。这里所说的保险侧重于保障功能，它并不承担以钱生钱的投资功能，就像建造大厦时必须先要打下牢固的地基，然后才能往上砌墙一样。

商业保险相信大家都知道，但很多人受“是否划算”的惯性思维影响，把它看作一种投资行为，简单地用投资的思维去计算回报率，这恐怕没人能算出答案。毕竟，谁能计算出个体对应某一风险的概率呢？

话说回来，即使发生了风险，获得的理赔金比我们所缴纳的保费要高出很多，但我们也不能说是从保险公司赚了多少钱吧，因为我们发生了风险，付出了相应的代价才获得了这笔理赔金。

例如，一个人在工地发生了意外，不幸失去了一条腿，获得了保险公司 60 万元的赔偿。虽然他实际缴纳的保费可能只有 1 万元，但我们不能说他赚了 59 万元，因为一条腿的价值是无限的。所以，买保险不能说是做投资，能赚多少钱。而是对人生可能面临的各种风险的管理，在“暴风雨”来临时可以比较从容地应对，给自己和家人的生活兜底。

每个人都逃不开生、老、病、死的宿命，每个人都有一个家，都有自己爱的和爱自己的家人，谁都不会甘心一场意外或者疾病，就轻而易举地摧毁曾经所有的努力。因此，我们在打造一个健康的财务体系之前，一定要给自己配置相应的保障。

（1）为什么买

看待保险，可以先从了解人生所面临的风险，以及风险可能造成的后果开始。不妨问自己几个貌似简单却并不简单的基本问题：

①你认为人生是否存在威胁？最大的威胁是什么：疾病？伤残？死亡？没有足够的钱养老而晚景凄凉？

②假如某种变故不幸发生，自己是否已经有足够的心理能力与经济能力去应对？

③为爱自己以及自己爱的人做了些什么？假如变故不幸发生，自己的爱又将如何延续？

记得吗？央视主持人李咏患癌症离世前，曾给自己的妻女写过一封信，有一句说是这样说的：不管我在与不在，我都要让你们幸福。他不仅购买了保险，而且还储蓄了很大一笔钱。

每个人都有不同的忧虑或担心，只不过是显性还是隐性而已。问题是，我们有没有足够的勇气和决心问过自己？认识这些问题，尽管看起来有些残忍，但这有助于在这种种“万一”面前更勇敢地面对。

（2）什么时候买

一般来说，在资金允许的情况下，保险规划越早越好，就像投资理财一样。

比如说，同一个险种，年龄越小，享受的费率就越优惠，年轻的个体可选择的险种范围也越大。如果在健康状况上也具有优势，那么在享受标准费率的情况下也能较为顺利地通过申请审核。另外，如果购买具有储蓄性质的可返还型保险，若保险期间不曾理赔，也相当于一种强制性的储蓄手段。反之，年龄越大所面临的风险，尤其是疾病概率也越大，购买同一险种、享受同样的保障与利益相对应的保费通常也会跟着上涨。

根据经验，50 岁以后的人，可以选择的范围就相当有限，保费也很高，就算经济上允许，也未必能通过申请审核。

因此，保险越早购买越“划算”。

（3）怎么买

保险按照不同的保障对象，分成人身保险和财产保险两个大类。顾名思义，前者保人，后者保物。当然，人肯定比财产更为重要，日常需要防范的风险也相对多一点。因此，我们这一节主要讨论人身保险。

购买保险因人而异，没有一个绝对统一的标准或范本。个人建议从两个方面进行考虑：

一是少量可承受的保费；

二是无法承受的经济损失。

正常情况下，你的保费应该控制在年收入的 5%～10% 的合理范围内，10%应为最上限。此外，并不是所有的损失都需要买保险，如投入很多保费，转移的却是发生概率很低、损失不大的风险，就有点本末倒置了。

其实，真正需要我们以“杠杆原理”，通过保险转移的，往往都是一些重大的风险，如重疾、残疾、死亡、高额医疗费用等。

## 2. 买对人、买对险、买足额

保险对我们越来越重要，这已经成为大家的常识。不过面对市场上纷繁复杂的保险产品，如何为自己和家人挑选一份合适的保险，确实是一个很头疼的问题。

实际上，买保险是一件非常个性化的事情。不同的人生阶段，不同的身体状况，保险需求有很大的差别。例如单身期，建议尽早配置意外险和短期重疾险，如果资金允许的话，还可以补充医疗险。等步入老年后，则应该以意外险为主，适当补充配置一些重疾险（或防癌险）、医疗险等。

买保险，讲究的是在正确的时候做正确的事。花最少的钱，把当下可能发生的最严重的情况解决掉。具体怎么做，不妨遵循下面五个原则：

- 先人身，后财产
- 先大人，后小孩
- 先规划，后产品
- 先保障，后理财
- 先保额，后保费

而这五个原则归纳起来就是以下三点。

（1）买对人

即使很多有点保险意识的家庭，在选择被保险人的时候，往往都会首先考虑孩子或者父母。孩子是掌上明珠，父母则是辛苦养育我们的人，这种想法是可以理解的。

但从专业的角度上说，这是不科学的。保险的实质是一种转移无法承受的风险。对于一个家庭来说，家庭支柱一旦遭遇重大风险，会对整个家庭形成打击。

例如，家中的孩子一般不承担家庭的经济责任，而且父母往往是他们的第一道保护墙。给孩子买，保的不一定是孩子，给自己买保险，才是真正给孩子"保险"。所以，孩子的保险需求会远远低于家庭经济支柱的需求。

而从父母的角度来说，我们正处于职业的上升期，未来我们所赚的钱会超过他们，被保险保障的价值更高。此外，因为年龄和身体状态原因，老年人买重疾等一些健康类保险，要交的费用往往高得多，甚至可能出现保费和保额差不多，不太划算。

所以，最需要购买保险的，应该是家庭收入的主要贡献者——我们自己。这也就是要买对人。

任何人都无法避免两种风险：一是意外，二是重疾。如果正值三四十岁，上有老下有小，肩负工作、生活的双重压力，也是重疾和意外发生率最高的阶段。一旦发生，影响的不仅是自己，更是家庭。子女教育怎么办？父母赡养怎么办？供房供车怎么办？

因此，作为家庭经济支柱，要提前做好安排、买足保障，把这些无法承受的风险转移给保险公司，这样才能确保生活无忧。

（2）买对险

我们面对众多保险产品，会有一种眼花缭乱的感觉，看起来都挺好，但到底哪一款最适合自己呢？

如果单纯地比较产品，容易陷入迷茫。因为，我们买保险的出发点是转移风险，应该根据自己的实际需求做出轻重缓解的选择。

有必要提醒大家，买保险是一个精打细算的过程，一定要有耐心和细心，坐下来认真规划，根据个人或者家庭的基本情况，进行多方权衡，制订完整的保险购买计划。之后，还要根据自己的人生进度不断进行调整。

归纳起来讲，就是需要与投保人和被保险人的自身要素与保险保障需求相匹配。例如，目前的年龄、健康状况、经济收入、家庭结构，保障需求是什么？

实际上，我们最为担心的风险主要体现在意外、死亡和健康这三个方面。就目前的主流保险产品，一个相对比较全面的保险组合可以这样搭配：意外险+寿险+重疾险（健康险之一）+医疗险（健康险之二）。

你可能会产生疑问：既然都买了重疾险，为什么还要买医疗险呢？简单地说，重疾险是一旦确诊重大疾病，就可以按照合同的约定向保险公司申请理赔，赔偿金是一次性全额给付，不会增加或减少。而医疗险主要是报销医疗费用，无论是重疾还是意外，只要发生医疗费用，都按照规定对医药费用进行报销，没有额外补偿。

进一步说，重疾险更类似于“雪中送炭”，赔付金额根据保额而定，可用于治疗，还可做其他补偿，如治疗后的康复服务费用等，保障更全面。而购买了长期重疾险，每年保费都是固定的，不会随着身体条件的变化而提高费用。重疾险与医疗险的区别见表 5-3。

**表 5-3　重疾险与医疗险的区别**

| | 重疾险 | 医疗险 |
|---|---|---|
| 赔偿特点 | 确诊即付<br>一次性赔付固定金额 | 治疗后，按实际治疗费用报销<br>（扣除社保报销及免赔额） |
| 理赔标准 | 确诊合同约定的<br>重疾/轻症 | 在合同规定范围内，补偿<br>医疗费用不限制某种疾病 |
| 用途 | 可用于医疗费用、收入补偿<br>以及康复费用等 | 报销医疗费用 |
| 配置方法 | 年轻、身体好时，优先配置重疾险，医疗险做补充；给 60 岁以上、身体健康的父母配置保险，往往选医疗险更合适 | |

医疗险则是“锦上添花”，治疗后才能根据合同约定，报销相关的医疗费用。但它需要在治疗完毕之后，才能去保险公司进行报销，并且只能覆盖治疗时的医疗费用，无法补偿我们因病造成的经济损失、后续康复费用等。记住，医疗险一般是为期一年的短期险，之后若想继续获得保障，需要重新购买。

虽然我们都想要最全面的保障配置，但是保险并不是越多越好，要根据自己最大的保障需求作为出发点，抓大放小，切忌贪多求全。

另外，不少人在选择保险产品时还会想：我每年交这么多保费，要是最后没用到，那岂不是很吃亏？要是能用得着的时候有赔偿，用不着的时候，还有收益就好了。

于是，市场上就推出了这种保障兼理财的保险产品，就算每年的保费多交点，也要买这种产品，能赚钱呀，至少也能回本。

事实上呢？如果一款产品，既能做到保障，又能做到理财，收益率一般都会非常低，如 3%~4%，甚至更低。在如今通货膨胀率较高的年代，为了那些所谓的收益，每年多交的钱，从投资的角度上讲，其实都是亏损的。

所以，保障的归保障，购买纯保障性产品。至于钱生钱的事，就交给生钱的钱和保本升值的钱这两个象限吧。鱼和熊掌，往往很难兼得。

（3）买足额

买保险时面临必不可少的选择，就是每年要缴纳多少保费，能够获得多大的保额，也就是我们前面讲的“杠杆原理”，多少保费能够撬动多大保额。如果支付的保费超过了风险带来的损失，那就本末倒置了。

理想的状况，当然是花最少的钱，获得最高的赔偿，这就需要对自己的保障需求和市面上的保险产品进行认真分析、对比了。

计算保额时，最好把应该考虑到的支出都考虑进去。例如重疾险，个人建议用年收入的 10%作为保险预算，将保额做到年收入的 10 倍，以便应付治疗时家庭的支出。

买保险时，一定要达到足够的保额，这是保险规划的重中之重，保额不足的保险，也失去了保障的意义。但不少人在选择时，往往因为图便宜而忽略了这一点。

当然，也并不是说一味地只考虑保额的高低，或者保费的多少，还要综合考虑保险品种所涉及的保障范围以及保障程度。在保额确定的前提下，保费可以根据实际情况适当调整即可。

比如说，二十六七岁的年轻白领，想买保额 100 万元的重疾险，以目前的经济状况，终身型不太合适，但如果是消费型，50 万元的保额，一年下来也只需要几百元钱。可以等到收入增加后，预算足了，再来补充长期或者终身型重疾险，并调高保额至 100 万元。

所以，买保险之前，一定是先确定保额。如果先确定保费的话，太少了保额不够，保障无法抵御风险；太多了会影响其他方面的支出，从而影响生活质量。因此，保额确定了，保费差不多也就水落石出，根据实际情况调整就可以了。

### 3. 四大险种

也许，看到这里你还是有一点犯糊涂。接下来我们根据每个险种的功能，说一说应该如何配置保额（图 5-1）。

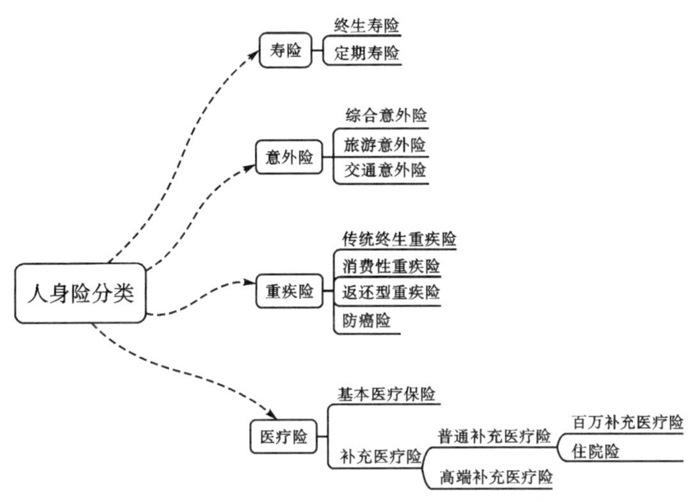


**图 5-1 人生险分类及其功能**

（1）寿险

参考建议：50 万元起，主要看大额负债和家庭责任。

寿险，是以人的生命为保障对象的险种。在任何年龄身故或者全残，保险公司都会赔付保额，如果你能够活到 100 岁，那保险公司就会给予相应的保险金（一般是保单的现金价值）。记住，寿险并不是买给自己的，受益者应该是家人。

这是作为家庭顶梁柱一定要买的一款险种之一。想一想啊，背着几十万、几百万元的房贷和车贷，万一不幸的事情发生了，还能拿保险公司赔付的钱还贷，让家人不至于卖房卖车，生活陷入困境。

也许有点残酷，但现实总是毫不留情的，我们永远不知道明天和意外，究竟谁会先来，还是买一个“金刚罩”防身吧。

寿险中有一款叫作“定期寿险”的产品，也就是在保险合同约定的期间（如约定10年、20年、30年或者60岁、70岁等），如果被保险人死亡或者全残，保险公司将按照约定的保险金额赔付，若保险期限过了，被保险人健在，则保险合同自然终止，并且不退回保险费。

之所以特别推荐，是因为定期寿险比终身寿险便宜很多，且选择的决定权掌握在你自己手里。

（2）意外险

参考建议：50万元起，推荐100万元以上。

顾名思义，意外险就是针对因发生意外事故致伤残或者死亡带来损失的补偿。正常情况下，虽然这种意外发生的概率很小，但人生总是充满了太多的不确定性，我们不能以赌博的心态看待，因为意外一旦发生，危害就特别大，而且可能导致家庭受到沉重打击。

寿险和意外险，其实都是为了保障因为发生突发事故，家庭失去了主要的经济来源时，家庭仍可以继续运转。意外险也是对寿险的一种补充，可以同时获得寿险和意外险的双重理赔，保额是叠加的。

除了一些危险系数比较高的行业，意外险的保费都很便宜，性价比较高。

保险期内（1年），被保险人发生意外（如车祸、烧伤等），保险公司会按约定赔付门诊费、医疗费等；如果被保险人不幸因意外残疾或死亡，保险公司会赔偿相应的意外残疾/意外身故保险金。

一般来说，常见的意外险有两种使用比较频繁：

一是交通意外险：我们在出行的时候，如购买火车票、飞机票时都会搭售（也可以自己选择），只需要几元到几十元。

二是旅行意外险：专门为旅游出门场景定制的，万一旅游途中发生意外，如被偷了，游玩的时候受伤了等，都可以得到有效的保障。

总体上来说，意外险都挺便宜的，一年期一两百元就可以搞定；超短期意外险更便宜，十几二十元就可以买到。

（3）重疾险

参考建议：50 万元以上。

重疾险，就是针对重大疾病的治疗费用以及务工损失等进行赔偿。这个费用，至少要考虑以下三个方面。

一是治疗费用。重疾险的保额要能够抵消大多数重疾的治疗费用。一般来说，目前重疾治疗费在 30 万元左右，其中医保可以覆盖一部分。

二是收入补偿。身患重疾后，自然是不能上班挣钱了，也就是会导致收入损失。这个时候，就需要重疾险来弥补或者支付家庭的日常开支，包括还房贷等。所以，它也被大家称为“工作收入损失险”。

三是康复费用。治疗是最关键的环节，但手术后往往还需要静心修养很长一段时间，如康复期间的生活成本支出等。

所以有人说，重疾险=治疗费用+收入补偿+康复期费用。

传统终生重疾险：相当于一个重疾保障+终生寿险。也就是说，如果你买了一份 30 万元保额的传统终生重疾险，保障期间患病会得到赔付最高 30 万元；如果保障期间没有患病，100 岁自然身故也能获得 30 万元的赔偿。但是，这类保险的保费，同等保额，是消费型重疾险的三四倍。

消费型重疾险：就是单纯的只保重疾，如果保障期内没有生病，自然身故是不会赔付的。如果把通货膨胀等因素考虑进去，与其买传统终生重疾险，还不如把多出来的保费用来理财。当然，每个人的情况不一样，大家根据自己的预算和偏好选择就好。

返还型重疾险：每年交一定的保费，不仅保重疾，到了一定时候还能将你交的保费或者更多返还给你。听上去挺美：有病治病，无病返本。但是，这个产品的保费比消费型的重疾险贵多了，几十年后返还的那点钱，不知道还能有多大用处。

防癌险：自然就是预防癌症的保险了，保障范围仅限于癌症，需要注意的是心脏病和心脑血管这种常见的疾病是不在保障范围内的。

(4) 医疗险

参考建议：100 万元以上。

社保中的“五险一金”中包含了医疗险，每个上班族在发工资的时候，都会由相关部门自动扣除，医疗保险是五险一金中最值得缴纳的，也是最有价值的部分。如果你是自由职业者，建议一定要争取给自己交一份医保，这算是国家的一项福利制度。

但这里所讲的商业性质的医疗险，其实是针对五险一金中的医疗险的有效补充，因为后者只是满足了最基本的保障，门诊、住院都有起付标准，在此标准之上还要按比例报销。总之，社保五险中的医疗险门槛高，获得的补偿也有限。

商业医疗险保障范围广（基本上包括了所有疾病）、保额高（100 万元起）、保费低（20~40 岁的人群每年只需要几百元），也就说是撬动的杠杆作用大，具有较高的性价比，建议大家给自己配置一份。如果条件允许，还可以给父母购买。

住院险：只能报销住院部分，门诊等就不能报了。建议年龄大于 60 岁，或者无法通过健康审核等没有办法购买大额补充保险的人购买。

高端医疗险：这主要是针对有钱人的。公立医院人多要排队，各方面体验也不好，于是有钱人会选择一些高端的私立医院，当然相关费用就比较高了。这些医院发生的费用，基础医保和普通补充医疗险都不能报销，这就需要靠高端医疗险发挥作用了。

特别建议：在为自己买保险时，如果资金有限，应该首先考虑购买意外险、重疾险。有了大额负债（如房贷、车贷等）以后，一定要买一份寿险。现在医疗险比较便宜了，可以适当购买。

第六章

# 开始投资前最重要的事

只要不贪婪、少冒险，赚到收益其实并不难。难的是，如何实现长期稳定的收益，这也是赚钱最重要的核心之一——合理的资产配置。

凡事应力求简单，但不应过于简单。

——阿尔伯特·爱因斯坦

读了这么多关于投资理财的基础认知，是不是有点跃跃欲试的冲动？别急，在开始介绍具体的投资方法之前，不妨先做一下“热身运动”，一些基本的原理必须要掌握。

几乎每个人都希望自己辛苦挣来的钱，不要因为通货膨胀而导致购买力大幅下降，持续贬值。如果能用它买点投资产品，不费力气就可以“以钱生钱”，至少跑赢 CPI，该是一件多么愉快的事情。

但从结果来看，我们以及身边的很多人，在做投资理财时，真正实现了“以钱生钱”的，只是极少数。大多数的人，在投资这场马拉松赛中，长期以来都处于尴尬的地位：运气好一点的，是“偶尔赚过”；运气差一些的，是“仍在亏损”……

投资，对于普通人来说，真就这么难吗？

在我看来，与其说挺困难，还不如说是因为我们对投资有很多错误的认知。例如，在没有充分理解各种投资产品时，就急迫地把钱交给银行、基金，或者听了谁谁谁的建议匆忙买入一只股票。扪心自问，你知道这些股票是什么情况吗？你买的股票估值如何？

这可是真金白银啊，对自己辛苦挣来的钱太不负责了。如果你也选择这么做，怎么可能赚到钱，怎么可能不亏钱呢？

所以，本章我们将从一些简单的问题，但也是投资前必须知道的最重要的事情入手，了解和梳理一下投资前最重要的事。

## 一、收益率越高越好吗

这是一个看似简单的问题，钱自然是越多越好，收益率当然是越高越好。

“挣快钱”是很多人想通过投资理财达到的目的，但这个世界上，几乎没有什么投资产品能让你在短时间内发大财。那些亏损严重的人，大多抱着赌博的心态，结果自然很凄凉。

简单计算一下，如果我们投入 10 万元的本金，在不考虑通货膨胀的情况下，年收益率为 10%，那么我们一年的收益就是 1 万元，折算下来每个月约 833 元。这个数字对工薪族来说已算不错了，但这个收益可是充满不确定性的，而且还要付出时间、精力，承受风险。

如果买入银行一年期的理财产品（风险低），按年化收益率 4.5%计算，每个月收益为 375 元，也就是说，我们投资风险较高的产品所得每月收益只不过才 458 元（833 元-375 元）。换一种角度来看，以月工资 4 580 元计算，若每月支出为 2 500 元，那么每月的结余是 4 580 元-2 500 元=2 080 元，这样的话，通过风险投资多出来的收益（458 元）就接近工资余额的 25%。

进一步说，如果我们有 100 万元的本金，按年收益率 10%计算，每个月约为 8 330 元，即使减去低风险的银行理财产品收益 3 750 元，每月收益为 4 580 元，这个数字已经超过了不少工薪族每月到手的工资了。

所以，在这个投资过程中，本金扮演了重要的角色。当然，你也可以追求 15%、20%及以上的收益率，但与之伴随的风险也会越高。在我看来，长期年化收益率 10%的预期其实并不高，而且复利的威力非常巨大，就算投资收益只是多了几个百分点，数年之后的差距也是不敢想象的。

也许，你曾经看到身边有人的收益在某个特定时间内翻倍了，但这是不可复制也不可能普遍存在的，也是所谓的“幸存者偏差”效应，如每期彩票都有人中大奖，但为什么这个人不是你呢？另一个错觉是，人们倾向于夸大自己的收益，而对亏钱一般都是轻描淡写或者讳莫如深的。

投资中有一个非常著名的资产定价模型公式：

预期收益率=无风险收益率+风险溢价

第一，无风险收益率的高低，将决定我们应该追求最低多少的收益率。例如，2017 年第一批国债 3 年期的利率是 3.8%，5 年期的是 4.17%。这款产品适合老年人打理退休金，但对处于上升期的年轻人来说，这样的投资封闭期限太长，收益太低。

第二，风险溢价决定了我们能够追求的收益率的上限。这也印证了一句老话：风险和收益成正比。为什么说风险溢价决定了我们的收益呢？这跟我们能够承受的风险程度密切相关。例如，你现在是人到中年阶段，上有老下有小，风险承受能力肯定比年轻人要低得多。

根据可承受风险能力列出：

保守型。对钱看得比较重，害怕亏损，那么就适合选择相对安全的产品进行投资，如货币基金、银行理财、保险理财等，一般预期收益率为 4%~6%。

中等风险型。也就是亏损一点小钱可以接受，不会出现睡不着觉的情况，那么可以适当增加一些指数基金、P2P 平台投资、权益类资产投资，一般预期收益率为 5%~8%。

高风险型。这类投资者的资金相对宽裕一些，也能够忍受投资波动起伏，甚至出现 20%的亏损额度，那么可以通过配置高比例的资金投资权益类资产上，如股票甚至商品期货，从长期来看可以获得平均年化收益率 12%甚至更多的投资收益。

另外，还有两类人值得提醒：

一是单纯追求高收益的投资者。他们往往会觉得 10%以下的年化收益率太低了，而不愿投资。然后采取激进的投资方式，只投高收益的产品，如在根本不熟悉的情况下进入股市或者其他平台。最后可能不仅没赚钱，本金还会受损。

二是只关注年化收益率低的产品，却又认为赚钱少而处于观望状态。他们往往不敢多投资，因为本金少自然收益就少，加上年化收益率低，也就赚不了多少钱，可他们又觉得这点钱无所谓，不如持币观望呢，白白错失了许多赚钱的机会。

所以，我们应该结合自己的实际状况，预期一个心理目标，究竟想投年化收益率多少的产品？根据使用资金的情况，有计划地合理分配自己的本金，设置为长期投资、中期投资和短期投资。

以个人经验来说，复合年回报率在15%左右为一个正常的收益标准。任何投资理财产品如果告诉你年化收益超过15%，请一定擦亮眼睛，别被贪婪所控制。知道了这个数字，那些高举年化收益30%~40%的P2P理财产品，几乎可以视而不见，以免掉进血本无归的陷阱。

在预期投资收益的时候，永远不要忘记了背后的风险，也就是人们常说的：你贪图别人的利息，别人惦记着你的本金。你见或不见，风险就在那里，不增不减。

只要不贪婪、少冒险，赚到收益其实并不难。难的是，如何实现长期稳定的收益，这也是我们接下来要讲的核心之一——资产配置。

## 二、资产配置是稳健收益的核心

看到这个，很多人可能会想，不就是那句最简单的——鸡蛋不要放在一个篮子里吗，谁不知道呢。可是，你赚到钱了吗？

问题的核心在于，你究竟懂到什么程度，以及能否从知道变成做到，最终实现赚到。毕竟，赚钱才是硬道理啊。

我们先来看一下历史数据。通过金融数据和分析工具Wind计算可知（表6-1），从1991年至2016年，以投资沪指为例，平均年化收益达到13.06%。看起来挺不错，但如果再仔细瞧瞧它的波动性，以月线来计算，竟然高达56%！心理承受能力差的人，估计会长期失眠。而以上证国债为样本的债权类投资就稳健得多，波动月线只有2.63%，当然，收益也不能抱有太高的期望，2003年至2016年化收益只有3.34%，略胜于定期存款而已。

**表 6-1　沪指与国债，长期投资下收益率与波动率数据对比**

| 资产类别长期表现 | | |
|---|---|---|
| 类别 | 收益（年化） | 波动（月线） |
| 沪指（1991—2016 年） | 13.06% | 56% |
| 上证国债（2003—2016 年） | 3.4% | 2.6% |

既然股票比债券赚钱多，那就集中弹药，把资金都投资在股市上。至于风险，分散开不就行了，自然不会把鸡蛋放在一个篮子里，买 10 只或者更多股票不就可以了？

但，这就是资产配置吗？

## 1. 什么是资产配置

真正理解资产配置，我们必须要先了解一个事实——所有的可投资资产，在长期来看，都有一个与众不同的收益值与风险值。也就是说，在同样的风险水准下获取更高收益，或在同样的收益预期下风险水准更低。

被誉为“全球资产配置之父”的加里·布林森说：投资组合应该由不同类型资产的混合。混合的程度越高，所能取得的投资回报就越好。

我们先来看一看美国市场上，股票和债券单一投资与组合投资的收益风险对比（表 6-2）。

**表 6-2　美国股票、债券与组合投资的收益风险对比**

| 经济状况 | 股票基金(收益率/%) | 债券基金(收益率/%) | 1∶1 的投资组合(收益率/%) |
|---|---|---|---|
| 萧条 | -7 | 17 | 5 |
| 正常 | 12 | 7 | 9.5 |
| 繁荣 | 28 | -3 | 12.5 |
| 期望收益率 | 11 | 7 | 9 |
| 标准差 | 14.3 | 8.2 | 3.08 |

由此可见，激进的股票叠加保守的债券作为一个投资组合，收益率会略低于单一的股票投资，但风险波动情况却低于投资单一的股票或者债券。

坚持组合投资可能在单一市场牛市时表现略差，但从长期来看会跑赢很多投资品种。资产配置的优势非常明显，但在国内，大部分的投资者却没有好好利用起来。

目前，国内大部分人的资产以房地产为主，剩下的大多为现金，投资到其他资产类别的比例仅占16%。这种结构在房地产持续上涨阶段会有不错的表现，但一旦遭遇房地产市场大幅调整，就会产生极大的风险。

### 2. 资产配置到底有多重要

老债王约翰·邓普顿说："除非你能确定自己永远是对的，不然就该做资产配置。"

美国人有70%以上的资产配置在多元化金融资产，我们一向认为超级保守"固执"的德国人的储蓄率为9%~10%，几乎不投资的日本人的储蓄率为个位数，即使最高的北欧人储蓄率也只有10%多一点。然而，我们的储蓄水平比这高了不止一倍。

现代投资方法研究大师罗杰·伊博森说，长期来看，投资者91.5%的收益都来自合理的资产配置。

美国经济学家哈里·马科维茨通过分析近30年来各类投资者的投资行为和最终结果的大量案例发现：在所有参与投资的人里面，有90%的人不幸以投资失败而出局，而能够幸运留存下来的成功投资者仅有10%！而这10%的人都做了合理的资产配置。

为什么会出现这种情况呢？资产配置是在结合了个人的投资目标和风险承受能力之后，综合判断在股权、债权、商品期货等大类资产中的投资比例，进行大类资产的分散投资。

这种分散组合，可以降低单一资产的投资风险，减少投资组合的波动性，使资产配置的收益趋于稳定，不会出现一损俱损的情况。例如，你拥有100万元的资金，分别在股票、房产、债券投入50万元、40万元、10万元，即使遭遇了“股灾”，股票损失了30万元，但是债券赚钱了（一般来说，股市大涨，债市表现就差；股市大跌，债市表现就好），房价也一直在上涨，就可以部分或者全部弥补股市的亏损。

也许会有人说，我什么都不买，自然就没有风险了。真的如此吗？如果把个人财富看作“一口池塘”，我们都希望池塘里的水越多越好。水怎么才能变多呢？这需要通过劳动收入、投资收益来汇聚更多水，如果没有水源注入，这口池塘里的水除了正常用度之外，也会不断地“蒸发”。

蒸发的过程或许是我们根本摸不着的，这就是通货膨胀，也就是什么都不买的风险。掐指一算，从房产到柴米油盐，哪一个没有在此起彼伏地涨价？银行的活期存款利息只有0.35%，几乎可以忽略不计，央行一年期定期存款利息基本在1.5%左右，而公布的CPI增速约为2.8%，所以要跑赢通货膨胀，单一的存款是无法做到的，这个时候就需要做资产配置，合理搭配其他有效的理财产品。

### 3. 怎么做资产配置

资产配置的组合，不应该是同一资产类别项下的各种产品的组合，而应该是大类资产的分散。这样做的意义，并不是为了永远追求最高收益，而是在追求投资回报时，将风险变得可控。

- 根据自己的风险和收益需求，以及资产负债和财富流动情况。
- 跨资产类别配置，可能的话，跨地域国别配置。
- 相对较长的时间。

其实，分散配置的道理并不难理解，但它其实是“反人性的”，实际操作起来，大多数人很难真正做到。例如，有的人追求零风险，只买保证收益的理财产品，一年赚4%，但超市里的鸡蛋眼看着从1元涨到2元；有的人追求风险高的资产收益，想在股市里低点买入、高点卖出，横冲直撞，结果每次都是被割韭菜，一辆奥迪车进去，出来就变成了奥拓。

在我们的资产配置里面，既有增值的部分，也有保值的部分，还有保障的部分，需要达到的目的就是合理分配资金，不要大起大落，而是细水长流。

例如，整个2018年，国内股市回撤力度非常大，上证综指从3 587点跌落到2 300多点，下跌了24.59%，但是至少美元在升值；混合基金收益回落，短债基金还在坚守。不同的阶段，有不同的产品表现。

推荐一款简单的资产配置方法：金字塔理财模型（图6-1）。

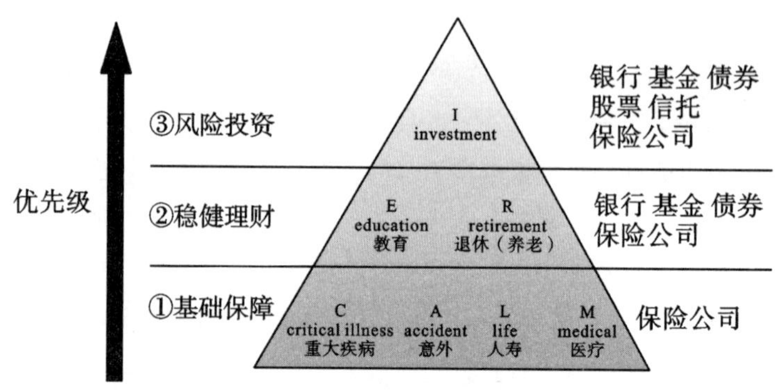


**图6-1　金字塔理财模型**

金字塔基石的部分是基础保障，主要由流动性资产、意外险、寿险等组成，不要指望这部分盈利，保障才是其最重要的目的。

再往上的塔身，是稳健理财，也是资产金字塔的稳定剂，主要是国债、理财、FOF、国债逆回购、债券基金等，风险小、稳定性强。

再往上走，配置的部分也变小，是进取型投资，主要是股票、基金、账户金等产品，需要更长时间、以更专业的方式来赚取超额收益，风险大、预期收益高。

金字塔顶尖的部分，我习惯将之称为“风险投机”，但这里的投机可不是一个“贬义词”，而是一种投资方式，它主要由期货、另类资产、股权、衍生品等组成，预期收益非常高，但伴随的风险也巨大。

绝大多数投资者都是偏向于保守和稳健型的，所以再介绍一款被称为最科学、稳健的资产分配方式——标准普尔家庭资产配置（图6-2）。

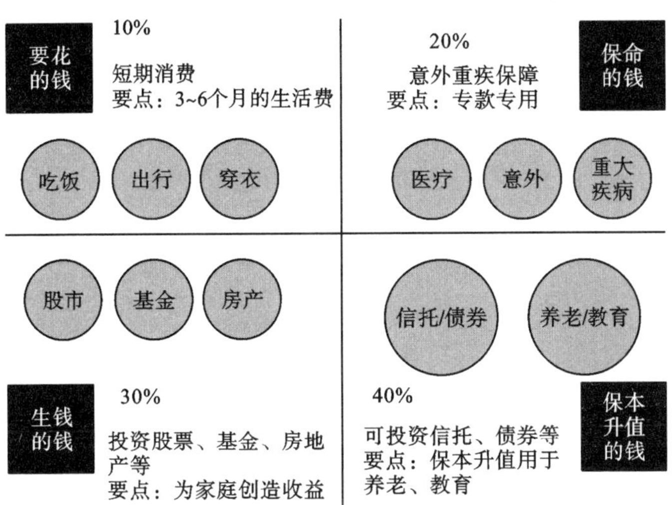


图 6-2　标准普尔家庭资产配置

它把家庭资产按比例划分为四个账户：要花的钱、保命的钱、生钱的钱、保本升值的钱。按照一定比例分配，通过合理的资产配置来分散风险，达到资产配置的平衡。

要花的钱，即现金资产：日常要花的钱，做好预算，记账，一定程度上可以控制消费欲望。

保命的钱，即保障资产：也许平时看着没什么用，但到关键时候，它能保障你不用为了钱去卖房卖车、股票低价套现、四处求人。

生钱的钱，即投资资产：关键在于合理的配置比例，一般占到家庭资产的40%~50%，也就是要赚得起亏得起，无论盈亏对家庭都不能有致命性的打击。

保本升值的钱，即稳健资产：一定要长期稳定地投，不要随意取出使用，否则在被消费欲望冲昏头脑时，很可能随手就花掉了。

有必要提醒的是，标准普尔家庭资产配置并不是一成不变的。随着年龄增长、资产状况的变化，各项资产的配置比例也需要进行调整，如随着年龄越来越大，投资类产品的占比应该越来越小。

## 三、市场上有哪些投资产品

在开始投资之前，我们先来看一下投资理财市场上，都有哪些常见的工具。

根据赚钱方式的不同，我们把常见的投资品种分成四大类，其性质、对象、风险和收益都不一样。

现金类投资：如货币基金、银行的定期存单、国债逆回购等，它的特点是收益低、风险低、存取灵活。比如说，货币基金就是做现金类投资的产品，可以看看它的“投资组合”，多数货币基金投资的都是国债、通知存款、短期定存、大额存单、票据、各种市场债券等。

债权类投资：如国债、企业债、P2P 等，也叫作固定收益类投资。例如，投资人借钱给公司，公司还钱的时候顺带还上利息，利息多少是可以确定的，风险多数处于中高区间。

权益类投资：如股权、股票等，就是投资人直接变成了公司股东，投资的份额成了自己的财产。公司赚了多少，要对投资人进行分红。本金归还时间不确定，当变卖了这份股权，就会有收益（涨）或亏损（跌），风险比较高。

商品实物类投资：如房产、石油、黄金、收藏品等。投资对象一旦价格上涨，就会获得收益，但这类投资资金量巨大，且流动性和变现能力比较差，风险也较高。

在投资实践中，我们可以把现金类、债权类、权益类和商品实物类看作投资的基础，其他很多资产都是以不同的比例投入到这几个品类中。

具体来说，对于低风险的银行理财，它的构成往往都是部分现金类投资+部分债券类投资；对于某一种保险理财来说，它的构成是部分现金类投资+部分债券类投资+部分权益类投资；对于股票型指数基金来说，则是按照一定标准和比例来投资股票。

目前，市场上也衍生出了一些创新型的金融理财产品，有的构成非常复杂，都是精算师绞尽脑汁设计出来的，普通人很难直接搞明白背后赚钱的逻辑。按照不熟不做的原则，我建议如果不是专业人士，还是不投资为好。

大家可能已经看出来了，上述四大类主要投资品，它们的风险水平会随着收益的不断放大而逐渐增高。权益类投资和商品实物类投资的风险要远远高于债券类投资，而债券类投资的风险往往又高于现金类投资。

当然，这个风险程度也不是绝对的，要根据投资者和具体产品仔细分析。

我们了解清楚了理财产品投资的对象，就知道我们买的理财产品具体的投资方向和风险了。除了自己可以从投资品看理财产品的方向和风险，理财产品还应该附有这个产品的风险评级，我们应该仔细查询（表 6-3）。

**表 6-3　各类金融产品投资门槛及适应人群汇总**

| 产品类型 | 参考起投金额 | 适合人群 |
|---|---|---|
| 活期/定期存款 | 1 元 | 普通投资者 |
| 公募基金 | 100 元 | |
| 互联网金融产品 | 1 000 元 | |
| 股票 | 1 手（100 股） | |
| 银行理财产品 | 5 万元 | |
| 信托类产品 | 100 万元 | 高净值投资者 |
| 私募类产品 | 100 万元以上 | |

接下来，我们针对各类产品进行逐一介绍和梳理，同时也看一下它们各自的收益率和风险情况，从而决定选择什么样的投资理财产品实现自己的财富保值和增值。

### 1. 银行固定收益类产品

先说银行发行的固定收益类产品，进入门槛跨度比较大，从 1 万元至 100 万元不等，预期收益率随投资金额的增大而提高；投资期短则十几天，长则超过 1 年，期限越长的产品，预期收益率也会更高。

储蓄是过去常用的理财方法。

目前，商业银行活期存款利率约为 0.35%，一年定期存款利率也只有

1.5%~2%。这么低的利率，现在连老人都知道不把钱存入银行了。据央行统计，2017 年上半年中国个人活期存款和流通中货币（现金），合计大幅减少了 3 万多亿元人民币。而同期上半年，这一数值只减少了 1 500 亿元。

随着互联网金融的普及，个人活期及流通的纸币会越来越少。我建议不要在手上留过多现金或把钱存进银行卡，多余的钱可以放到各类理财平台，购买其他的固定收益类理财。

储蓄之外，再说一下它的姊妹产品——银行理财。通常，银行理财简单分为以下三种。

保证收益型：合同约定保本保利，投资者会在产品到期日得到本金和基本按照预期收益率计算的投资收益。这类理财产品的风险级别一般是 R1，也就是最低级，适合风险承受能力弱、追求本金的安全和稳定收益的投资者。

保本浮动收益型：这类理财产品虽然保本，但不保收益。有些产品是按照预期收益率计算的可能收益，但不保证一定能够达到预期收益率；有些产品是设定了一个预期收益率区间，风险级别一般是 R1 或者 R2。这类理财产品由于保证本金安全，所以风险相对比较低。

非保本浮动收益型：这些理财产品既不保证本金，也不保证收益，一般各个银行都有此种产品类型，风险级别显著高于前两类。其中，不同产品设置的风险级别也因投资领域差别比较大而不同，这一点需要特别注意查看说明书中的资金用途。这类理财产品适合风险承受能力较高的净值型投资者。

目前，银行理财年化收益率多为 4.5%~5.5%，起投金额大多在 5 万元以上。长期以来银行理财因为刚兑、有银行背书，受到大多数人青睐。但 2017 年 11 月出台了“资管新规”，要求不能发行 3 个月以下的理财产品，还要打破刚兑，也就是说，银行理财以后不能保证保本保息了，所以在买这些产品之前必须了解清楚。

除了银行理财，还有一种追求保本稳定收益的固定收益类产品：债券。它的收益相对稳定，风险很低，尤其国债是以国家信誉发行的，风险近乎为零，但其投资收益率比较低。尽管如此，建议理财“小白”适当配置一些国债，总比存活期的收益要高。

## 2. 股票

说到股票投资，这肯定是一件容易让人兴奋的事情，因为很多人把“炒股”当作一个可以赚快钱的途径，似乎一夜之间就可以暴富，实现理想中的财务自由。

的确，投资股票不仅因为它的流动性比固定收益类投资要好得多（随时随地自由买卖），同时参与方式也非常简单——在证券公司开设一个账户，存入多少不论的资金（100股起），就可以直接在电脑上下单入场了。

在A股市场上，80%的投资者都是缺乏投资经验的散户，有一个定律叫作“一赢两平七亏”，也就是说亏钱的人占比达到70%，没赚也没亏的人占20%，只有极少数的10%的人挣钱了。这说明投资股票的风险是很高的。

一个奇怪的现象是，绝大多数在这个市场里的投资者，都认为自己是“一赢两平七亏”中的那个“一赢”，或至少是那“两平”，而不是那“七亏”中的一个。

实际上，大多数的股票投资者，都极容易犯一个追涨杀跌的集体性错误，导致最终不仅没有体会到赚钱的乐趣，还搭进去了不少钱。其实，即使非职业投资者想在股市里赚钱也不太难，摒弃暴富心理，拉长投资周期，严格遵守“闲钱投资长期持有”这个原则，熊市中期买入，牛市顶部区域卖出，会获利不小。

以过去20多年的A股为例，抛开一年两年的短期表现（有时也会刚好碰上市场的熊市下行周期），拉长到5年甚至10年以上的周期看，如果真正遵守上述原则进行投资，大部分人是赚钱的。

我坦言，我的悟性不高，明白这个简单的道理用了五六年的时间，有的聪明人可能只用几个月一年的时间就能领悟到。当然，更多的人一辈子都在追涨杀跌中度过，永远解不开这个结，结果成为被割了一轮又一轮的韭菜。

观察一下身边那些在股市里亏钱的人，你会发现他们有一个共同的特点，那就是宁愿去听信所谓的内部消息或者某位专家的推荐而去买入某只股票，不愿把时间和注意力花在持续地学习上，如一些基础的经济学、会计学、市场营销等知识上，甚至连最起码的财务报表都看不懂，就贸然杀进去了，结果可想而知。

在股票投资中，有一个铁律叫作：不熟不做。换句话说，就是对于自己不懂或不理解的行业和企业，不要轻易去投资。就连“股神”巴菲特，对于自己不了解的科技股都是避而远之，更何况我们这样的投资“小白”，为什么非要把自己辛苦赚来的钱置于不确定的风险之中呢？

如果你对股票很感兴趣，也有足够的时间、耐心和持续的学习能力，那么建议你认真学习投资，在掌握相关的基础知识，有自己的选股策略，并形成自己独立的思考后再去投资，这样或许可以大大降低亏钱的风险。

一个人到底适不适合投资股票？归根结底在于，是否能找到并建立一个适合自己的投资体系，并随同市场的进化而不断地进化和完善提升。

既然投资股票的风险很高，并且需要花费我们大量的时间和精力。那么，有没有最适合现阶段理财“小白”的选择呢？有呀，那就是——基金。这也就是接下来的重点内容。在投资市场发达的美国，50%以上的家庭都投资了基金，家庭中大部分的资产以基金的形式存在。

### 3. 基金

基金作为一种投资工具，它有正规基金公司的专业基金经理，把众多投资者的资金汇集起来，通过投资股票和债券等，实现收益的目的。与股票相比，它不仅分散了单一投资个股的风险，收益也会在专业基金经理的管理和运行下变得较为稳定。

基金公司收取一定的费用，如管理费、申赎费等，扣除这些费用后，不论是赚还是赔，都由基金投资者承担。所以，投资基金也是有风险的，只是它的风险比股票要低，相对应的基金的收益自然也比股票要低。通常情况下，收益和风险是呈正比的，收益越高风险也越高。

（1）公募基金

我们平常接触到的基金，被称为“公募基金”。它的特点是以大众传播手段募集，向公众发行，投资门槛低，数百元就能投资。在国家法律的严格监管下，其信息披露更全面，利润分配、运行限制等更规范，投资者便于查询和获取。

一般来说，公募基金的投资策略大多简单，流动性也较强，可以较为方便地买入卖出，更适合普通投资者参与。

公募基金也分很多种类型，按照申赎及交易方式可以分为封闭式基金和开放式基金。封闭式基金是指基金规模在发行前已经确定，在发行完毕后的规定期限内，基金规模是固定不变的，且不能进行申购和赎回。目前，市场上的封闭式基金数量很少，大部分都是开放式基金。开放式基金是指基金设立之后，投资者可以随时申购或赎回，基金规模也是不固定的。

根据投资对象的不同来划分，它又有货币基金、债券基金、股票混合型基金等，其风险排序由高到低依次是：股票型>混合型>债券型>货币型。我们可以根据自己的风险承受能力，将不同类型的基金，按照“最优解”的比例，放入股权、债券、另类资产之中，但也需要定期查看产品表现和配置比例的变动情况，进行适时调整。

我们来看一下股票和公募基金的收益对比（表6-4、表6-5）。值得提醒的是，任何一种投资产品在某一个时间段内的具体收益并不能说明问题，这里只是做一个简单的比较而已。

**表6-4　2017年个股表现对比**

| 板块 | 个数 | 上涨数量 | 上涨比例(%) | 下跌比例(%) | 平均收益率(%) |
|---|---|---|---|---|---|
| 沪市 | 1 174 | 311 | 26.49 | 73.51 | -11.19 |
| 深市除中小创外其他 | 464 | 120 | 25.86 | 74.14 | -12.64 |
| 中小板 | 822 | 190 | 23.11 | 76.89 | -13.87 |
| 创业板 | 569 | 83 | 14.59 | 85.41 | -23.49 |
| 总计 | 3 029 | 704 | 23.24 | 76.76 | -13.88 |

**表 6-5　2017 年偏股型公募基金表现对比**

| 板块 | 个数 | 上涨数量 | 上涨比例(%) | 下跌比例(%) | 平均收益率(%) |
|---|---|---|---|---|---|
| 混合型基金 | 2 051 | 1 807 | 88.06 | 11.94 | 10.88 |
| 股票型基金 | 941 | 763 | 81.08 | 18.92 | 11.68 |

(2) 私募基金

与公募基金相对应的，还有一种叫作“私募基金”的产品，它是以大众传播以外的非公开方式向特定群体募集资金，并以证券为投资对象的证券投资基金，一般来说进入门槛较高，如 100 万元起投等（表 6-6）。

**表 6-6　公募基金与私募基金的特点对比**

<table>
<tr><td rowspan="8">基金理财</td><td rowspan="4">公募基金特点</td><td>公募基金是开放式的，流动性很好</td></tr>
<tr><td>看不同产品，一般门槛很低</td></tr>
<tr><td>收益来自跟踪标的波动收益计算，基金公司会收取管理费</td></tr>
<tr><td>风险方面一般来说根据投资组合中股票占比来区分，从货币型到股票型风险依次增加</td></tr>
<tr><td rowspan="4">私募基金特点</td><td>期限 1~3 年，一般是 1 年</td></tr>
<tr><td>门槛应该是 100 万元起，但有的会把门槛降低，夸张的会降到 10 万元以下</td></tr>
<tr><td>年收益 13%左右</td></tr>
<tr><td>风险较高，这两年市场上倒了一批，监管开始跟进，行业洗牌加剧，市场慢慢规范</td></tr>
</table>

相对来说，私募基金一般规模不大，不能随时申购赎回，流动性比较低。专业的基金投资经理管理起来比较灵活，投资策略也更复杂，往往会采用到对冲、杠杆、衍生品等手段，所以风险较公募基金更高。

在国内金融市场上，我们经常说的“私募基金”或“地下基金”，往往是指相对于政府监管的，向不特定投资人公开发行收益凭证的证券投资基金，私下向特定投资人募集资金进行的一种集合投资。其方式基本有两种：一是基于签订委托投资合同的契约型集合投资基金，二是基于共同出资入股成立股份公司的公司型集合投资基金。

私募股权投资基金（PE/VC），是将募集到的资金投至非上市公司的股权。通常情况下，这类私募基金的预期收益会比公募基金要高很多，但由于资金的最终投向多为创业型公司，资金沉淀的投资期限往往更长，甚至有长达10多年的。

一般来说，私募基金除了投资门槛高之外，因为公开披露信息较少，投资者应该具备相应的专业知识，如对自己投资的项目是否有真正的价值，商业模式和未来成长逻辑是否成立，以及后续的资金回报管理等，客观评价其风险。

私募基金的选择，重点在于对发行产品基金公司的了解程度和基金产品的投资方向，要对基金公司和操盘经理及投资方向进行全面了解、综合评价，追求绝对收益而不是管理费的私募基金才是为投资者负责的。以期货为投资标的的基金，一旦爆仓，或许资金会全部归零。

对于绝大多数人来说，基金投资是一个很常见且使用频繁的投资产品，后面有专门的章节来对其进行详细介绍，此处便不再赘述。

### 4. 商品投资

商品类投资，一般也叫作大宗商品投资，是指可以进入流通领域，但非零售环节，具有商品属性并可用于工农业生产与消费使用的大批量买卖的物质商品，标的物包括黄金、原油、农产品、艺术收藏品等。

我首先要提醒大家的是，大宗商品投资并不简单，相反其难度非常大，所以不要指望“短平快”，或者轻易就得出结论，商品投资好或者不好，我们应该买或者不买。现实的金融世界没那么简单。

大宗商品一般价格波动比较大，风险很高。正因为其价格波动跌宕起伏，大多数人在参与商品投资的时候，往往都会采用加入杠杆机制，以期望用最小的钱撬动最大的回报，显然风险也成倍放大。

举个例子，你原本有100万元的投资资金，选择利用10倍的杠杆，就可以调动1 000万元的资金。如果投资的商品价格上涨了10%，就是1 000万元涨了10%，你就赚到了100万元，但因为最初始的本金投入只有100万元，所以在加入杠杆后带给你的回报率就是100%。如果这1 000万元的资产，价格下跌了10%，也就是亏损了100万元，相当于你的本金就全部损失了，你将被要求强制离场。

刺激吧？但如此高风险的投资方式，真的适合作为普通投资者的你参与其中吗？

也许会有人说，黄金不是商品类投资中的一个标的吗？是的，黄金这种投资品可以在市场起伏不定且充满风险的时候，具有一定的避险特性，可以按照小比例纳入资产配置的组合中，以降低整体资产的波动性。它通常有实物黄金、纸黄金、黄金期货、黄金ETF和黄金T+D等，可根据自己的情况进行选择投资。后面的章节有进一步的介绍。

### 5. 信托

信托就是信用委托，是一种以信用为基础的法律行为，一般涉及三方面当事人，即投入信用的委托人（投资者），受信于人的受托人，以及受益于人的受益人。信托业务是由委托人按照契约或遗嘱的规定，为自己或第三者（受益人）的利益，将财产上的权利转给受托人（自然人或法人），受托人按规定条件和范围，占有、管理、使用信托财产，并处理其收益。

根据《信托公司集合资金信托计划管理办法》，投资集合资金信托计划的委托人必须为合格投资者。所谓合格投资者，就是指符合下列条件之一，能够识别、判断和承担信托计划相应风险的人：

① 投资一个信托计划的最低金额不少于100万元人民币的自然人、法人或者依法成立的其他组织。

② 个人或家庭金融资产总计在其认购时超过100万元人民币，且能提供相关财产证明的自然人。

③ 个人收入在最近3年内每年收入超过20万元人民币或者夫妻双方合计收入在最近3年内每年收入超过30万元人民币，且能提供相关收入证明的自然人。

通常，银行也会转让一些优质的信贷资产做成信托产品，这种类型的信托风险等级一般在 R3 以内，收益 5%～6%，期限为 1～11 个月。风险等级在 R4 以上的，则需要关注借款人的信用、还款来源、担保措施，还要看发行人的实力等。

代销机构会收取 1%～2%的认购手续费，通过信托公司官网直接认购可以免收手续费。但如果直接从信托公司挑选产品，要求投资者对风险的识别、控制能力强等。

很多人过去都有一个错觉，认为信托是保本保收益、刚性兑付的投资产品，所以即使有 100 万元的门槛，一些懒得操心的高净值客户仍然习惯于选择这种方式。但事实上，所谓的保本保收益、刚性兑付，只是投资者的一厢情愿，因为银监会 2004 年 12 月下发《严禁信托投资公司信托业务承诺保底的通知》中有着明确规定，在所有的信托产品合约中，不允许出现保本等字样，自然就更不会有保收益了。

信托产品的个体差异比较大，所涉及内容也非常复杂，如资金去向问题，是否有实物抵押等，普通人很难识别出风险等级，所以建议谨慎介入，或者找专业人士咨询以后再做决定。

### 6. P2P

P2P，即点对点的网络借贷，也就是互联网公司利用自己的平台，把需要钱的人和手里有闲钱的人对接起来，让他们各取所需，自己则从中赚取利息差作为利润。目前，知名的平台有陆金所、人人贷、宜人贷等。

P2P 本质上是一种借贷关系，投资者可以选择 1 个月、5 个月甚至更长的投资期限，将钱划入平台的投资账户，到期后取回自己的本金和收益。最开始兴起时，P2P 平台的平均年化收益可以达到 10%～20%，现在仍可以达到 8% 以上，甚至更高，投资门槛也低，一般只需要划入几百元、几千元即可，因此吸引了众多投资者参与其中。

看起来是不是很简单？足不出户，只需要动动手指头，就能“躺着”把钱给赚了。简单的事情背后，总是隐藏着风险。这个投资最后真的能够实现“低风险、高收益”？

相信大家已经有自己的判断了。自 2015 年以来，发生了众多 P2P 平台爆雷、跑路的事件，涉案金额从数十亿元到数千亿元，这个本金更不安全，据说比垃圾债的风险更高，你想要他的利息，他想要你的本金，一定要小心。

当然，也不能把 P2P 平台一棍子打死，一些有银行存管、风投背景股东的平台，相对而言具有一定的安全保障作用。尤其是现在银监会对市场管理越来越规范，淘汰了一部分“乱劈柴”的网贷平台。

总之，建议投资者在考虑选择 P2P 平台产品进行投资时，能够更理性和谨慎地进行，尽量先挑选大平台，再挑选产品。不要只是盯着收益率的数值，风险永远是投资需要考虑的第一原则。同时，最好多走动、多调查，选择有正规资质、成立时间较长的公司办理业务，如一些以不动产抵押类的 P2P 理财产品风险相对来说要小一些，这样可以保障投资者资金的安全。

相对银行理财而言，P2P 的风险要高出很多，主要集中在到期无法兑付的风险上。

通过以上几种常见的、具有代表性的投资产品介绍，相信大家已经有了一个初步的了解。虽然看起来都挺简单的，但在实际投资操作中请务必保持理性和谨慎。没错，理财本身就是一个没有多高门槛，但却非常需要认知和专业水准的事情。

所有的投资都是具有强烈个性化差异的，因为每个人所处的人生阶段不同，追求的收益率高低不同，以及拥有的资金、认知思维、风险承受能力等不同，导致其在资产配置和组合方面，呈现出鲜明的个性特色。

第七章

# 投资理财产品如何选择

投资理财不是做与不做的问题，而是怎么做的问题。也就是如何根据自己的资金实力、家庭状况、风险承受力等，对各种类型的投资理财产品进行选择。

生活就是一连串的“机会成本”，你要与你能较易找到的最好的人结婚，投资与此何其相似。

——查理·芒格

和历史上那些戊戌年一样，2018 年是一个多事之秋。投资理财市场冷得瑟瑟发抖，股票、P2P、比特币，还有下半年的楼市，都是风雨飘摇。有人说，这一年做投资理财的，总体上可以用一个字概括：惨。稍微不小心，不是掉进这个坑，就是那个坑；不是消失在这个电子币交易所，就是遭遇某个 P2P 平台爆雷——总有一款适合你。

我并不认同这个判断。你如果仔细观察，会发现那些亏损严重的人的财务普遍存在问题，在并没有充分准备的情况下，贸然跳入自己并不了解或者熟悉的股市、比特币等市场，或者为了畸高的收益承诺而把大笔资金投入 P2P 平台，抱着一夜暴富的心态，试图不劳而获地赚到大笔的钱，这种做法无异于赌博，结果是可想而知的狼狈。

投资理财是日常做好财务管理，不只是财务保值增值，还要在家庭遇到风险和波动的时候，能有足够的准备抵御这些风险。做好人生规划，保持健康心态，在通往财务自由之路上努力。

我们都已经知道，投资理财不是做与不做的问题，而是怎么做的问题。换句话说，也就是如何根据自己的资金实力、家庭状况、风险承受力等，对各种类型的投资理财产品进行选择（图 7-1）。

说到理财，大多数人的经历都是从银行开始的。尤其是我们的父辈一代，理财观念只是千方百计地节省，然后把钱存在卡里吃定期利息，眼睁睁地看着本就不多的结余被通货膨胀扼杀。

事实上，如今国内的金融行业已经发生了很多变化，许多金融机构在不断发行各种各样的投资理财产品，银行、保险公司、证券公司等都在推出自己的创新特色品种，彼此之间也进行着各种交叉的合作和服务。例如，银行经常为保险公司、证券公司代销保险、基金，收取一定额度的申购、管理费用等，而一些银行产品也投资了一些保险公司、证券公司发行的资产管理计划。

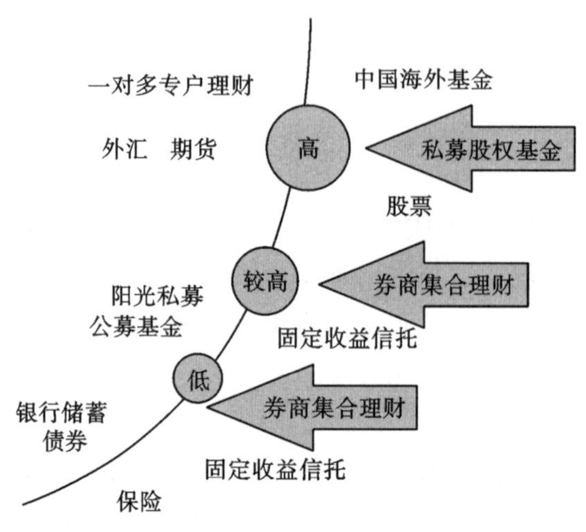


图 7-1　各类型理财产品投资风险对比

大多数人都认为银行背后有国家托底，推出的产品是具有保本安全性的，而对保险公司、证券公司则因为不了解而会产生不信任感。其实，这应该分为两个方面去看：一是发行机构和背后的资产不是直接关联的；二是投资理财产品只代表发行或发售机构，并不能直接判断其投资风险性。

例如，银行理财、保险公司资产管理计划、投连险、券商资产管理计划等产品，低、中、高几种风险都有跨越，因为这些产品本身可以投资的范围非常广，所以一定要就具体的产品来进行详细分析。

总体来说，金融机构每年都会推出一些新产品，涉及种类非常多，这就需要先从风险把控的角度出发，根据自己的需求挑选出几款类似的产品，然后再进行比较来判断。记住，永远不会有最好的投资理财产品，只有更适合自己的资产组合配置。

先来看看银行、证券、保险三大金融机构不同产品的投资门槛，可以根据自己的资金量来做合理的组合（表 7-1）。

**表 7-1　银行、证券、保险机构各自投资门槛**

| 银行 | 银行理财 | 大部分产品 5 万元起购 |
|---|---|---|
| 证券公司 | 券商资产管理计划 | 1. 集合资产管理计划：<br>①限定性大集合——5 万元<br>②非限定性大集合——10 万元<br>③小集合——100 万元<br>2. 专项资产管理计划合同约定，一般起点较高，大额认购<br>3. 定向资产管理计划，100 万元起购 |
| | 收益凭证 | 5 万元起购 |
| | 质押式报价回购产品 | 部分券商 1 000 元起购，部分券商 5 万元起购 |
| 保险公司 | 分红险 | 具体产品具体约定 |
| | 万能险 | 具体产品具体约定，目前网销产品通常 1 000 元起购 |
| | 投连险 | 具体产品具体约定，目前网销产品通常 1 000 元起购 |
| | 养老保障委托管理产品 | 部分产品 1 000 元起购，部分产品 1 万元起购 |
| | 保险资产管理计划 | 100 万元起 |

总体来说，从投资理财的门槛和风险的角度出发，银行理财都并没有比证券公司和保险公司更低、更具有明显的优势。

值得注意的是，2018 年《关于规范金融机构资产管理业务的指导意见》施行后，对于理财产品的兑付方式有了明确的说明，即逐步实现份额化，逐步打破刚性兑付。简单地说，就是以后理财产品不再按照预期年化收益率兑付，会逐步变成实际年化收益率。

例如，以前某一个产品的预期收益率为 8%，但是实际运营中却亏钱了，若按照以前的规定，金融机构会给投资者 8%的收益。以后则按照实际收益进行兑付，一旦亏损了，投资者就可能跟着赔钱，而不是拿银行的承诺利息了。

这不是变得不安全了吗？理财产品还值得投资吗？实际上，理财产品没变，只是把更真实的一面展现在了大家面前。以前银行刚兑主要采用的是摊余成本法，如第一期赚了 10%，第二期赔了 5%，第三期赚了 15%，那么三期平均下来就约为 6.67%，银行按照 5%刚兑还会赚一点差价。现在，每期收益按照实际兑付，综合下来其实可能赚的钱比原来还要多一点，因为银行在摊余成本后要扣除一点利润，反而现在透明化之后只能赚点手续费了。

理财不是存款，是为了赚取更高的收益，自然存在一定的风险，基本上在收益超过5%以后，每增加1%的收益，那么风险就会增加10%。

## 一、银行发行的理财产品

所谓银行发行和管理的理财产品，就是指银行自主开发、管理、运营的理财产品。一般来说，银行有相对严格的监管体系，以及专业的人才，规范的制度和长期的投资经验，因此这一类的理财产品，安全性相对比较高。

相对来说，银行固定收益类投资的回报都不高，自然对应的风险也较低，大多数银行理财产品都属于这一类。因此，很多人似乎有一个感觉是，买银行的理财产品，有点像是升级版的银行存款。需要注意的是，银行里的理财产品主要分为自营理财和代销的理财产品，所以银行理财不一定是银行自己发行的。

银行代销的投资产品是由其他金融机构进行产品设计、投资及管理，而银行仅仅承担对产品的推荐、销售和资金代收付等职能。也就是说，这时候银行只是扮演了一个中介角色，一旦出了问题银行不负责后续处理。还有一类，是银行工作人员私自推销的理财产品，俗称“飞单”，更不能搭理。

### 1. 明确需求

很多人在做投资时，往往会陷入一个共同的误区，那就是针对各种具体投资产品的讨论，把时间和精力都放在各种细枝末节的比较上，而不是首先根据自己的资金状况、投资周期、风险承受能力和收益预期等综合需求来选择，有点本末倒置的意思。

所以，在购买银行理财产品时，应该从以下几个问题依次入手。

一是拿多少钱来购买？一方面，购买银行理财产品都有一个起购金额，一般为5万元起，如果资金太少的话，就得选择其他的投资产品。另一方面，银行理财产品大都对安全性的要求比较高，保障性排在第一，那么在资产组合上不应占有太高比例，否则会占用资金投入其他收益较高一些的理财产品，从而影响整体的收益率。

二是这笔投资能用多久？长期投资是赚取丰厚收益的不二法则，最忌讳的是急钱长投，不仅享受不到复利的“滚雪球”效应，而且过程中被迫中断投资，还会损失掉一大笔应该有的利息。

一般来说，几乎每款银行理财产品都有一个固定期限，如 1 年期、3 年期等，可以结合自己在中长期的资金使用计划来进行安排，如要结婚买房，那就选择投资期限较短的产品，配合自己的用途。

值得注意的是，有一部分银行理财产品是封闭式的，一旦投入即不能提前支取，只能等产品到期后得到本金和预期收益，这一点比定期存款还要苛刻。所以，有暂时闲置不用的资金，并愿意承担一定风险、追求较高收益的投资者可以选择购买这类理财产品。大多数的开放式理财产品可以接受赎回，但也得仔细阅读具体产品说明书里的赎回条件。

三是投资收益符合预期吗？银行理财产品通常都是属于 R3 以下的风险水平，所以收益率也不高，一般都在 3%～6%，但比国债、货币基金的收益高 1%～2%（表 7-2）。

**表 7-2　2016 年银行理财收益率**

| 产品收益率 | 占比 |
| --- | --- |
| 3%～4%（含 4%）的产品 | 49. 17% |
| 4%～5%（含 5%）的产品 | 36. 76% |
| 3%以下（含 3%）的产品 | 12. 13% |
| 5%～6%（含 6%）的产品 | 1. 31% |
| 6%以上的产品 | 0. 63% |

资料来源：《2016 年银行理财报告》

萝卜青菜各有所爱。这得要看是否符合你的投资收益预期。

## 2. 风险评估

投资者在购买银行理财产品过程中，风险评估是最重要的一环。当你有了购买某一款银行理财产品意愿的时候，认真负责的理财人员通常会指导你填写《个人客户投资风险评估报告》，对你的风险偏好、风险认知能力和承受能力进行了解并确认，随后再为你推荐适合的银行理财产品。

在资管新规公布、刚兑还没有打破之前，估计大家也不会真的在意和关心自己在银行购买的理财产品到底来自哪里，简单比较一下投资期限和到期收益率就完事了。但现在，去任何机构投资理财都得多留心，银行也是一样（表 7-3）。

**表 7-3　投资者类型 VS 银行理财产品风险**

| 产品或服务等级 | 客户风险等级 | | | | |
|---|---|---|---|---|---|
| | 保守型（C1 含最低类别） | 谨慎型（C2） | 稳健型（C3） | 积极型（C4） | 激进型（C5） |
| 低风险（R1） | √ | √ | √ | √ | √ |
| 中等偏低风险（R2） | × | √ | √ | √ | √ |
| 中风险（R3） | × | × | √ | √ | √ |
| 中等偏高风险（R4） | × | × | × | √ | √ |
| 高风险（R5） | × | × | × | × | √ |

（1）风险等级

你在银行购买的理财产品，有的是银行自营的，有的是银行代销的。但在卖给投资者之前，银行会根据产品风险特性，将理财产品风险由低到高分为：R1（谨慎型）、R2（稳健型）、R3（平衡型）、R4（进取型）、R5（激进型）五个等级（在说明书里分别标注有）。级别越高，风险越大。

R1 和 R2 级：R1 基本保本保收益，风险很低；R2 不保本，但风险也相对较小。把这两个放在一起是因为 R1 和 R2 级别的投资范围基本一样，大多都是风险比较低的交易所市场债券，资金拆借、信托计划、银行之间的市场及其他金融资产等。

R3 级：不保本，风险适中。这一级别的产品除了可以投资于债券、同业存放等低波动性金融产品外，还可投资于股票、商品、外汇等高波动性金融产品，后者的投资比例原则上不超过30%。但该级别不保证本金的偿付，有一定的本金风险，收益浮动。

R4级：不保本，风险较大。该级别产品与股票、黄金、外汇等高波动性金融产品挂钩，且比例可超过30%，收益浮动且波动较大，投资比较容易受到市场波动和政策法规变化等风险因素影响，亏损的可能性较高。

R5级：不保本，风险极大。该级别产品可完全投资于股票、外汇、黄金等各类高波动性的金融产品，本金风险极大，同时收益浮动且波动极大，投资较易受到市场波动和政策法规变化等风险因素影响。当然，对应的预期收益也会较高。

总结来说，风险在R3以下的产品相对"安全"，R4和R5的理财产品就不太适合普通人购买。有一个最简单的方法，就是看理财产品的投资组合里面是否有"股票"字样，如果有，那么风险级别至少在R3以上。

个人建议投资"小白"或者对风险偏好不是很高的朋友，选择R1、R2级别的理财产品就可以了，R3级别以上则需要谨慎购买，且在比较选择时要咨询清楚，尤其要关注一下投资方向。

（2）基本分类

根据投资者获取收益方式的不同，银行理财产品分为保本固定收益型、保本浮动收益型和非保本浮动收益型三个类别。

①保本固定收益型：大家对银行理财产品的认知大多都出于这个类型，顾名思义，此类产品银行会为理财本金和收益提供保障，风险较低，收益较稳，是新手最爱的选择。

②保本浮动收益型：此类产品银行依然能够保障理财本金的安全，但收益是不固定的。其实银行的理财产品很少出现最终收益率低于预期收益率的情况，所以投资者不必过于担心，只是在选择时要认清"浮动收益"这一点，放好心态。

③非保本浮动收益型：这类产品可以说是第二类的升级版，即银行不为本金及收益提供保障，投资者不仅收益会面临风险，连本金也会面临一定风险，

建议有一定投资经验的朋友购买。实际上，非保本浮动类理财产品的风险也并没有大家想象中那样大。据统计，此类产品的收益达标率在99%以上，也就是说，很少有产品达不到预期收益率，出现本金亏损的情况更是极少，所以有经验的投资者可以大胆尝试。

看了上述介绍，相信大家对银行理财产品一定有了新的认知，不必过于担心，毕竟银行理财产品面临的风险还是相对较小的，只要在选择时别一味听介绍，主动了解产品类型，根据自己的实际需要来选择，就不会“被坑”。

保本、保收益，可能大家感觉挺好的，但实际情况并非完全如此。表 7-4 中的三种银行理财产品，从预期收益率来说，保本浮动类的收益最高，但真实情况是它的实际收益最低，这与它的挂钩指数的结构性产品密切相关。

**表 7-4 银行理财产品类型、预期和实际收益率对比**

| 保证收益类 | 保本浮动类 | 非保本浮动类 |
|---|---|---|
| 投向货币市场、债券 | 结构性（挂钩指数） | 投向货币市场、信贷等 |
| 预期收益率 3.6% | 预期收益率 6.8% | 预期收益率 5.2% |
| 实际收益率 3.6% | 实际收益率 0.6% | 实际收益率 5.2% |

所以，我们在关注银行理财产品的预期收益率时，不能简单地从字面上以是否保本作为判断标准，而更应该关注投资方向和产品特性。

一般来说，各家银行的理财产品大多是对本金给予保证的，即使是打新股之类的产品，尽管本金具有一定风险，但根据以往市场的表现，出现本金亏损这种情况的概率还是较低的。

正如前面章节所讲的，从 2018 年 4 月开始，任何金融机构推出的投资理财产品，都不会在合约里出现保本、保收益的字样。但相对来说，3%～5%的收益率及本金出现大面积风险的可能性较小。

（3）发行方是谁

在银行发售的理财产品，并不都是银行自营的理财产品。现在的银行有点像超市，因为聚集大量的人流，且掌握了很多客户名单，除了自营产品之外，还会代销其他金融机构的产品。

例如，一些保险、基金、信托类理财，也会借银行这个渠道发售。此外，也有一些银行和保险公司、证券公司等合作发行的银保产品、银证产品等。这一点，大小银行都一样。

对于代销产品，银行只拿业绩提成，据说分成比例比较高，对产品盈亏不负责任。很多“飞单”案件都来自银行代销的理财产品。

所以，购买之前需要看清楚产品发行方和管理方，认真阅读说明书，其投资方式、范围可能跟纯粹由银行发行的产品有所区别。

在银行理财产品中，除了活期存款类之外，还有一些受到大家青睐的理财产品，它们都具有一些共同的特点：

- 风险等级多为R2。
- 期限多为6个月至1年内，有固定期限。
- 多是非保本浮动类产品，年化收益率在3%~5%。
- 投资方向主要是中低风险的债券和货币基金市场。

这种低风险的银行理财产品，收益率一般都比活期存款、甚至一些某某宝较高，而且这种低风险级别，目前还没有哪家银行发生过到期后没有按预期承诺支付收益的事件，所以可以作为升级银行存款的低风险投资渠道。

**小贴士：**凡是银行理财产品，必有一个防伪编码，放在产品的说明书，或者是合同里。格式都是统一的：14位编码，大写的C开头，后面紧跟着13个数字。也可以上中国理财网查询对应的产品，如果合同里没有这个编码，或者查不到，肯定就不是银行理财产品。

## 3. 怎样买银行理财产品

在明确了自己的需求，挑选好了适合自己的银行理财产品之后，接下来就可以购买了。目前，主要采用两种购买途径：一是传统的线下柜台；二是互联网线上直接购买，如手机银行、网上银行、直销银行等。

值得注意的是，如果投资者属于第一次购买银行理财产品，实施步骤稍微要复杂一点。具体的步骤如下。

第一步：线下风险评估测试。第一次购买银行理财产品，需要带上身份证，亲自到所选择银行的线下网点的柜台，进行风险承受能力测试。测试出的结果会显示你属于哪一种风险类型，这将决定你可以购买的产品类型，因为每一款产品都有自己的风险评级。

· 每家银行都需要单独进行测试，不通用。

· 可以购买风险等于或低于测试结果的理财产品。

· 每次测试的结果有效期为 1 年，第二次以后，这个风险评估就可以在线上完成了。

第二步：线下购买理财产品。完成风险评估测试后，如果选择在银行零售点购买理财产品，需要办理一张该银行的借记卡，存入不低于购买产品的相应投资资金，然后跟工作人员一起签署自己所选择产品的合约和风险提示说明书。

第三步：线上购买理财产品。一般在柜台进行风险测试后，以后购买这家银行的理财产品，就可以在网上银行或者手机银行上直接操作了。进入页面后，根据相应的提示进行操作，流程比较简单。

(1) 直销银行

直销银行是互联网时代应运而生的一种新型银行运作模式。这种经营模式下，银行没有营业网点，不发放实体银行卡，客户主要通过电脑、电子邮件、手机、电话等远程渠道获取银行产品和服务。

和普通网上银行最大的区别在于，直销银行不一定用该家银行的借记卡完成交易，可以绑定其他银行的卡。直销银行也会销售各类银行理财产品，操作流程差不多。但是，关于风险评估测试，仍需要在该银行线下网点完成，然后才能购买理财产品。

一般来说，直销银行可以为投资者提供更有竞争力的存款价格及更低的手续费率，因为传统银行存在网点经营成本和管理成本。但不足之处是，其产品与功能略显单一，主要局限在余额理财、代销基金、存款与转账、信用卡还款等基础银行电子账户功能（图 7–2）。

图 7-2　直销银行办理流程

（2）哪一类银行收益更好

虽然从本质上来说，无论是国有银行、股份制银行，还是一些城商行和农商行，都是差不多的。但是每个银行的性质不同，以及所发行的银行理财产品特点不同，因而收益也会差异较大。

一方面，在产品风险差不多时，中小银行的理财产品的收益率往往更高。比如说，国有银行理财产品的参考年回报率约为 4%，比股份制银行和城商行都要低一些，尤其是城商行为了扩大规模，在吸收理财资金方面是不遗余力，参考年回报率一般高于平均水平。

另一方面，中小银行在金融产品的创新动力方面比较强，会持续不断地推出各种新产品。我们购买银行理财产品时，就能买到即将起息的产品，提高资金的使用效率。

此外，国有银行发行的私银客户或高净值客户专属理财产品、结构性理财产品比例都比较大，前者起购金额大普通投资者买不起，后者风险偏高不太适合购买。

（3）注意募集期、到账期，多赚取利息

在购买银行理财产品时，认购期或者是募集期还未结束，通常只按照活期利率计息（有的银行在募集期不计息），且所得利息不会计入认购本金里。如果募集期长达一周，即使第一天就抢到了，资金也至少搁置了6天。

一般来说，募集期结束的第二天为起息日，也就是此时才会按投资期限，开始根据合同标示的预期年化收益率计算利息。合同中在计息基础解释时会约定到底是按实际理财天数/365，还是按实际理财天数/360计算，这会直接影响你最后拿多少钱。

当理财产品到期时，到期日和到账日有可能不是同一天，每家银行的规定不一样，有的是到期后1个工作日、2个工作日、3个工作日内一次性还本付息，遇到节假日会顺延。到期日和到账日期间为银行清算期，这期间不计算利息。所以，到期日和到账日越短越好，这样资金闲置时间不会太长。

综上所述，如果想购买的银行理财利息高，需要注意的是：

- 募集期短。
- 计息基础为360天。
- 到期日后马上能到账。
- 非保本浮动收益，但资金投向稳健。

如此，即使同样一笔钱，所收到的利息会更多一些。

（4）组合搭配，高收益+流动性

开放式的理财产品的投资期限是不固定的，投资者可以随时赎回，其预期收益率与持有时间成正比。有短期闲置资金，且对流动性有较高要求的投资者可以选择购买此类理财产品。

但大部分银行的主流理财产品都有固定期限，也就是投资封闭期，在产品到期前是不能赎回的，尽管流动性较差，但预期收益率较之可赎回要高一些。

如果既要想保持一定的资金流动性，又要实现稍高的收益，则可以采取在银行存款时的方法，组合搭配不同期限的银行理财产品。例如，将投资资金切割为几份，分别购买不同期限的理财产品，错开彼此之间的到期日。

由于各个银行间的理财产品收益率差别较大，且每期更新变化也较大，投资者可以固定选择两三家整体收益较高的银行进行购买，但频繁地在各家银行办卡还是有时间成本和资金成本的。

另外，有些理财产品一直在持续运作，投资者可以采用循环投资的方式，即不按时赎回自动再投资。这类理财产品省去了频繁购买的程序，工作繁忙、喜欢持续在一家银行购买一种理财产品的投资者建议选择购买此类。

**小贴士：**银行公示的预期收益率一般是指扣除银行收取的销售服务费、托管费之后的净收益率。

（5）哪些时候银行理财产品的收益更高

一般来说，对于新客户，以及季末、年中、年末，这些都是银行考核的时间节点，也是金融机构存款需求的高峰期，相互之间借钱（同业存款）会很频繁，往往闹“钱荒”。

由于理财资金是不纳入银行的存款核算的，为此银行就打起了理财的主意。所以，在季末、年末前几天银行会发行几款理财产品，募集期都是跨越季末、年末的，在募集期里资金就属于银行。

但因为季末、年末不一定都能按时募集到相应的资金，有的银行会在季末、年末到期前的一两个月内发行短期的理财，精确到天数，为的是赎回日刚好在季末或者年末的最后一天，这样当天赎回的资金，客户未转走就属于银行存款。

以上情况，都是银行为了吸引资金，满足自己的需求，故而收益率相较于平时会提高约 0.5 个百分点，或者幅度更大。

## 二、证券公司发行的理财产品

对于投资理财，绝大多数人最熟悉的渠道还是各类银行及其产品，而对于证券公司，往往只是把它跟股票账户联系起来，除此之外似乎并没有多大用处。

实际上，如今的证券账户早已不是简单的“炒股票”了，从稳健投资者最爱的货币市场，到买入基金、债券等都可以操作。对于理财一族来说，即使不炒股也应该有一个证券账户。

我们为什么要关注券商理财产品呢？有没有比银行理财收益更高的选择？其实，它同样可以购买一些风险低、参与灵活、流动性好的理财产品。例如，传统货币基金适合资金闲置的投资者，场内货币基金适合交易频繁的投资者。众多券商也推出了自己的特色理财产品，它可以将股票账户上的资金自动做成安全的理财，交易时间内随时可用，实现理财与交易的兼顾。

对投资者来说，完全可以利用这些工具适当建立多样化的投资组合，提高资金的使用效率。例如，用闲置的资金购买券商的夜市理财产品，不仅比银行活期利息高，而且也不影响白天炒股，可以获得更高的收益。

### 1. 券商理财

和银行一样，券商除了自己发行产品外，也会代销银行、基金、信托理财等其他理财产品。

银行不能投资境内二级市场公开交易的股票，或与其相关的证券投资基金。而券商却可以，在收益上往往也会略高于银行理财。

一般来说，券商在股权类资产投资上是有优势的，从股票的发行承销，再到各种专业研究报告和交易策略。但是从收益率来看，并不是所有券商都把自己这方面的投资研究优势转化到其理财产品中，投资中高风险的券商资管计划产品，收益差别就较大，因此一定要仔细挑选。

券商自己发起设立并管理的理财产品，主要包括如下几种（图 7-3）。

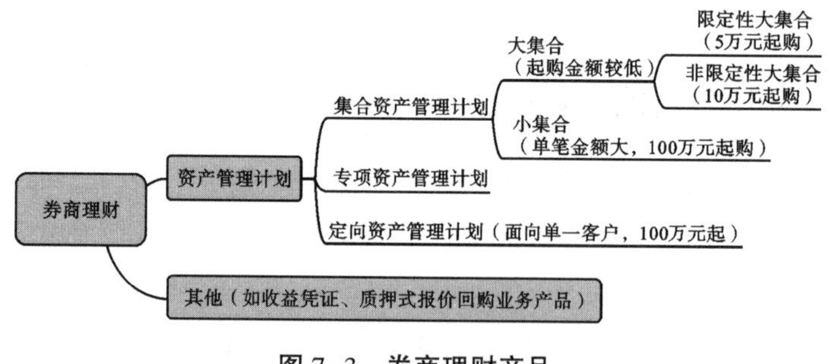


图 7-3　券商理财产品

这些产品中，我们常见的和比较容易购买的是集合资产管理计划、收益凭证和质押式报价回购业务产品。

## 2. 集合资产管理计划

所谓集合资产管理计划，就是证券公司与多个投资者签订集合资产管理合同，然后把这些钱集中起来，交给具有相关业务资格的银行进行托管监督，通过设立专门的账户进行投资，为我们提供资产管理服务（图 7-4）。

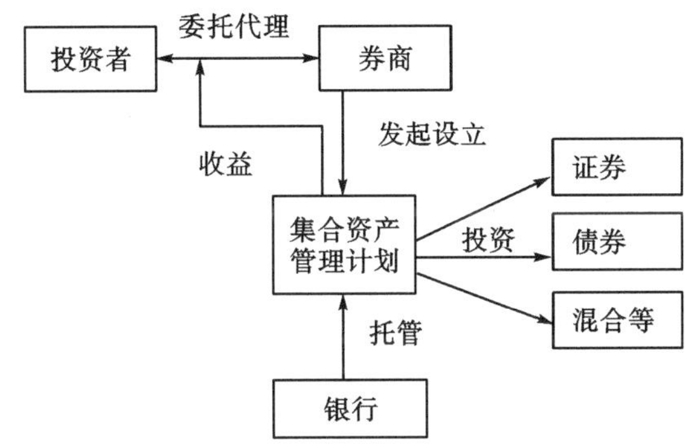


图 7-4　集合资产管理计划交易结构

目前，大集合资产管理计划因为起购金额较低，普通投资者参与较多，可以在证券公司的网点柜台和线上理财频道购买。小集合资产管理计划单个投资者的起购金额不低于 100 万元，需要审核相应的资质，第一次购买需要去线下网点确认。

集合资产管理计划的投资范围广泛，主要有如下构成：

- 限定性集合资产管理计划。主要用于投资国债、债券型证券投资基金、在证券交易所上市的企业债券，其他信用度高且流动性强的固定收益类金融产品。
- 非限定性集合资产管理计划。投资范围由合同约定。

小集合资产管理计划因为涉及金额比较大，对进入门槛、条件设置和账户监督上都有一套严格的规定。例如申购下限，募集资金规模在 50 亿元以下的，单个投资者参与金额不低于 100 万元，客户人数在 200 人以下，但单笔委托金额在300万元以上的投资者数量不受限制。再如募集下限，限额特定资产管理计划募集金额不低于3 000万元，其他集合计划募集金额不低于1亿元，另外还有投资证券等限制。

还有一种常见的定向资管计划，就是券商接受单一投资者委托（一般为高净值客户），与其签订合同，根据合同约定的条件、方式、要求及限制，通过专门账户管理这笔资金，起购金额不少于100万元。

这种券商理财产品限制少，独立托管，主要投资于股票、债券、基金、央行票据、资产支持证券等，具体投资范围可由券商与投资者商议约定（图7-5）。

根据投资范围的不同，还可以把集合资产管理计划分为货币型、股票型、债券型、混合型、QDII型、FOF型等。

正如前面章节所讲，现在众多金融机构已经实现了“合纵连横”，像超市的货架上摆满了各种各样的理财产品，有不少是互相交错投资的，如券商的集合资产管理计划可以投资公募基金，银行理财也可以投资券商的资产管理计划。

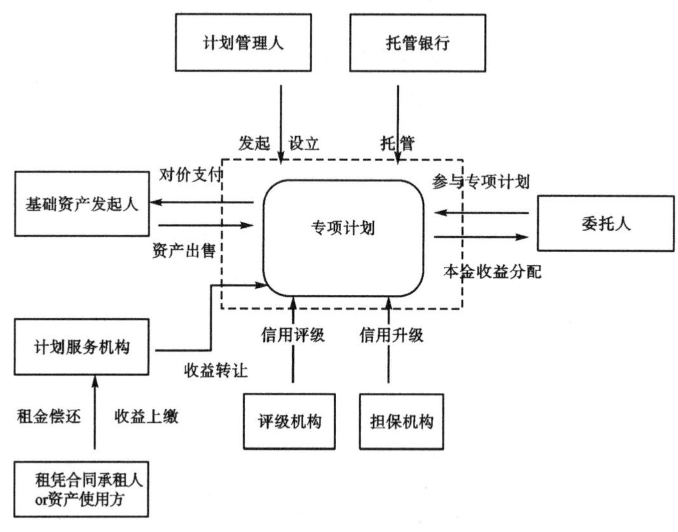


图7-5　定向资产管理计划交易结构

### 3. 收益凭证

收益凭证，是由券商以私募方式向符合要求的投资者发售的投资产品，约定本金和收益的偿付与特定标的相关联的有价证券。特定标的包括但不限于货币利率、基础商品、证券的价格或者指数。

按照本金是否承担特定标的价格波动的市场风险，收益凭证分为固定收益型和浮动收益型。

固定收益型：按照合同约定本金和收益率，一般均为本金保障型。

特点：保本+固定收益。

浮动收益型：将固定收益产品与金融衍生品合二为一，其中特定标的包括但不限于股票、股票指数、可转债、利率等。

特点：挂钩浮动收益。

相对于银行的理财资金属于表外负债而言，券商的收益凭证属于表内负债。也就是说，对于收益凭证按照约定收益率去兑付，券商是负有法定责任的。一般情况下，只要券商不破产，固定收益型的收益凭证，都是保本保收益的。

所以，通俗来讲，固定收益型收益凭证类似于短期债权，是证券公司向投资者借钱的一种方式：期初，发行人向投资者借钱；期末，发行人连本带息一次性将资金还给投资者（图7-6）。

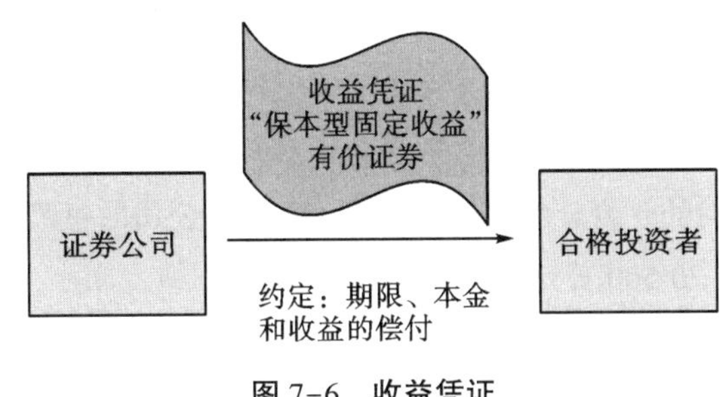


图7-6 收益凭证

## 三、保险公司发行的理财产品

《流感下的北京中年》是李可创作的微信长文，他的岳父从小小的感冒，到感染未知的流感病毒，到最后发展为肺炎，还是没有逃过阴阳两隔的结果。作为北京的中产阶层，在一场流感面前，似乎也无能为力。

这篇文章令人唏嘘，也再一次激发了大家内心的不安和对保险的关注。我们在前面章节专门讲述过购买保险的必要性，也许你能够了解和熟悉部分保险产品，但买保险的初衷，还是出于考虑到人生可能遇到的风险，与其自己承受不如转移给保险公司，用较少的保费撬动更大的金额，突出杠杆效应，给自己的基础生活保障吃一颗定心丸。

实际上，被我们所忽略的是，保险公司推出的各种花样翻新的产品，不仅仅是一种消费品，而且更是一种具有资产配置价值的投资品。

这些年来，随着各大保险公司的总资产和保费收入不断上升，保险公司手中可以调动的资金不断累积。2012 年以来，监管部门逐步放开了保险公司资产投向和比例限制，尤其是"保险新政 13 条"，保险公司可以投资银行、证券和信托等理财产品，以及委托其他投资管理机构管理保险资金。

从投资范围来说，保险公司是一个优于银行、证券、基金、信托的万能牌照。如果不考虑支付的话，金融机构都愿意染指保险公司，而保险公司却没有染指其他金融行业的天然欲望，中国平安除外。

巴菲特就是通过持有伯克希尔·哈撒韦保险公司，利用其数额庞大且成本几乎为零的保险浮存金，来进行投资活动，从而赚取了数千亿的美元。迄今为止，伯克希尔公司的年复合增长率达到了 20.3%，公司的每股账面价值从当年的 19 美元上升到 70 500 美元。

浮存金是一项保险公司持有但并不属于保险公司的资金，在保险公司的运营中，浮存金产生的原因在于，保险公司在真正支付损失理赔之前，一般会先向投保人收取保费，这期间保险公司会将资金运用在其他投资上。

随着资金越积越多，也有了越来越大的投资权限，保险公司的目标自然是希望强化使用效率，赚取更多的钱。而数据显示，这些年来保险资金的收益率，也呈现出不断攀升的趋势。

所以，不能把一份保险的保障功能和投资功能混为一谈，最好事先确定其作用，然后才能进一步做好资产组合配置。跟着保险公司一起赚钱，应该是我们作为投资者的一个选项。

## 1. 具有投资属性的保险

从精算角度来看，保险理财产品的竞争力主要在两点：一是初始费用(产品设计时已经确定下来)，二是保险公司资管水平给予投保人的投资回报力度。

从投资这个角度来看，保险理财产品中有的不错，有的争议很大。如很多人都认为理财类保险，除非有家族财富传承、避税等特殊需求，否则从长周期看收益不高，价值不大。

具有投资属性的保险产品主要集中在寿险，有以下三种：

- 分红保险，简称分红险。
- 万能保险，简称万能险。
- 投资连结保险，简称投连险。

(1) 分红险

分红险是比较常见的一种，它是指保险公司发行，并每年根据实际运营情况，按照规定不低于70%的标准，将盈余分配给被保险人的人寿保险。被保险人可以有寿险保障，同时还可以享受盈余收益。

看起来好像不错。但收益跟保险公司的运营状况直接挂钩，如果某一年经营业绩好，则分红多一点；业绩不好，零分红也很有可能。关键点在于，分红的来源非常复杂，而且很不透明。

关于分红险的收益，有两个关键词是需要仔细掂量的：预期收益和实际收益。

- 预期收益是保险人员在销售产品时向投保人演示的，只具有参考价值。

· 实际收益则取决于保险公司的投资理财能力，这是分红险获得的确定收益。

购买分红险产品的投资者要分清楚这两个概念，坦然接受收益的浮动。虽然分红险在收益上可能让人感到不太满意，但它的稳定性，还是吸引了不少投资者。

值得注意的是，销售人员在推销产品时，往往会夸大收益率，比如说一个往年分红中比较高的预期收益 6%，但它并不代表平均收益，可能只是最近几年极高的一个水平。

而且，分红险有固定缴费期限，且有很长的封闭期，短则 5 年，长则 10 年以上，如果想提前退保，保险公司会收取不菲的费用，本金都要亏掉一部分。如果看重短期收益，那就建议不买分红险产品。

尽管如此，分红险作为理财产品仍然具有其优势，比如说可以防范债务风险，实现个人资产与企业资产的有效隔离，实现财富传承功能。因此，它更适合富人作为财富传承工具投资，如香港的一些分红型保险性价比不错。

过去，保险公司很容易被人诟病，其中很大一部分原因就是大部分分红险的收益率很低，长期平均收益（内部收益率）往往只有 4%，甚至在其大行其道的时候，不少产品最终的实际年收益率还不足 2%。

也许是在其他众多可投资理财产品的“围攻”下，分红险的收益率正在逐渐上升，基本上可以实现年均 5%左右的收益率。不过，由于分红险是理财保险最具有保障性质的产品，导致其理财属性相对较弱（表 7-5）。

**表 7-5　分红险与其他理财产品比较**

| 理财工具 | | 收益 | 风险 | 流动性 | 起投门槛 |
|---|---|---|---|---|---|
| 货币基金 | | 3%~5% | 低 | T+1 | 0.01 万元 |
| 银行理财 | | 3%~6% | 中低、低 | 固定期限 | 1 万元/5 万元 |
| 券商理财 | 报价回购产品 | 3%~4% | 低 | 多数有固定期限 | 1 000 元 |
| | 资产管理计划 | 3.8%~6% | 中低 | 多数有固定期限 | 5 万元 |
| 保险理财 | 养老保障 | 3%~5% | 中低 | 固定期限或活期 | 1 000 元 |
| | 分红险 | 3%~6% | 中低 | 5~10 年(或以上) | 1 万元 |

总体来说，分红险适合有稳定收入且不急于使用部分资金的投资者，可以为未来资产保值，或者给孩子储备未来的生活资金。

而对于那些急于寻找储蓄替代品的投资者来说，可能分红险并不是首选，因为分红主要取决于保险公司的业绩状况，投资收益并不能得到保证，很可能会低于银行定期存款的利率。

（2）万能险

与分红险相比，万能险在市场的口碑要好很多。它是指可以任意支付保险费，以及任意调整死亡保险金给付金额的人寿保险。

一个人买了万能险，其中的保费拆成了三部分：一部分是保障成本，一部分是保险公司的管理费用，还有一部分是保险公司替你理财的资金。

它的缴费方式十分灵活，除了第一次保费必须按时缴纳外，你可以根据人生不同阶段的保障需求和财力状况，随时调整保费、缴纳期，确定保障与投资的比例。同时，如果你急于用钱，还可以随时取出部分，但会相应调整你的保额。

通常情况下，在投资的最初一年里保险公司扣除万能险手续费的比例较高，实际进入投资账户的资金较少。但随着时间的推移，扣除手续费的比例会越来越低，因此万能险需要长期投资才能体现收益。

也正是这些灵活的特点，万能险的玩法很多，还被打造成新的“网红”产品，通过设置不同的退保条件，变相实现定期产品的效果，后因监管趋严，短期万能险被叫停。

在收益方面，万能险也很有特色。银保监会规定：

> 万能险最多可以承诺给投保人每年3.5%的保底收益，高于保底利率以上的收益，由保险公司和投资人按一定比例分享。

也就是说，保险公司有义务向你标示最低保证利率（通常约为2.5%），相当于保本、保息的部分，这就大大增强了这款产品的安全性。

需要提醒的是，银保监会设置了分红险的预定利率不高于3.5%的年复利，只需要备案即可。但若预定利率高于3.5%，则需要报送银保监会审批，流程比较复杂。

从投资角度来说，3.5%的保底收益率似乎不高，但这只是你能拿到的收益下限，也有可能拿到更多。一般情况下，保险公司出于口碑考虑，预期收益会争取达到，但也有可能会有意外。这就需要识别和判断。产品说明书或保险利益测算书中，超过最低保证利率以上的测算数字只是对未来收益的假设，不能作为对未来收益的保证。最低保证利率也要注意风险，大部分万能险产品通常只保证 3 年或 5 年（具体期间以条款为准），保险公司有权调整最低保证利率。

按照监管要求，所有保险公司的万能保险利率要进行每月公示，你可以在保险公司的官网查询历史年化收益率，看看这家公司过去发行的产品，对比在宣传时所说的历史年化收益率与实际结算利率的差距。

另外，万能险是包含保险保障功能并设有单独保单账户的人身保险产品，与分红险、投连险一同属于人身保险新型产品。除了具有传统寿险一样给予生命保障外，万能险还可以让投资者直接参与为投保人建立的投资账户内资金的投资活动，将保单的价格与保险公司独立运作的投保人投资账户资金的业绩联系起来。

那么，什么人适合买万能险呢？可以从下列五项标准来衡量：

· 有稳定持续的收入。

· 有一笔富余资金且长期内没有其他投资意向。

· 有一定的投资和风险承受意识，但没有时间和精力进行其他投资。

· 对收益回报有中长期（至少在 5 年以上）准备。

· 有兼顾投资收益及人身保障的需求。

如果具备以上五条，你适合购买万能险；具备三条以上，万能险是很值得考虑购买的险种；如果是只具备其中两条或更少，就需要慎重考虑了。

在购买万能险时，建议投资者注意以下三个问题：

· 万能险需要初始费用，一般是 8‰。

· 投保周期较长，未到期退保需要支付百分之几的退保费，收益可能不够覆盖支出。

· 万能险的保障功能很弱，几乎起不到多少保障功能。

万能险比较适合中高收入人群，短期投资者应绕道而行。

（3）投连险

投连险是一种投资型的保险险种，相对于传统寿险产品而言，除了给予生命保障外，其具有很强的投资属性。它会把投保人所缴付的保费按照不同的比例分为两个账户：一般是较少部分保费进入保障账户，用于体现产品的保障功能；其余较多的部分进入投资账户（图 7-7）。

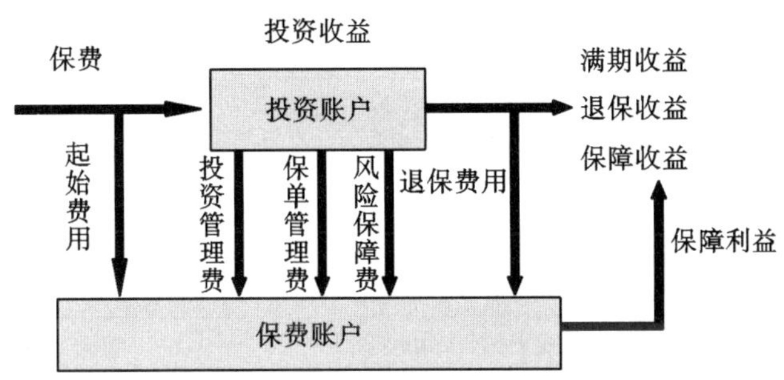


**图 7-7　投连险运作方式**

实际上，也只有投资账户的资金才会产生收益，而投资账户会有一定比例资金投资股市、债券、股票型基金，其投资股票二级市场的比例可以为 100%，可理解为“基金中的基金”（FOF），因此会受到市场涨跌影响，有时候还会大幅波动。

目前，投连险的投资期限一般为 10～30 年，虽然现在开始往短期化方向发展，但投资期限仍然远远长于其他理财产品，而且投连险退保成本除了退保费，还有初始费用、风险保费等损失。

即使在投保期间，投连险还可能收取账户转换费用、保单管理费和买入卖出差价等。所以，建议投资者最好使用闲散资金，购买足额，并做到长期持有，才能弥补各类管理费用的支出。

投连险具有缴费灵活、保额可以自行调整等优势，但需要注意的是，在保障方面采用自然费率（年龄越大，交费越多），如超过 45 岁以后其保障费率会很高，并且不能保证连续自动续保。当发生保险责任理赔后，对应该项的保险责任即行终止，同时投资账户金额将等额减少。

和分红险、万能险相比，投连险在投资部分的资金运作更为透明，各项费用的收取比例分项列明，如保费的结构、用途、价格均一一列出，每月最少一次向投资者公布投资单位价格，每年还会收到年度报告，透明度较高。这些都是有监管硬性要求的，需要每天在保险公司官网对其单位价格信息进行披露（表 7-6）。

**表 7-6　投连险的分类**

| 一级分类 | 二级分类 | 分类标准 | |
|---|---|---|---|
| | | 按权益投资分 | 按投资股票基金比例分 |
| 指数型 | 指数型 | 采取指数化策略 | 指数化策略 |
| 激进型 | 激进型 | 权益配置比例在 70%以上 | 80%以上 |
| 混合型 | 混合激进型 | 权益配置比例在 40%～70% | 50%～80% |
| | 混合保守型 | 权益配置比例在 40%以下 | 20%～50% |
| 债券型 | 增强债券型 | 可投债券型基金，或者少量权益类投资 | 20%以下 |
| | 全债型 | 不投资权益，仅投资于债券和货币市场 | 80%债券 |
| 货币型 | 货币型 | 投资于货币市场比例在 80%以上 | 80%货币市场 |
| 类固定收益型 | 类固定收益型 | 投资范围包括债权计划、不动产计划以及固定收益类信托计划等非标准化资产 | — |

如果仅从概念上看，投连险和万能险有些类似，但两者还是存在很大的差别，包括：

· 投连险不保本、不承诺保底收益。

· 大部分投连险产品，会设立不同投资风格、风险系数的投资账户，如高、中、低三类可供选择，而万能险投资账户不设等级。

值得注意的是，购买投连险的投资者，可以在不同账户中选择所需要的账户进行投资，最后的投资结果同时由保险公司（各个账户的收益率）和投资者（在各个账户间的分配）双方决定，意即投资者可以在这些基金之间选择自己想要的投资组合。

也就是说，两个投资者即使同时购买了同样的投连险，在一段时间后他们的保险权益很可能是不同的，因为客户自己的行为决定了投资账户的收益。

看出窍门了吗？如果金融市场波动比较大，那么投资者可以根据情况调整投连险投资账户，以规避投资风险。简单来说就是：股市好，资金去股票型账户、偏股型账户博取高收益；股市差，资金去货币账户、稳健账户躲避风险。

因此，一旦选择了投连险，就不能做甩手掌柜。但是，换账户并非“无本买卖”，保险公司一般都会规定每年有几次免费账户转换机会，超出部分要收费。

在我看来，这其实是一个悖论。因为很多投资者正是因为缺乏投资股票或基金的经验或精力，才会选择投连险这一专家理财方式，如果投资者具有频繁转换账户赚取高收益的能力，建议还不如直接投资股票或基金。

应该说，投连险是所有保险产品中风险等级最高的产品，形态复杂，绝大多数必须通过保险代理人（经纪人）购买。当然，也有少数保险公司的个别产品，就是为网销专供的，如在京东销售的弘康“小白理财”、腾讯理财通的“光大永明定活保”。虽然都是称为投连险，但实际上这几款产品都是主打余额理财，类似固定收益产品，投资标的相对稳健，收益也基本符合预期（4%~6%），和传统投连险并不一样。

## 2. 养老保障委托管理产品

除了上述三款具有投资属性的保险类产品，其实保险公司也有自己更纯粹一些的产品，只是做投资理财，如越来越火的养老保障委托管理产品。

养老保障委托管理产品，是指根据银保监会规定，由养老保险公司作为管理人，接受政府机关、企事业单位及其他社会组织等团体委托人和个人委托人的委托，为其提供养老保障以及与养老保障相关的资金管理服务而发行的相关金融产品。

简单来说，就是我们可以把钱交给养老保险公司，托付给它们来运作资金，并给予我们非保障的回报，也可以理解为是养老保险公司向个人或机构发售的理财产品（图 7-8）。

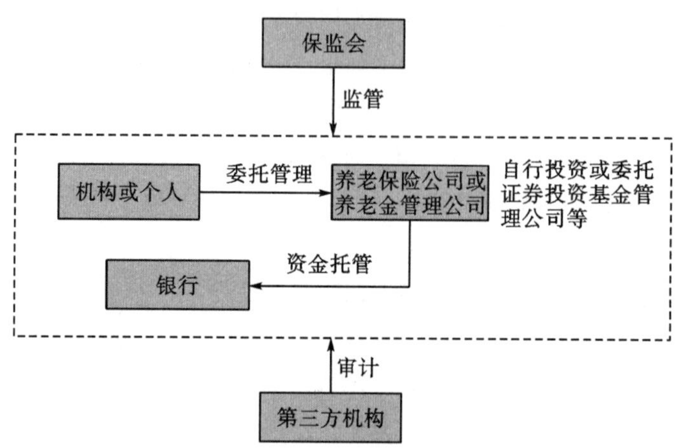


**图 7-8　养老保障委托管理产品**

养老保险公司可以接受机构或或者个人的委托，为其提供养老保障以及养老保障相关的资金管理服务，但和养老保险产品具有保险的性质，都有风险保额不同，养老保障委托管理产品并不具备保险保障的功能，不属于保险产品。

2015 年 7 月，保监会正式颁布了《养老保障管理业务管理办法》，明确了业务规范、投资管理、风险控制、监督审查等方面的规范和要求，安全系数较高。

养老保障委托管理产品分为团体产品和个人产品，我们主要讲跟自己息息相关的后者。按照产品申赎模式，可以分为开放式产品和封闭式产品。

· 开放式产品的基金份额总额不固定，收益随净值波动，投资者可以根据自己的需要进行缴费或领取，类似公募基金。

· 封闭式产品约定了一个固定封闭期间，在 7 天、30 天、180 天甚至 2 年不等，在封闭期内基金份额不得提前申请领取，类似于银行定期理财。

从投资范围来看，养老保障委托管理产品又分为权益型产品、固定收益型产品、货币型产品、另类资产型产品和混合型产品。

· 权益型产品：60% 以上的资产投资于权益类资产。

· 固定收益型产品：80% 以上的资产投资于固定收益类资产。

·货币型产品：80%以上的资产投资于流动性资产。

·另类资产型产品：80%以上的资产投资于不动产、非标资产等其他资产。

·混合型产品：可投资于流动性资产、权益类资产、固收或另类资产，投资比例不受限制。

一般来说，养老保障管理产品投资风险相对较低，几乎不会出现大起大落的情况，属于稳健型的投资产品。不过值得注意的是，在资管新规的要求下，固定收益类理财产品将逐步消失，净值型产品会逐渐占据主导地位。

净值型产品没有预期收益率，而是根据市场实际投资收益来计算，它要把所有投资获得的收益都归还投资者，保险公司仅收取合同约定的管理费。所以，净值型产品属于非保本浮动收益型，不承诺固定收益，但长期持有亏损的风险概率非常低。

从投资标的来说，养老保障委托管理产品预期收益会高于货币基金，但长期运营达到8%+也是不现实的，4%～5%的年化收益率比较靠谱（表7-7）。

**表7-7　养老保障委托管理产品与其他理财工具对比**

<table>
<tr><th colspan="2">理财工具</th><th>收益</th><th>风险</th><th>流动性</th><th>起投门槛</th></tr>
<tr><td colspan="2">货币基金</td><td>3%～5%</td><td>低</td><td>T+1</td><td>0.01</td></tr>
<tr><td colspan="2">银行理财</td><td>3%～6%</td><td>中低、中</td><td>固定期限</td><td>1万元/5万元</td></tr>
<tr><td rowspan="2">券商理财</td><td>报价回购产品</td><td>3%～4%</td><td>低</td><td>多数有固定期限</td><td>1 000元</td></tr>
<tr><td>资产管理计划</td><td>3.8%～6%</td><td>中低</td><td>多数有固定期限</td><td>5万元</td></tr>
<tr><td>保险理财</td><td>养老保障委托管理产品</td><td>3%～5%</td><td>中低</td><td>固定期限或活期</td><td>1 000元</td></tr>
</table>

## 四、银行、券商、保险公司，谁的理财产品更值得买

这个问题没有标准答案，一切的判断，都基于你自身的实际情况和需求，可以采用排除法，首先把那些不适合你的产品剔除掉，如风险太大、期限太

长、门槛过高等的产品。

总体上来说，银行理财不能投资境内二级市场公开交易的股票，或与股票相关的证券投资基金。而券商的集合资金管理计划却可以，因为它在股权类资产投资上具有优势，在收益上会略高于银行理财，但其投资中高风险的资管计划产品，收益差别很大。

银行、券商、保险公司这三类理财工具的安全性都比较高，保险理财长期来看收益率在三者中相对较低一点（但也不明显），如果有避债需求的话可以优先考虑。

从投资研究实力来看，相对银行和保险公司而言，券商的专业性较强，但融资渠道略显单一，因此券商在推出某款产品的时候收益率一般会比其他两者略高一些。

特别是节假日或者年末等时候，券商的资金往往都比较紧张，这期间推出的理财产品收益都不错，年化收益率能达到4%~5%，甚至7%左右。所以，比较适合股票账户里有闲余资金的投资者，利用券商APP做个短期的投资，提高资金的使用效率。

当然，如果这些条件都不适合你，只想做懒人理财，那么银行推出的自营理财产品可以考虑。特别提醒的是，不管是银行、券商还是保险公司，都尽量不要考虑它们推出的结构化理财产品，其所需要的风险承受能力，绝非投资“小白”所能达到。

第八章

# 基金投资，最简单的赚钱工具

如果你不懂股票、不看财务报表、不怕下跌，希望投入较小的精力就能获得长期回报，那么作为投资“小白”一看就懂的稳健投资策略，指数基金不失为一个好的选择。

成本低廉的指数基金，是过去35年以来最能帮投资者赚钱的工具。

——沃伦·巴菲特

过去，我们除了把钱存放在收益率非常低的“储蓄”里，几乎没有其他的投资渠道，只能眼睁睁地看着通货膨胀不断吞噬自己的财富。

但如今，我们面临的问题，已经不再是投资渠道的匮乏，而是太泛滥了，无从下手，而且很多投资渠道险象丛生。例如最近几年，P2P平台爆雷、比特币腰斩……动辄数百亿元以上的金融诈骗案屡屡发生，很多投资者血本无归。那么，有没有一种稳定、长期可靠，并且能够带来令人满意回报的投资产品呢？——基金，就正是这样一个合适的选择。

这样说吧，如果你曾经买过余额宝，那你就算是一个基金投资者了，因为余额宝就是一款货币型基金，它有点像类似活期储蓄随取随用的“现金替代品”。

有人说，买基金有什么意思呀，涨得太慢了，什么时候才能赚到钱？也有人抱怨说：为什么别人都赚翻了，而我买的基金却总是亏钱，最后都割肉卖了呢？你是不是也有过类似经历？其实，即使你没赚到钱，错并不在于基金，而在于你对它并不了解，不知道这些品种繁复的基金到底有什么投资价值，该怎么投资。

但是，作为一种门槛很低的投资方式，基金已经越来越多地融入我们的投资行为之中，可以让我们用很少的钱，就能参与各种丰富的投资。而且，只要掌握了正确的投资方法，通过基金获取合理稳定的收益率并不难。

## 一、基金

基金是一种间接的证券投资方式。基金管理公司通过发行基金，把投资者的资金集中起来，由基金托管人（具有资格的银行）托管，然后交给基金管理人管理和运用资金，投资于股票、债券等金融工具，然后共担风险、分享收益。

简单地说，就是大家把钱集合在一起，交给专业人士，也就是基金经理进行打理，由他们来帮助投资。基金管理公司收取一定的费用，如管理费、申赎费等，扣除这些费用后，不论是赚还是赔，均由投资者承担。

举个例子，买基金有点像下馆子，首先得挑选一家适合自己口味的酒楼，川菜、粤菜、杭帮菜……进入酒楼后再根据菜谱来点菜。在实际投资中，这就类似选择了自己不适合的基金投资品种，亏损的可能性就大大增加。

因此，要选择适合自己的基金，我们就要先了解不同类型基金的收益和风险特征，然后根据自己的风险承受能力和投资目标来进行选择，最后在某一类型的基金里再挑选具体的某一款基金。

相对而言，我们平常接触最多的基金投资产品，就是公募基金。本章介绍的基金，除了特别指明的，均为公募基金①。

### 1. 为什么要买基金

权益类投资，是指投资于股票、股票型基金等权益类资产。相对来说，权益类投资的收益会远高于其他类型的投资产品，所以它已经成为投资理财中不能忽视的重要部分。

但对于初涉投资的“小白”来讲，我不太建议大家贸然冲进股市，赤膊上阵去厮杀，无疑会被作为新韭菜收割。股票投资远不是简单看盘、了解 K 线和 MACD 指标这么容易，并且我极其反对研究图标、曲线、技术分析，但大多数投资股票的人可能连基本的财务报表都看不懂，就杀进去“赚大钱”。这跟赌博毫无二致。

每个投资者都希望收益高一点，投资股市又不能视若无睹，怎么办呢？答案当然是买基金了，而且其性价比还比较高。总体来说，基金投资有如下几个

---

① 公募基金（Public Offering of Fund），是指以公开方式向社会公众投资者募集资金，发行收益凭证，并以证券为投资对象的投资基金。这些基金在法律的严格监管下，有着信息披露、利润分配、运行限制等行业规范。

优势。

（1）更专业

要想真正投资股票，需要不少专业知识和积累，如经济学、会计、财务、数学统计等，还需要对多个特定的行业（如消费品、医药、制造等）有一定深入的研究，难度非常大。基金经理们不仅毕业于国内外名牌大学，而且每天的工作就是研究、分析，天然具有信息和投资研究能力优势，在专业性上必然对散户具有碾压态势。

（2）更分散

我们都知道资产配置的重要性，至少不能把鸡蛋放在一个篮子里，而基金经理们往往都会选择不同行业的数十只股票投资，避免某一只股票大幅下跌甚至破产退市的风险过于集中。而且，对于团队作战的机构来说，他们还会通过投资不同大类资产，包括对冲基金等，实现股票、债券、大宗商品切换，把风险进行有效分散，在同等条件下争取更大的收益。

（3）更省心

专业的事情交给专业的人去做，既保证了效率，让我们从每天揪心的看盘中解放出来，免去了具体的演算、测评、推理等琐碎的投资工作，节省精力做自己想做的事情，如安心工作挣更多的钱投资，或者把生命“浪费”在美好的事物上。打个比方，自己开车需要精神高度集中，坐出租车和打滴滴就不一样了，可以在上车以后看书、聊天、玩手机、打游戏……对，基金也是如此。

（4）更灵活

一般来说，即使基金的某一款产品往往都会募集数十亿元、甚至上百亿元，具有比散户大得多的规模优势，可以不被资金门槛限制，投资渠道更灵活更丰富。例如，通过打新基金可以轻松打到新股，通过定增基金随时可以参与机构才有资格玩的公司股票定增等，买入的价格低自然获胜的概率更大。

当然了，尽管买基金有这么多的好处，但我们还是要明确最重要的一点——要去目的地的人是你自己，所以必须把握主动。随时观察路况，看看车开到哪里了，定期关注市场消息和净值波动。如果这条路太堵，那就果断换一条路线，也未尝不是明智的选择。

## 2. 这几个概念要知道

尽管买基金本质上是专家理财，不用关注每天的涨涨跌跌，估算基金的市盈率曲线，细分基金里持有的各类资产，因为你已经花钱（管理费等）雇了基金经理来管理。但有些关于基金的基本概念，最好还是能够做到心中有数，如怎么理解基金的份额、基金的净值，怎么看待自己的盈亏，还有红利再投资与现金分红的选择，等等。

（1）基金份额

基金份额是指基金发起人向投资者公开发行的，表示持有人按其所持份额对基金财产享有收益分配权、清算后剩余财产取得权和其他相关权利，并承担相应义务的凭证。

简单地说，基金的份额就像股票的多少股，假设每一份基金净值 1 元，你买了 1 万元基金，那么你持有的基金份额就是 1 万份。注意，每次购买基金的金额，都要减去申购费用，然后除以申购当天的净值（每天都在变），才能得到份数。

一般来说，所持有的基金的市值=持有的份额×最新的净值。以上述为例，若干个月以后，一份基金的净值涨到 1.5 元，乘以你持有的 1 万份，得到的结果就是持有金额 15 000 元，如果选择卖出或者赎回，也就是你赚了 5 000 元（忽略申购费用）。

（2）基金净值

基金的净值一般是指单位净值，基金的单位净值即每份基金单位的净资产价值，等于基金的总净资产除以基金的单位份额总数。其计算公式为：基金单位净值=总净资产/基金份额。简单地说，就是每一份额值多少钱。

开放式基金的单位总数每天都不同，必须在当日交易截止后进行统计，并与当日基金资产净值相除，得出当日的单位资产净值，以此作为投资者申购和赎回的依据。

单位基金净值是反映基金绩效表现的一个重要指标，开放式基金的交易价格就是以每基金单位的净值为依据确定的。由于基金所拥有的资产的价值总是随市场的波动而变动，所以基金净值也会不断变化。

还有一个概念叫作“累计基金净值”，是指基金的最新单位净值与基金成立以来的累计分红派息之和，就是基金成立以来所取得的累计收益，可以用累计净值来观察基金在运作期间的历史表现，它属于一个参照值。

举个例子，假设2019年5月5日某一只基金单位净值是1.048 6元，2019年7月派发的现金红利是每份基金单位0.025元，则累计净值=1.048 6+0.025=1.073 6（元）。

（3）现金分红和红利再投资

现金分红好理解，就是将分红以现金的形式返还给你；红利再投资，就是把你应得的分红红利作为本金，转换成基金份额，再次进行投资。红利再投资的基金份额不用缴纳申购费用，而现金分红时代销商（如银行）可能会收取一定的手续费。

尽管现金分红看着挺诱人，但是红利再投资是一种复利增值，收益着眼于未来，也就是“滚雪球”。相比之下，现金分红就是单利增值，收益是确定了的。

究竟选择现金分红还是红利再投资，这要结合你自己的实际情况，并结合市场行情进行选择。如果你想继续投资，看好后市行情，对这只基金也有信心，就选择红利再投资，可以免去申购费，降低投资成本。

还有一种情况可供参考。有的人（如退休后的老人）利用闲钱买一大笔基金，靠每年的分红作为一种收入，可以选择现金分红，因为你赎回基金也要收手续费，选择现金分红就可以免掉了。如果你对市场信心不足，预期分红后基金的净值会下跌，也可以选择现金分红。

### 3. 基金有哪些类型

在了解上述内容后，我们还得知道，目前市场上都有哪些类型的基金。买基金最常见的问题，就是在买之前，不清楚基金背后的东西，只是单纯看到收益不错，就抓紧下手了。这有点像谈恋爱，你都不深入了解对方，仅凭容貌就匆忙结婚，如何做到长久地相濡以沫呢？

（1）按投资策略划分

我们可以按投资策略，也就是基金经理管理基金的不同方法，把基金分为被动基金和主动基金。

被动基金一般指的是指数基金，就好像酒楼提供的菜品搭配，基金经理只要按照指数的规定，直接投资于指数里包含的股票即可，通常也称为“指数基金”。

每个交易所里都有很多股票，而每只股票的价格都在随时变动，波动起伏。而指数就是一个能够及时反映股票市场整体涨跌的参照指标。例如，我们经常听说的沪深300指数，就是挑选了沪深两市里300只股票来编制的指数。其中，指数里的股票被称为指数成分股。

指数基金就好像是指数的影子，它是以某个特定的指数为目标，通过购买指数中的成分股来构建投资组合，通过跟踪指数，力求做到跟指数如影随形。例如博时沪深300指数A，就是参照沪深300指数来进行投资的基金。

基金经理不用在选股这件事情上费脑筋，只要直接投资指数即可。除了沪深300指数，还有各种各样的指数，如上证50指数，选择的就是上交所规模最大、流动性最好、最具代表性的50只以大盘股为主的样本股。其他还有中证500指数、H股指数、恒生指数等。

另外，ETF也是一种在场内（证券交易所）交易的指数基金。但跟其他指数基金不同的是，ETF的交易机制很复杂，需要的资金门槛也较高，基金公司为了让普通投资者也能轻松投资，就复制了ETF的投资组合，推出了EFT联接基金。

和被动基金相反，主动基金就是寻找取得超越市场平均收益业绩表现为目标的一种基金，需要基金经理花费非常多的时间、精力去选股、选债，对证券市场进行深入研究，主动选择股票和债券来确定投资组合。

也正因为主动基金人为操作的因素比被动基金要多，所以选好基金公司、基金经理就十分关键。另外，主动基金需要很多的管理成本（主要是人力），不像被动型基金，把资金募集后按比例投入到相应的股票即可。

（2）按投资地域划分

按投资对象所处的地域，我们还可以把基金分为投资国内证券市场的A股基金和投资国外市场QDII基金（合格境内机构投资者）。简单地说，QDII基金就是经过证监会认可的境内金融投资机构，将我们的钱投资到境外资本市场上去，是一种进行海外资产配置的投资选项，可以较好地分散风险。

（3）按交易场所划分

按基金交易场所，可以将基金分为场内基金和场外基金，这个“场”指的就是证券交易市场。场内基金需要开通股票账户，直接在证券交易市场购买即可。而场外基金不需要开通股票账户也能购买，如在银行柜台等渠道购买。个人建议，如果你刚接触基金，可以先从场外基金开始购买，因为场外基金可供选择的品种丰富，还有起购金额较低等优势。

（4）按投资对象划分

除了上述三种分类，我们按投资对象，还可以将基金分为股票型基金、货币型基金、债券型基金和混合型基金。

一是股票型基金。基金资产不能低于80%的比例投资于股票，称为股票型基金。投资股票的比例很高，自然风险也较其他基金类型较高，但长期收益也最高。

那些价格被低估的股票称为价值股，那些发展前景好、利润增长迅速的股票称为成长股。股祟型基金进一步细分，专注于价值股投资的是价值型股票基金，而专注于成长股投资的是成长型股票基金。还有一种叫作平衡型股票基金，是指一部分投资价值股，一部分投资成长股的基金。

由于投资股票的性质不一样，因此风险也不同。一般来说，价值型股票基金风险最低，平衡型股票基金风险居中，而成长型股票基金的风险最高，但它的长期收益也是最高的。

此外，还有按照行业和主题来区分的股票型基金，如消费行业基金、互联网行业基金、低碳环保主题基金等。还有根据股票规模进行分类的，如大盘基金、中小盘基金等。

二是货币型基金。顾名思义，货币型基金是指投资于风险小的货币市场的基金，一般投资期限在 1 年以下，投资品种主要包括央行票据、同业存款、银行短期存款、国家和企业发行的 1 年以内的短期债券等。这些投资品种可以较好地保障本金的安全，自然风险和长期收益也是最低的。

货币型基金的收益会高于同期的银行活期存款，目前的收益率普遍在年化收益 3%~4%。由于投资的是一年以内的金融产品，货币型基金的变现能力很强，大部分货币型基金都支持当天赎回当天到账。

三是债券型基金。债券就像借钱时打的欠条，借钱的人在欠条上写好什么时候还，利息多少。差异在于，债券是机构为了募集资金而发行的。根据发行机构的不同，又细分为政府债、金融债、企业债等。

债券型基金 80%以上的资产都要投资于债券，剩余的少量资产，可以投资于股票市场。一般来说，债券型基金的长期收益比货币型基金要高。相对于股票型基金，债券型基金的收益较低，但在股市出现剧烈震荡的时候，债券型基金的收益也相对稳定。

四是混合型基金。混合型基金可以同时投资于股票、债券和货币市场等多种金融工具，而且投资比例没有严格限制，非常灵活，基金经理可以根据市场的变化调整投资策略。比如说，当股市上涨，可以加大股票投资力度、降低债券的配置比例；当股市下跌，又可以反向操作，增加债券的投资比例，回避股市的高风险。

混合型基金比股票型基金的风险要低，而且长期收益要高于债券基金。比较适合风险承受能力一般，但又希望在股市上涨中能有所收获的投资者。

综上所述，基金的几种类型及特点详见表 8-1。

**表 8-1　基金的几种类型及特点**

| 名称 | 资产配置特点 | 风险程度 |
| --- | --- | --- |
| 货币基金 | 现金，1 年以内银行存款，1 年以内央行票据 | 低 |
| 债券型基金 | 债券配置比例在 80%以上 | 中低 |
| 股票型基金 | 股票配置比例在 80%以上 | 高 |

表8-1(续)

| 名称 | | 资产配置特点 | 风险程度 |
|---|---|---|---|
| 混合型基金 | 偏债型基金 | 50%～70%债券；20%～40%股票 | 中低 |
| | 偏股型基金 | 50%～70%股票；20%～40%债券 | 高 |
| | 股债平衡型基金 | 股债配置比例约为40%～60% | 中 |
| | 灵活配置型基金 | 没有明确方向，无特定比例 | 中高 |
| 另类投资基金 | | 房地产、石油、黄金、白银等 | 高 |
| FOF 基金 | | 80%以上资产投资到多只基金，比较分散 | 中高 |

上述四种基金，按照风险由低到高的顺序排列为：货币型基金<债券型基金<混合型基金<股票型基金，如图 8-1 所示。大家在投资之前，要先了解不同类型基金的投资风险，再根据自己的风险承受能力和预期收益率来选择。

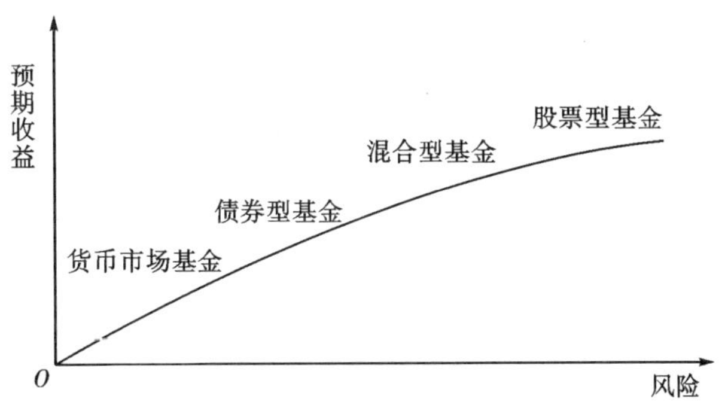


**图 8-1　不同类型基金收益和风险对比**

那该如何辨别基金的类型呢？一般在基金产品的说明书里，都会有“基金类型”的介绍。

另外还有一种更有效的方法，那就是看签署基金合同里“资产配置”一项，根据投资标的所占比例判断所购买这只基金的类型。

例如，一只基金的“资产配置”栏里显示，它的股票占比达到 80%以上，则该基金就是股票型基金。具体划分比例标准可参考表 8-1。

这有什么意义？通过了解基金类型，即可大致知道这只基金的风险水平。

例如，如果你不愿意为了博取高收益而冒太大的风险，那么股债平衡型之后的几类基金最好不要碰了。

### 4. 如何挑选优质基金

基金投资是委托理财，其风险性和收益率的高低，很大程度上取决于最初各种比较之后所挑选的基金的优质与否。主要从以下几个方面入手：

（1）看基金风险

根据前面提到的基金类型，来判断不同基金之间的风险水平，然后再回过头来看一看基金最近 3~5 年收益率的波动幅度，如果起伏太大，超过 50% 的几乎可以排除掉。

（2）看基金收益

任何基金的收益都不是呈水平线爬升的，而是上下波动起伏，可以通过第三方平台，如天天基金网、爱基金等查询基金收益排名，挑选出最近 1 年、2 年、3 年排名靠前的基金，不论是否购买，可首先建立一个属于自己的基金“种子池”。

（3）看基金规模

通常情况下，基金规模越大，赚钱就会越难。募集资金规模为 1 亿~10 亿元最好，30 亿~50 亿元的基金应保持谨慎，超过 100 亿元则尽量避开。

（4）看基金经理

如果把基金投资比喻为一场赛马，除了马、赛道之外，另一个重要的取胜因素在于骑手，也就是负责操盘的基金经理。建议选择从业 3 年以上的老手管理的基金，他们经历过各种跌宕起伏，具有相对丰富的实践经验。另外，务必再参考一下这个基金经理曾经管理过的其他基金的历史收益表现，综合筛选。

通过上述方法逐一分析比较，挑选出若干只优质的基金，然后从中再遴选出 3~4 只基金分散投资即可。记住，不要一次性全仓投资，可以把资金切割成若干份，分批次定期购买。对“小白”来说，最好采用每月定投的方式投资，长期风险更小、收益更靠谱。

### 5. 基金投资的三大纪律

每个投资者都是为了赚取更多的钱而选择投资的，这原本无可厚非。但很多时候，糟糕的心态往往是阻挡我们赚钱的最大障碍。

2005—2015 年，所有的公募基金在过去 11 年时间里，赚钱的概率是 82%，每年的平均收益率为 19.2%，年化收益率约为 16%（其中只有两年的收益为负），能赚到这个市场的平均收益，就已经非常不错了。股神巴菲特的长期回报率约为 21%。

然而，一个残酷的事实是，虽然基金总体上是赚钱的，但 60%以上投资基金的人却是亏损的。为什么会出现这种背离效应呢？——投资心态，在这个过程中扮演了至关重要的角色。如何摆正自己的心态，请遵守如下三大纪律。

（1）要有长期投资的理念

任何市场上，其实都充满了各种各样的风险，没有这个“黑天鹅”，就有那个“灰犀牛”，没有人能够保证今天买入一只基金，明天就一定能够赚钱，即使是风险系数最低的货币基金，也并不是保本产品。

所以，投资任何类型或产品的基金，都会充满不确定性的风险，而风险是需要时间来进行消化的。没有做好长期持续的投资准备和计划，就不要随便买入基金，否则亏损的概率远远大于赚钱的概率。

即使是再有实操经验的基金经理，都难免会出错，而出错所带来的损失是无法通过短期盈利来弥补的。记住，时间是投资最好的朋友。

（2）追求收益的稳健增长

无论是股市，还是基金投资市场上，那些频繁地买进卖出、跟风炒短线的人，几乎最后都被无情地割韭菜，把辛苦挣来的钱亏损掉。

这一类人，几乎都有一个共同点，那就是存在一夜暴富的侥幸心理，期望着今天投入 10 万元，明天就能够赚到 20 万元、30 万元，收益率达到 100%、200%。谁都想躺着把钱赚了，但又有几个通过赚快钱而实现财务自由的人呢？并不是什么钱都能赚到的，关键在于你是否具有与之匹配的能力。换句话说，首先要明确自己能力范围的边界，赚自己能够赚得到的钱，如赚取市场平均收益，切忌想入非非。

（3）寻找功能互补的组合

市场永远是轮动的，有时候价值股涨得好，有时候成长股涨得好，有时候消费股好，有时候周期股好。上涨时满仓持有自然业绩好，下跌回撤时择时而动的要捡便宜。所以，只要有明确风格的基金，一般业绩都不会稳步上升，它会有明显的市场适应度。

你肯定会问：那不如选择一些“单项冠军”？资产组合一节已经讲过了，约91%的成功投资者都不会在单一投资品种上孤注一掷。长期持有一只或少数几只“单项冠军”，业绩波动跌宕起伏，长期收益未能见得一定就好。所以，以合理的方式，寻找各种市场功能互补的“单项冠军”组成一个战队，平衡和对冲各自有可能产生的风险，取胜的概率大得多。

### 6. 买基金，这些费用一定要知道

买基金的时候，很多人对基金的各项费用比较迷糊，甚至有人还认为买基金不需要任何费用，但这些被忽略的费用其实经常会影响我们最后的收益。

通常情况下，一只基金的运作需要基金公司发行，募集投资者的资金，然后交由基金经理具体操作，买入一篮子股票或者债券等，这其中就涉及基金的申购费、赎回费、托管费、管理费、转换费等。

我们在买基金的时候，被直接从账户里扣除的就是申购费、赎回费以及基金的转换费。

前面章节里，我们已经提及关于基金的各种购买渠道，而不同的购买渠道的基金费率会不一样。最常见的基金购买渠道有四类：银行、证券公司、基金公司和第三方代销平台。它们所对应的费率差异较大，下面就具体来说一说。

（1）银行代销

在银行买基金，有点像在线下实体店买东西，因为网点众多，投资者存取款方便。其缺点是投资者办理手续需要往返零售柜台，且每个银行网点代销的

基金公司产品有限，一般以新基金为主。

最重要的是，银行在基金的申赎费用上几乎不打折，往往只按照标价收取申购费。具体费率如下：货币基金没有申购费，债券基金为0.6%~0.8%，股票型基金为1%~1.5%。波动性越大，申购费就越高。

（2）基金公司直销

这个就好理解了，比较像在直营店买东西，因为“没有经销商赚差价”，所以往往会打折优惠。如果对某一只基金不满意，要换为另一只，可以直接转换，而不用重复交申购费，补齐申购费差价即可。

它的优点是可以通过网上交易实现开户、认（申）购、赎回等手续办理，享受交易手续费等优惠，不受时间地点的限制。

缺点是投资者要具备相应设备和上网条件，懂得一定的网络知识和运用能力。此外，基金公司的产品单一，选择较少，投资者要想购买多家基金公司产品，往往需要在多家基金公司办理相关手续，投资管理比较复杂。

（3）证券公司代销

证券公司一般都代销大多数基金公司产品，选择面比较广泛，证券公司的客户经理具有一定的专业投资能力，能够提供一些初步的分析建议，也可以通过证券公司网上交易、电话委托事项基金的各种交易手续办理。投资者的资金存取通过银证转账进行，将证券、基金等多种产品结合在一个账户内管理。它的缺点在于，证券公司的线下网点相比银行柜台少，第一次办理业务需要到证券公司网点。

（4）第三方基金代销平台

除了上述三个买基金的渠道外，我们首选第三方基金代销平台。它的手续费最低，可以优惠到一折起，而且品种更齐全。天天基金、好买基金、天天盈、陆金所等都是目前比较知名的第三方基金代销平台（表8-2）。

**表 8-2　买卖基金的常见费用**

| 费用名称 | 费率 | 收取方式 | 热点 |
| --- | --- | --- | --- |
| 申购/认购费 | 货币基金：0<br>债券基金：0.6%~0.8%<br>股票型基金：1%~1.5% | 根据买入基金金额按比例收取 | 波动性越大，费率越高 |
| 销售服务费 | 一般为0.25%~0.5% | 根据基金总资产计算，在公布净值时已经扣除 | 收取销售服务费的基金（如货币/C类债券）通常不收取申购/赎回费 |
| 管理费 | 由基金管理团队收取。不同的基金，收取的管理费用不同 | 根据基金总资产计算，在公布净值时已经扣除 | |
| 托管费 | 每年为0.1%~0.2% | 根据基金总资产计算，在公布净值时已经扣除 | |
| 赎回费 | 约0.5% | 根据卖出基金数量按比例收取 | 持有时间越长，费率越低 |

资料来源：简七. 好好赚钱［M］. 北京：中信出版社，2018.

一般基金持有原则是坚持中长期投资，持有的时间越长，基金费用就越低，这个政策非常有利于做长期基金定投。就“持有基金不到7日赎回，收取1.5%的赎回费（惩罚性）”来说，短期频繁赎回会在不知不觉中增加你的投资成本，大概率赚不到太多的钱。持有时间越长，反而在赎回费用上有“捡便宜”的机会，因为两年以上可以免费赎回（表8-3）。

**表 8-3　基金的卖出费率**

| 持有期限 | 费率 |
| --- | --- |
| 0≤持有天数<365天 | 0.5% |
| 365天≥持有天数<730天 | 0.25% |
| 持有天数≥730天 | 0% |

费用是基金投资的一大杀手，对我们的收益会有不小的影响。购买基金时，别忘了看看这些基金费用明细，积少成多，小钱也是钱。

## 二、指数基金

我们先来做一个假设，你现在掌握了一个正确的投资策略，可以长期获得15%的年复合收益率，那么你手里的100万元，在50年后，会变成多少钱？约为10.83亿元！

复利计算公式：

$$F=P(1+i)^{n}$$

注：$F$=投资期末资金，$P$=最初本金，$i$=年复合收益率，$n$=投资年限

但是，如果你没有相对应的投资能力，只能把钱投入到年收益率5%的国债中，那么50年后，你手里的100万元仅变成1 100.47万元，是10.83亿元的百分之一。

这就是复利的威力。

而复利的关键在于，如何获取长期稳定的投资收益。看起来，投资工具这么多，到底哪种方法简单可行又有效？

聪明的你可能注意到了，通过复利赚钱有一个最大的前提，那就是必须具备相应的投资能力！这就阻止了绝大多数人实现财务自由的梦想。那有没有“躺着就能把钱给赚了”的投资品？还真有！这就是我们接下来将介绍的一种适合上班族的复利工具——指数基金。

简单来说，基金就像一个篮子，这个篮子里面可以按照预先设定好的原则，装入一些市场上我们看好的资产。例如：

- 装入各种短期债券、短期理财、现金，就是货币基金。
- 装入各种企业债、信用债、国债，就是债券基金。
- 装入各个公司的股票，就是股票基金。
- 装入股票和债券，还有短期理财等，就是混合基金。

如今，股票已经成为长期增值速度最快的资产，这一认知已经得到充分论证。所以如果我们买入股票型基金，也可以获得最快的增值速度。

现在的股票基金太多了，本节重点介绍的是其中的指数基金，这也是股神

巴菲特唯一在公开场合多次推荐的基金品种——指数基金。

早在 1993 年，巴菲特就说：

> 通过定期投资指数基金，一个什么都不懂的业余投资者竟然往往能够战胜绝大部分专业投资者。

2007 年，巴菲特打赌在接下来的 10 年中，如果职业投资人至少选择 5 只对冲基金，那么这个组合会落后于标准普尔 500 指数基金。他选择了一只低成本的先锋 500 指数基金。

随后，在 2002—2007 年取得扣除费用后净回报率高达 95%的对冲基金经理泰德·西德斯接受了赌局，他选定了 5 只对冲基金，预计它们会在 10 年后超过标准普尔 500 指数。

结果在 2015 年，泰德·西德斯提前认输了。最终的结果是，2016 年年底标准普尔 500 指数年化复合收益率 7. 1%，而同期由职业投资人泰德·西德斯挑选的基金组合，收益率只有 2. 2%。2016 年，巴菲特在致股东的信里，披露了 9 年间两者的业绩表现（表 8-4）。

**表 8-4　泰德·西德斯 VS 巴菲特收益对比**

| 泰德·西德斯（职业投资人） | | | | | | 巴菲特 |
|---|---|---|---|---|---|---|
| 年份 | A | B | C | D | E | 标准普尔 500 指数基金 |
| 2008 | -16. 5% | -22. 3% | -21. 3% | -29. 3% | -30. 1% | -37% |
| 2009 | 11. 3% | 14. 5% | 21. 4% | 16. 5% | 16. 8% | 26. 6% |
| 2010 | 5. 9% | 6. 8% | 13. 3% | 4. 9% | 11. 9% | 15. 1% |
| 2011 | -6. 3% | -1. 3% | 5. 9% | -6. 3% | -2. 8% | 2. 1% |
| 2012 | 3. 4% | 9. 6% | 5. 7% | 6. 2% | 9. 1% | 16% |
| 2013 | 10. 5% | 15. 2% | 8. 8% | 14. 2% | 14. 4% | 32. 3% |
| 2014 | 4. 7% | 4% | 18. 9% | 0. 7% | -2. 1% | 13. 6% |
| 2015 | 1. 6% | 2. 5% | 5. 4% | 1. 4% | -5% | 1. 4% |
| 2016 | -2. 9% | 1. 7% | -1. 4% | 2. 5% | 4. 4% | 11. 9% |
| 累计收益 | 8. 7% | 28. 3% | 62. 8% | 2. 9% | 7. 5% | 85. 4% |

2014 年，巴菲特专门立下遗嘱：

如果他过世，托管人将其名下 90%的现金购买指数基金。

为什么巴菲特反复推荐指数基金？到底它是什么，又有什么神奇的魅力？为什么巴菲特说对于普通投资者来说，指数基金是最好的选择？

**附录：**

2019 年 1 月 16 日，先锋集团创始人、前首席执行官，被称为“指数基金教父”的约翰·博格先生去世，享年 89 岁。

1951 年从普林斯顿大学毕业后，博格开始从事投资事业。1974 年，博格断定并不存在能战胜市场指数的基金，开始推行以指数为基准进行投资的原则。1975 年，博格成立了先锋公司，并于次年推出了世界上第一支指数型公司——先锋指数基金。

在指数基金领域，博格的地位如同巴菲特在股票投资领域一样声名显赫。目前，先锋集团不仅是投资领域最受尊敬和最成功的公司之一，也是世界上最大的投资管理公司之一。

## 1. 什么是指数基金

说到指数基金，必须先要搞懂什么是指数。简单来说，指数就是一个选股规则，它的目的是按照某个规则挑选出一篮子股票，并反映出这一篮子股票的平均价格走势。

比如说，在任何一个股票市场里，往往都有上千只股票，如果我们想知道整个市场的变化，整体是涨还是跌，或者某个行业的股票走势，不可能每次都去一一查询所有股票的价格。

有人想出了一个办法，为了集中反映某一类股票的整体表现情况，就从这一类股票之中，选出一些最具有代表性的股票（成分股），通过一定的方法把它们的价格加总成一个总指数。那么，每天这个总指数的变化，就可以基本反映出这一类股票的走势。

打个比方，如果把股市比作一个菜市场，那么股票就是菜市场里叫卖的各种蔬菜瓜果，按照约定的规则，选一些瓜果蔬菜放在一个篮子里做成一个礼盒，这个礼盒就是指数基金。

以沪深300指数为例，它是由上海证券市场和深圳证券市场中选取出300只A股作为样本编制而成的成分股指数。沪深300指数样本覆盖了沪深市场近60%的市值，具有典型的市场代表性。每天，我们只需要看一下沪深300指数，就能知道国内股市规模最大的300只股票，今天整体走势是涨了还是跌了。

这其中有一个指数点数概念。每一个指数都有一个点数，这个点数就是指数背后公司的平均股价。这个点数下跌，就代表指数背后的公司股价整体下跌了；如果点数上涨，就意味着指数背后的公司股价整体上涨了。

长期来看，股市会变得越来越有效，美股如此，A股也是如此，市场越有效，想赚取超额收益就越难。但是，股市长期上涨的趋势是不会改变的，所以指数的点数也是不断上涨的。

因为指数是长期上涨的，所以历史越长，指数的点数就会越高，这就是指数点数的作用和意义。

此外，指数是永续的，成分股虽然有变动，但指数将恒久存在，这将在很大程度上避免本金的永久性损失。除非遭遇市场的系统性风险，指数基金很少会遇到“黑天鹅”。

概括来说，指数基金是一种特殊的股票基金。一般的股票基金，依赖于基金经理的投资水平，基金业绩的好坏主要取决于基金经理的决策能力；而指数基金不一样：它是以某种指数作为模仿对象，按照该指数构成的标准，购买该指数包含的证券市场中全部或部分的证券，目的在于获得与该指数相同的收益水平。所以，指数基金的业绩跟基金经理的关系不大，主要取决于对应指数的表现。这是指数基金跟普通的股票基金最大的不同。

目前，仅国内就有近500只各种各样的指数基金供我们挑选，但是不是都需要我们去了解和洞悉，用以选择其中走势最好的呢？大可不必。一般来说，普通投资者只要了解国内外七八个反映市场走向的大指数即可。

宽基指数主要包括：上证50、沪深300、中证500、创业板、红利、恒生、H股、标准普尔500、纳斯达克100等；行业指数主要有：消费、可选消费、银行、医药、证券、保险等行业指数（表8-5）。

**表8-5　部分主流市场指数**

| 指数 | 构成 | 代表 |
| --- | --- | --- |
| 上证50 | 由上海证券市场上规模最大、流动性最好、最具代表性的50只股票组成 | 上证大盘龙头股 |
| 沪深300 | 按照一定标准，从上海和深圳证券交易所中挑选出最具代表性的300家标杆企业 | A股市场 |
| 中证500 | 扣除沪深300指数内的成分股，对剩余股票按照一定标准，选取符合要求的500只股票组成 | A股中小企业 |
| 深成指数 | 深圳证券交易所具有代表性的40家上市公司的股票 | 深市大盘股 |
| 恒生指数 | 由香港交易所所有上市公司中市值权重较大的50只股票组成 | 港股大盘蓝筹股的代表 |
| 标准普尔500 | 由美国主要交易所中选出的最具代表性的500只股票组成 | 美国股市 |
| 纳斯达克100 | 纳斯达克上市的公司中规模较大的100家非金融性企业，以高科技成长股为主 | 美国高科技小盘股 |

也许有人会质疑说，美国股市相对成熟，巴菲特所推荐的指数基金能够获取不错的收益，但在国内股市却并不一定适用，“橘生淮南则为橘，生于淮北则为枳”。

客观地说，目前国内股市的散户较多，致使市场情绪波动起伏较大，一直有“牛短熊长”的说法。但在这个过程中，基金经理仍然可以捕捉到不少机会，赚取超过平均水平的收益，也就是能够跑赢市场指数。

举个例子，如果你从1993年到2015年，选择任何一个时段开始投资并持有深成指数，也许有些年月里的收益差别非常大，如某一年赚了30%，第二年赔了30%，但是如果能够坚持持有10年、15年、20年，从长期来看绝对不会赔钱。

而且，在此期间，你的最低年化收益率也有近5%，持有10年的话最高可达16.7%。其实这跟买股票类似，只要没在牛市的顶峰买入，长期的年化收益率都会不错。

中证 500 指数，从 2004 年 12 月 31 日至 2019 年 1 月 25 日，从最初的 1 000 点开始，已经涨到 4 318.44 点。图 8-2 为 2007—2015 年中证 500 指数走势。

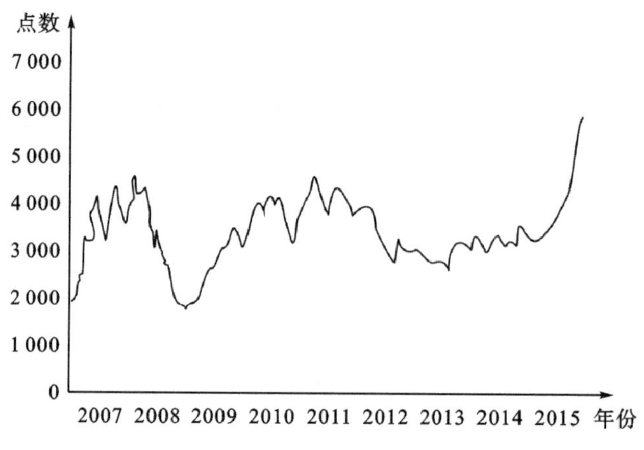


**图 8-2　2007—2015 年中证 500 指数走势**

实际上，在买入指数基金时，我们并非只买一只长期持有，而是应该按照资产配置的原则，通过不同类别的指数基金的组合，不仅可以风险对冲，而且也能获取一个不错的收益。

## 2. 如何挑选指数基金

我们已经了解了指数基金的一些基础知识，但指数基金这么多，不可能闭着眼睛全部去投资，那究竟如何选择适合我们的指数基金，又该怎么去投资呢？这涉及两个问题：买什么和怎么买。

的确，挑选指数基金的重中之重就是选指数。跟踪不同指数的指数基金，其收益差异非常明显。

（1）低估值投资+指数基金

投资指数基金的思路多如牛毛，但我们重点推荐的是来自巴菲特的老师格雷厄姆关于价值投资理念的一种投资方法：低估值投资+指数基金。我认为，这个组合也是最适合普通投资者的方式，特别简单，而且非常有效。

指数基金这个投资品种很适合普通投资者，但它受到股市的影响波动比较大，如果闭着眼睛买入，也是很有可能遭遇短期亏损的。但若是配合低估值投资的思路，在低位时从容投资，这样一来，就会大大降低投资指数基金的风险，而且也能大幅度提升收益。

那么，该如何判断我们要买的指数目前的价格是否合理呢？

格雷厄姆认为买入股票的时点，应该是在股票盈利收益率将达到最高评级债券利率2倍的时候。如果股票盈利收益率下跌到接近债券利率，就应该选择卖出。简单来说，就是用股票盈利收益率和相对安全的债券收益率进行比较。

套用到国内市场，那就是把股票指数的盈利收益率（或者叫作“估值”）和中国10年期国债收益率的2倍进行对比。如果挑选出的指数的盈利收益率大于中国10年期国债收益率的2倍，就买入；反之，则考虑卖出。

问题又来了，10年期国债收益率很容易在网络上查询到，但这个指数的盈利收益率该怎么计算呢？指数基金包括一篮子股票，难道要让我们手动计算几十只股票吗？

当然不用那么麻烦了。要讲清楚盈利收益率，必须要提到股民都很熟知的一个数据，即“市盈率”。这也是任何一只股票最常用的一个估值指标，可以在股票软件或者指数公司官网上查询到。

市盈率=股价÷每股收益

举个例子，如果一个公司的市盈率是15，就代表着我们要为这个公司赚取1元的盈利付出15元。换句话说，这也意味着我们的这一笔投资，从理论上讲需要15年才能收回成本。

天呐，15年才能收回投资？别急，这只是一个参考值。股市的波动起伏非常大，如果你买入的一只低估值（市盈率）股票，后来随着公司盈利收入大幅提升，估值也会跟着水涨船高，迎来“戴维斯双击”，从而推动股价大幅上涨。

盈利收益率是市盈率的变种，也就是约等于市盈率的倒数（1/10=0.1），如市盈率是8，那么盈利收益率就是12.5%。也就是说，这个投资可以每年带给我们12.5%的收益率。通常情况下，盈利收益率越高，代表公司的估值就越低，公司越有可能被低估。

2019 年 1 月 25 日，10 年期国债收益率约为 3.14%，也就是 0.031 4。以上证红利和 50AH 优选两个指数为例（仅做参考，不作为投资推荐）：

上证红利：1 月 25 日的市盈率为 7.19，盈利收益率约等于 0.139 1。

50AH 优选：1 月 25 日的市盈率为 7.95，盈利收益率约等于 0.125 8。

0.139 1/0.031 4>2，那么现在上证红利就是一只被低估的指数，可以买入；如果<1，则不适合投资。

0.125 8/0.031 4>2，那么 50AH 优选也是一只被低估的指数，可以买入；如果<1，则不适合投资。

总体来说，指数选择的重要因素之一就是选取合理低估值的指数，这与价值偏差法的道理一样，简单的逻辑就是：当估值水平处于全市场估值的低位时，资金趋利行为会涌入估值较低的指数，造成指数的上涨，最终市场趋同。

需要注意的是，我们看指数估值时，要将动态估值和静态估值区分开，因为两者的差距非常大。静态市盈率是根据上一个会计年度的盈利计算的，动态市盈率是根据未来一个会计年度的盈利计算的，因此后者的参考价值更大。

（2）选择跟踪误差小的指数基金

在选择了被低估的指数基金后，还要引入另一个权衡的指标，即跟踪指数误差的大小程度。

指数基金的跟踪误差，最能体现基金公司和基金经理的指数基金管理能力。一般来说，跟踪误差越小，证明指数基金的运作越精确。影响指数基金的跟踪误差主要有三个方面的因素：指数调整成分股、投资者申购赎回操作、指数基金经理的管理。

需要提醒的是，选择指数基金，目标并不是跑赢指数，而是要尽可能地完全复制指数，就像对着标准菜谱做菜，力求复制得一模一样。所以，与目标指数越接近、跟踪误差越小就越好。

通常情况下，指数基金都要披露跟踪误差，可以通过查询基金的季报和年报，寻找到相关的数据。类似天天基金、好买基金、蚂蚁聚宝等第三方平台，有时候会单独列出这个指标，对比一下就明白了。

### 3. 怎样买卖指数基金赚钱

历史数据显示，绝大多数指数基金，假如选择在盈利收益率高（估值低）的时候开始定投，长期收益会很可观；在盈利收益率低（高估值）的时候开始定投，长期收益会很一般。

那盈利收益率多高算高，多低算低呢？

格雷厄姆在《证券分析》一书中运用了价值投资法。其中有两个数据可供参考：一是10%，二是6.5%。

当市盈率小于10%，也就是盈利收益率大于10%的时候，开始定投。

格雷厄姆认为，一是盈利收益率要大于10%，二是盈利收益率要大幅高于同期无风险利率。无风险利率可以参考10年期国债收益率，以2019年1月25日为例，约为3.14%。

这两个规则可以简单化，即当指数基金的盈利收益率大于10%，我们就可以选择定投了；如果盈利收益率低于10%，这个指数基金就失去了价值，应该停止定投，只需对已买入的份额继续持有。

当盈利收益率小于6.5%时，分批卖出。

6.5%的数据来自债券基金的平均收益，某种程度上，也可以理解为通常情况下10年期国债收益率的2倍。这个容易理解，如果指数基金的盈利收益率不足6.5%，既然有更加安全、风险更小的债券基金，我们为什么还要持有波动幅度较大的指数基金呢？

所以，投资者应该在指数基金的盈利收益率低于6.5%，或者说市盈率高于16%的时候，分批卖出指数基金，转而选择其他投资品种。

银行螺丝钉①根据国内利率和基金的收益水平，曾经总结出使用盈利收益率来定投指数基金的策略：

- 当盈利收益率大于10%时，分批投资。
- 当盈利收益率小于6.5%时，分批卖出基金。

① 银行螺丝钉，专注于指数基金，雪球“大V”，《指数基金投资指南》作者。

· 盈利收益率小于10%，但大于6.5%时，坚定持有已经买入的基金份额。

进一步说，定投指数基金永远不要止损，只要手里还有闲钱，那么在指数下跌的时候要果断加仓，不断地买买买。那是不是就不用止盈呢？错，定投一定要学会止盈，分步卖出（策略根据上述标准）。

有人曾提出两个问题：一是为什么不全卖了，这样就真的盈利了；二是为什么要卖出，一直持有到牛市高估再卖出收益不是更高吗？

回答如下：

第一，刚刚进入正常估值的指数基金还有上涨的可能，一般来说，指数基金在一个牛熊周期涨幅4~5倍是很正常的，有的甚至更高，如果在盈利20%就全部卖出，不能获取整个牛市的收益。同时，分步卖出有利于降低风险。

第二，对于不成熟的市场来说，巨大的波动性以及政策影响，导致股市总是像坐过山车一样上蹿下跳，如果企图把牛市最顶峰的收益全部吃尽，是不太可能的。

一般来说，盈利收益率在短时间内不会出现太大变化。所以，我们只需要配合定投，查看一下盈利收益率，再根据盈利收益率所处的区间，选择相对应的操作，也就是继续定投、坚定持有还是分步卖出。

本章主要介绍了适合绝大多数普通投资者的指数、指数基金，以及指数基金的基本投资逻辑。接下来，是不是可以拿出一部分余钱，循着前面所讲的买入投资策略，寻找一只有价值的指数基金，开始行动起来？

第九章

# 赢的力量：极简投资法

极简投资就是不考虑市场的涨跌，不跟踪市场，选择能覆盖整个市场的指数基金，投入相同的资金，达到平衡资产的效果，以此来获取稳定的收益。

让问题简单化，是我们投资时应该遵循的原则之一。

——查理·芒格

在前一章节，我们学会了用价值投资的理念挑选和买卖指数基金，就可以按照适合自己的资产配置比例开始进行投资了。

估计还是会有很多人持有疑虑，说基金的价格上下波动很大，如果我把钱投进去了，赚钱还好，如果踩在市场的高点上，一旦踏空亏钱，那就太悲摧了。

统计数据表明，过去 10 多年以来的开放式基金，80%以上都是赚钱的，但大多数基金投资者却是亏损的。为什么？人性。我们的情绪容易被市场影响，风险承受能力偏弱，几乎每次都在重复同样的错误：买在“高岗”上，卖在“断崖”时。

其实，任何市场都充满不确定性，没有谁能够准确地预测和判断未来市场的走势，每一次都做到低买高卖，就像抛硬币一样，正反面的概率都是50%。那么，有没有省心省力的办法，可以大幅度地降低投资的风险，同时不用担心亏钱呢？

基金定投，就是一个不错的选择。

这也是本书重点推荐的策略之一，它适合绝大多数的投资者。因为众多普通投资者，都有自己的本职工作，收入稳定，所以定投就是最适合的策略。

每个月强制性地留存出一定量的资金用于定投，避免乱花钱。同时，定投还可以分散投资风险，避免一次性买入估值过高的指数。一般来说，只要每次定投，遵从了上一章所说的买入与卖出的建议，那么长时间坚持下来，总体就是在低估值的时候买入的。

进一步说，如果基金定投是属于懒人投资的话，那么基金极简投资属于的人群只能用“懒癌”来形容了。极简投资就是不考虑市场的涨跌，不跟踪市场，选择能覆盖整个市场的指数基金，投入相同的资金，从而达到平衡资产的效果，以此来获取稳定的收益，让财富慢慢滚雪球式地增长。

这可能吗？我先来给大家算一笔账。

假设你按照基金定投的方式操作，每个月留存出 5 000 元做定投。第一次入场，基金净值是 1.5 元，你买到约 3 333 的份额。随后市场进入下跌通道，第二次买入时，基金净值跌到 1 元，于是你买到 5 000 的份额。第三次买入时，基金净值跌到 0.5 元，这次 5 000 元买到 10 000 的份额。这三次定投下来，你买入的基金成本是多少呢？

有人会说——1 元呀。一次 1.5 元，一次 1 元，一次 0.5 元，三次平均下来，中间价不就是 1 元吗？

错！我们来认真计算一下，每个月定投 5 000 元，3 次共计 15 000 元的总成本，而三次买到的份额总共是 3 333+5 000+10 000=18 333，两者相除，得到的每份额成本为 0.818 元。也就是说，不需要等到基金回到三次净值的中间价 1 元，只要回到 0.818 元时，我们就已经不亏损了。如果回到你以为的中间成本价 1 元时，我们实际上已经赚到约 22%了。

是不是有点吃惊？这就是基金定投的威力。它在市场高歌猛进，基金净值越高时，我们买到的份额就越少；它在市场持续下滑，基金净值越低时，我们买到的份额就越多。这样就帮助投资者战胜了人性，实现了高点少买、避免追高，低点多买、拉低成本的效果（表 9-1）。

**表 9-1　基金定投成本测算**

| 定投次数 | 定投金额 | 基金净值 | 买入份额 |
| --- | --- | --- | --- |
| 第一次 | 5 000 元 | 1.5 元 | 约 3 333 份 |
| 第二次 | 5 000 元 | 1 元 | 5 000 份 |
| 第三次 | 5 000 元 | 0.5 元 | 10 000 份 |
| 共计金额 | 15 000 元 | | |
| 共计份额 | 18 333 份 | | |
| 基金成本 | 0.818 元 | | |

## 一、基金定投

所谓基金定投，就是指在固定的时间以固定的金额（如 1 000 元），购买某一只指定的基金（如沪深 300 指数），类似于银行的零存整取方式。简而言之，定投就是定额定时买基金。

例如，每个月我们发工资的时间都是相对固定的，在第二天拿出部分金额（建议工资收入的 15%~20%）去投资某一只基金。这其实已经不是一个新鲜事物了，几乎每个人都参与过定投，最典型的例子就是社保。

由于基金“定额定投”起点低、方便简单，所以它也被称为“小额投资计划”或“懒人理财”。我们来简单算一笔账，就会知道定投的收益非常惊人（如图 9-1 所示）。

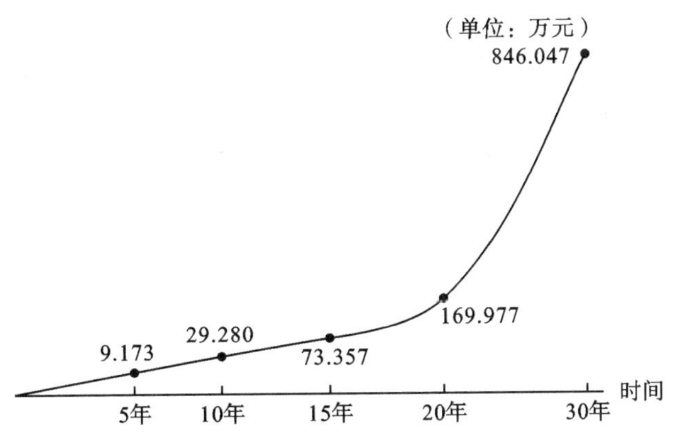


**图 9-1　每月 1 000 元定投基金回报**

注：1. 按每年 15.8%的复利计算。

2. 计算结果保留到小数点后三位。

这个“滚雪球”式的复利收益，看着就让人眼馋。但在开始基金定投之前，需要做好两个准备：

第一，调整好心态和预期。定投基金是较长期的投资，短期的效果不明显，而且极有可能亏损。一旦选择了定投，就要有长期作战的信念。另外，从收益来说，定投也无法赚取远超市场的超额收益，只能获取市场的平均收益。因此，如果你试图急功近利，或者想短线投资赚大钱，那定投这种方式并不适合你。

第二，确保持续投入现金。一般来说，基金定投的时间跨度较长，在长达数年、十多年的投资过程中，我们需要不断地持续投入资金，现金流充足很重要，这也是定投计划的根本保障。

### 1. 定投基金的好处

定投是一种投资方法，它所对应的是一次性投资的概念。相比之下，它能给我们带来哪些好处呢？

（1）进入投资门槛低

对许多投资“小白”来说，他们总以为投资理财不仅门槛高而且还很复杂。其实并不尽然，基金定投就是门槛低且收益稳健的代表。为什么呢？大多数指数基金都只要几百元就可以开始定投了，分批次小额投入，每一笔成本有高有低，长期下来买入成本就被平摊了。

相对而言，比起银行理财的 5 万元门槛、房地产投资的数十万元首付，定投指数基金的门槛要低很多。而且，它还能提供更好的长期收益。

（2）养成储蓄习惯

每个月存点钱并不难，难的是坚持几年甚至十多年。对刚工作的年轻人，尤其是月光族来说，基金定投还有一个非常好的属性是强制储蓄。每个月到了事先约定的扣款日期，总要拿出点钱来放进去，积少成多，帮助自己不知不觉地攒下第一桶金。同时，这种方式也培养了良好的理财习惯，基金定投最适合的就是用作养老金、子女教育金等长远支出金。

另外，每个人可能每隔一段时间都会有一些闲散资金，通过定期定额基金投资计划所进行的投资增值可以“聚沙成塔”，成为后来财富大厦建造的牢固地基。

（3）避免选错买卖点

每个人都想低买高卖，但事实上没有谁能够准确地预测市场走势。大多数人在基金投资上亏钱，往往都是承受不了剧烈的波动性，最后买在“高岗”上，卖在“断崖”时。

定投对投资时机的选择要求不高，可以避免选错买卖点。每个月只需要在固定的时间去投资即可，并不需要我们费心劳神地选择买入时间点，甚至可以做好定投计划自动执行（限场外）。

在股市里，一旦投资者看好哪几只股票，基本都是直接半仓以上杀入。这对于缺乏投资经验的“小白”来说是相当危险的，即使对于股市老手也是如此。想一想，2018 年上证综指从 3 500 多点跌落到 2 300 多点，有多少人被深深地套在旋涡之中呢？

由于基金定投分批入市，且具有定额投资的特性，注定其不会出现长期高额持仓成本的现象，从而大大减少了被深套的风险。

举例来说，当“情绪化”的股市价格在短期内呈现“断崖式”下跌，最终缓慢回升为高位的时候，收益率会比单一的下跌或者回升阶段更高，但无论何时选择入市时机，在长期的定投下通过降低单位持仓成本，只要股市最终回归正常价值点或者高峰点，之前定投厚积的份额就能为你带来丰厚的回报。而无论是经济还是股市状况，总体向上的趋势是大概率事件。

（4）波动越大，收益越高

绝大多数在股市里折腾的人，都天性地喜欢追涨杀跌、随波逐流，容易对各类消息过度反应，通常连续几个跌停板后心疼割肉卖出了。但选择了基金定投的方式，那么无论是价格上涨还是下跌，你都会心中暗喜，上涨了自然好，下跌了就会买入更多的份额，只要成本不断被拉低，等市场回暖后就可以再赚它一笔。

比如说，第一个月从 30 元涨到 60 元，2 个月后又跌到 15 元，然后才涨回 30 元，这一跌一涨之间，短短的 4 个月时间就实现了 12.5%，即年化约 42% 的收益。而实际数据中股市的波动更小，2007—2009 年定投的年化收益率为 5.38%，2007—2014 年的年化收益为 9.6%（不含货币时间价值）。

另外，在市场波动起伏过程中，如果发现了更好的投资标的，自己可以根据盈亏情况选择继续定投或者退出改投，也就是迅速调整投资组合。

一个明显的优势的是，定投可以不受到主观情绪的影响。许多情况下，伴随着股市的整体下跌，当指数基金进入低估的时候，也正是市场处于长时间熊市的时候，面对下跌，我们应该做到克服人性的弱点，坚持投资，定投可以帮助我们养成这种纪律性。

## 2. 定投的微笑曲线

基金定投是一种很简单有效的投资方式，如果配合指数基金，在时间的催化下，能够收获不错的收益。

我们都知道，市场永远是跌宕起伏、涨涨跌跌的，尤其是国内的 A 股市场，因为散户占据了 80% 的数量，基本上就是一个长期震荡、偶尔爆发的市场，所谓的“牛短熊长”。2005—2018 年，有两个大高点，数个小高点，以及超级多的曲折波浪线。

在不同的高点之间，大致能描绘出一条下凹的曲线，像一个微笑的嘴巴，这就是很多人都听说过的定投“微笑曲线”（图 9-2）。

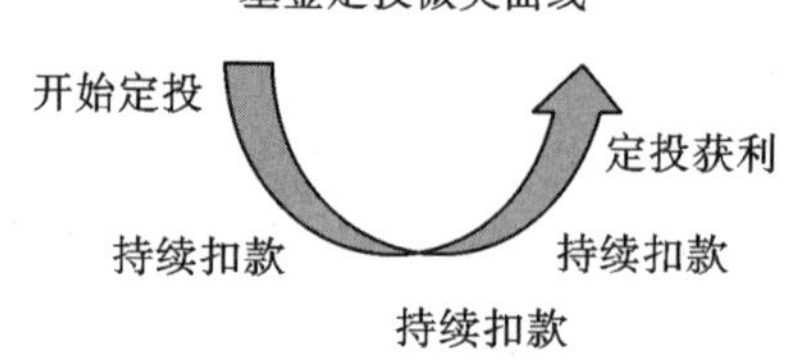


**图 9-2　定投“微笑曲线”**

开始→亏损→收益→最终收获。

一般来说，定投在前期都是要面临小幅亏损的状况，在基金净值下降的同时积累更多的份额，最后才能摊薄成本获取收益。如果市场从中高点开始走出一波先下跌后回升的行情，就构成了我们所说的“微笑曲线”。这个时候，也是最考虑投资者心态和耐性的，很多亏损的投资者因为承受不了风险而选择忍痛割肉。

但实际上，投资者如果一直坚持按照最初的计划进行投资、扣款，那么在市场缓慢跌到低谷时，就将可以较低的成本获取更多份额，摊薄成本；当市场开始上涨时，就将能够获得盈利。

为了更加简明直观，我们截取三段微笑曲线来进行分析。这个过程中，我们选择以每个月定投的方式，并忽略了其间产生的交易费用，对比定投和一次性投资的收益情况（图 9-3）。

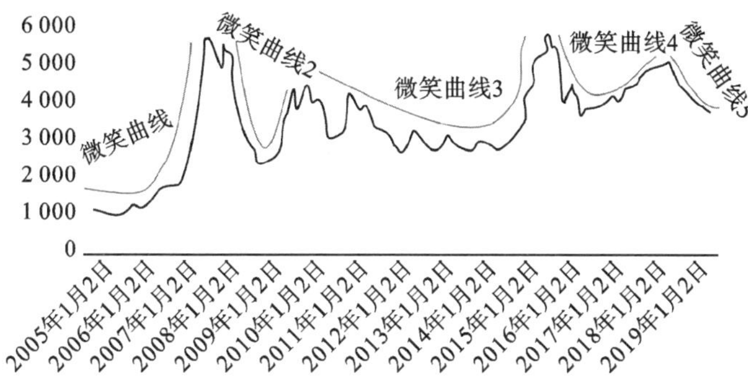


**图 9-3　2005 年以来沪深 300 指数五段定投微笑曲线**

第一段“微笑曲线”。2005 年 4 月至 2007 年 10 月两年多时间里，市场整体上涨。沪深 300 指数从 1 003 点暴涨至 5 008 点，区间涨跌幅为+486%，一次性投入年化收益率为 101. 48%，定投年化收益率为 78. 34%（表 9-2）。

**表 9-2　2005—2007 年定投“微笑曲线”**

| 投资方式 | 期数 | 总收益率 | 年化收益率 |
|---|---|---|---|
| 定投 | 31 | 330. 52% | 78. 34% |
| 一次性投入 | — | 485. 7% | 101. 48% |

第二段“微笑曲线”。2007 年 10 月至 2009 年 7 月近 2 年时间里，市场整体下跌。沪深 300 指数从 5 008 点暴跌至 3 735 点，区间涨跌幅为-36%，一次性投入年化收益率为-22. 36%，定投年化收益率为 15. 69%（表 9-3）。

**表 9-3　2007—2009 年定投"微笑曲线"**

| 投资方式 | 期数 | 总收益率 | 年化收益率 |
|---|---|---|---|
| 定投 | 22 | 29.83% | 15.69% |
| 一次性投入 | — | -36.46% | -22.36% |

第三段"微笑曲线"。2009 年 7 月至 2015 年 1 月 4 年多时间里，市场整体状况波澜不惊。沪深 300 指数从 3 735 点暴跌至 3 642 点，区间涨跌幅为-2%，一次性投入年化收益率为-2.49%，定投年化收益率为 6.05%（表 9-4）。

**表 9-4　2009—2015 年定投"微笑曲线"**

| 投资方式 | 期数 | 总收益率 | 年化收益率 |
|---|---|---|---|
| 定投 | 66 | 37.63% | 6.05% |
| 一次性投入 | — | -2.49% | -0.46% |

事实上，以上几个微笑曲线的例子，恰恰是 A 股非常真实的写照：牛熊交替、牛短熊长。而且一个周期的时间跨度要两三年，上述截取的第三段微笑曲线更是从 2008 年金融危机后到 2015 年才走完，非常需要耐心。

这也是为什么定投的最佳时间为 3～5 年，这样才能大概率地覆盖完一个周期。

仅从这三段微笑曲线的对比，我们就能很清晰地发现，在整体市场上涨时期，采用定投的收益率比一次性投入所获取的收益率低约 25%；在整个市场进入下跌通道，或者持续震荡的时期，都明显会比一次性投入获得收益率要高，而国内 A 股市场绝大多数时候，都是震荡市场。

摊薄成本、平滑风险，这是基金定投最大的优势。此外，它还会帮助我们建立一个良好的心态——亏损并不可怕。相反，在后续的定投中能够利用低谷和下跌行情收集更多的筹码，一旦市场出现快速上涨（可能迟到，但从不缺席），所获得的收益将是非常丰厚的。时间是投资最好的朋友，也是熨平波动最好的工具。

### 3. 定投的时间要多长

总体上来说，基金定投是家庭资产组合配置中经常采用的一种方式，基本上属于“标配”。由于定投原理并不复杂，操作方便，还能够强制性地养成存钱的习惯，只要坚持定投，长期看来都能获得股票市场的平均收益率，如果稍微掌握其中的一些技巧，在下行阶段持续买入，在大幅上涨后停止定投，最后获取的收益将远超预期。

基金定投是一个长期持续的过程，其要穿越牛熊周期，短则三五年，如果下行通道较长，则需要六七年。甚至有各种基金公司在做广告宣传时，一再强调每个月只需要投入数百元，坚持定投 20 年，就可以获得一大笔财富，更有甚者说要作为未来的养老钱进行投资。

听着好像挺诱人，但你可能会有疑问，定投时间真的越长越好吗？到底多长时间最好呢？我们要明白，定投的目的是均摊成本。比如说，你定投了 10 年，每个月定投 1 000 元。那接下来的 1 000 元，就只是总投资的 1/121 而已。即使你最后的这 1 000 元买在了最低点，能起到的均摊成本的作用也很小。

进一步说，由于定投是分批入场，分散了一次性投资的风险，所以，没有必要在投资前选择“黄道节日”（择时）。同样的道理，你的第一笔 1 000 元投资点位的高低，对今后总收益的影响也非常小。我们要找的，其实是一个相对较低的区域而已。

总体来说，要回答这个问题，还是要看定投的周期是否跨越了“微笑曲线”。

（1）历史数据

我们都知道，定投能赚钱的关键在于越跌越买，获取更多的基金单位份额，在于穿越微笑曲线。微笑曲线一般是一段弧线，在市场的下行期间越跌越买，等到行情反弹到一个比较高的位置，就意味着赚取了不小的收益。

从 1990 年以来，A 股市场差不多近 30 年的历史，大体上有 6 条典型的大微笑曲线，也就是经历了 6 轮微笑曲线周期。最短的曲线也有 3 年时间。

第 1 轮周期：1990 年，A 股市场从 100 点的基准点起，一路走高，一直走到阶段性高位。

这轮周期具有特殊性，不能算是严格意义上的微笑曲线，但的确是一轮公认的牛市，从 100 点一直涨到 1 500 点左右，足足上涨了 14 倍。到 1992 年，这轮牛市用了差不多 3 年时间。

第 2 轮周期：1993 年，A 股市场从 1 500 点高位，逐渐跌到 360 点附近，跌去了 1 140 点，几乎可以称为“断崖式”下跌，但没隔多久就开始触底反弹。

这轮反弹一直持续到 1997 年 5 月，A 股市场重新站上 1 500 点，这是一个相当完美的微笑曲线，也是严格意义上的定投周期，非常合适。

这一轮周期为 4 年多时间，涨幅有 3 倍多。

第 3 轮周期：从 1997 年 5 月开始，市场一直震荡下跌。但随着宏观经济的企稳，股市走出了一波小牛市，尤其是网络概念股票爆发，推动指数一路上扬。反复震荡了 4 年多，一直到 2001 年 6 月，A 股市场上涨到 2 242 点附近，指数涨幅实现翻倍，达到一个此前从未有过的新的高位。

这一轮周期约 4 年，涨幅为 1 倍多。

第 4 轮周期：2001 年以后，A 股市场踩上了“滑雪橇”，进入长长的下行通道。这一轮跌幅超过了 50%，惨不忍睹。

2005 年 7 月，A 股市场“雪崩”直接从山崖掉下，跌到 1 000 点附近。但也由此开始，开启了未来几年波澜壮阔的牛市行情。2007 年势不可当地冲上 6 000 点，直接引爆了整个市场。

这一轮周期约为 6 年 4 个月，持续时间长，波动幅度大。

第 5 轮周期：2007 年大牛市之后，股市一地鸡毛。刚好又时逢 2008 年全球经济危机，经济疲软，直到 4 万亿元的重磅刺激之后，经济开始回暖好转，从而带动股市复苏，指数不断上升。一直持续到 2009 年 8 月，达到 3 400 点的高位。

这一轮周期持续时间近 2 年，涨幅 1 倍多。

第 6 轮周期：2009 年 8 月后，指数一路震荡下跌。2012 年跌破 2 000 点，捂了近 3 年多时间，股市才开始回升，在 2015 年 5 月一度冲到 5 000 点上方位置。

这一轮周期从 2014 年开始蠢蠢欲动，持续了近 5 年时间。

从以上 6 轮周期来看，持续时间最长的为 6 年多，最短的近 2 年时间，都呈现出完整的微笑曲线轨迹。定投既然要穿越牛熊周期，微笑曲线就是买入持有，这 6 轮周期实际上就提供和印证了一个很好的参考。

只要你能坚持不懈地定投，选的标的参照价值投资的基本面，并能持续下去，赚钱的概率几乎就是 90%以上。

我们再以博时沪深 300 指数 A 为例，做一个简单的回报测算。假设从 2010 年 9 月开始，每个月定投 1 000 元，采用红利再投资方式。6 年下来，累计收益达到 45. 46%，刚开始前 2 年都是在亏损，但亏损的范围在逐步缩减。所以在熊市时，定投成本比较低，持续定投，更能获得较好效果。

定投虽然去掉了择时，但仍然会受到行情波动的影响，所以如果你在单边行情下跌后承受不了暂时亏损，而选择忍痛卖出，那么就会把此前好不容易积累到的收益全部消耗掉，并造成了真正的永久性的损失。

同样以博时沪深 300 指数 A 为例，截至 2015 年 5 月，累计收益率达到 84. 33%。如果我们一直持续投资到 2017 年 1 月，经过 2015 年暴跌之后，累积收益率只有 42. 75%（表 9-5）。

**表 9-5　博时沪深 300 指数 A 基金每月定投 1 000 元**

| 起始时间 | 结束时间 | 定投时长 | 总收益(%) | 年化收益(%) |
|---|---|---|---|---|
| 2012 年 1 月 1 日 | 2012 年 12 月 31 日 | 1 年 | 4. 87 | 4. 87 |
| 2012 年 1 月 1 日 | 2013 年 12 月 31 日 | 2 年 | -2. 98 | -1. 5 |
| 2012 年 1 月 1 日 | 2014 年 12 月 31 日 | 3 年 | 53. 53 | 15. 36 |
| 2012 年 1 月 1 日 | 2015 年 12 月 31 日 | 4 年 | 62. 99 | 12. 99 |
| 2012 年 1 月 1 日 | 2016 年 12 月 31 日 | 5 年 | 46. 66 | 7. 96 |
| 2012 年 1 月 1 日 | 2017 年 12 月 31 日 | 6 年 | 74. 13 | 9. 68 |
| 2012 年 1 月 1 日 | 2018 年 6 月 30 日 | 6. 5 年 | 51. 75 | 6. 63 |

所以，这个结果也再次佐证，定投的收益并不是像很多人说的时间越长越好。

（2）定投多久才合适

我们不妨以中证 500 指数来进行市场复盘（表 9-6）。

**表 9-6　中证 500 指数不同的定投时间与收益对比**

| 标的 | 中证 500 指数 | | | | |
|---|---|---|---|---|---|
| | 时间 | 开始盈利时间 | 牛市止盈时间 | 年化收益率（%） | 累计收益率（%） |
| 第一轮 | 2009 年 9 月 25 日—2010 年 11 月 5 日 | 1 个月 | 1 年 1 个月 | 18.61 | 18.61 |
| 第二轮 | 2011 年 11 月 4 日—2015 年 6 月 5 日 | 2 年 9 个月 | 4 年 2 个月 | 41.18 | 162.18 |

从第一轮定投来看，由于整个市场处于单边上涨过程中，1 个月就开始盈利了，盈利达到 2.35%，一年之后牛市止盈收益率达到了 18.61%。

而实际上，中证 500 指数从 2008 年 1 月高点 5 376 点开始，9 个月后跌落到 1 562 点，收益率达到底部为-40%多。然后从 2009 年 3 月开始反转盈利，而我们选取的中证 500 指数基金，正好是在 2009 年股市上升时期开始定投，一个月后就取得了盈利。因此定投的时间点很重要。

再来看第二轮定投，中证 500 指数从 2011 年 11 月的相对高点开始，在 2012 年 8 月达到 3 139 点，收益率底部为-26.39%。2 年 9 个月后开始盈利，在 2015 年 6 月达到 11 144 点，如果选择此时卖出止盈，年化收益率可以高达 41.18%，持续耐心终于等到了右上方转向上扬的微笑曲线。

因此，定投多久的时间才合适，几乎没有准确的答案，一般三四年基本可以实现盈利，平均 3 年多时间。当然，实际盈利情况还要看开始定投的股市整体位置，是在大幅度上升的高位，还是持续下滑的低点。

如果进入时机刚好处于上涨行情，盈利会很快，如果是震荡期行情，还得看波动的宽窄幅度，起伏大就可以实现赢利，幅度小就可能不亏不赢；如果处于熊市慢途阶段，股市一路下跌，就会一直亏损，需要坚持定投，耐心等待微笑曲线的到来，可能是 3 年、5 年，甚至更长时间。

基金定投赚钱的概率在90%以上，只是要做好充分的思想准备打“持久战”，在定投过程中可能遭遇-20%以上，甚至-30%以上的亏损。如果要把暂时性的波动损失变为盈利，就需要持续定投，不断积累更多的份额，坚持穿越完整的微笑曲线，耐心等待牛市的重新来临。

### 4. 基金定投是否要止盈止损

通过上面的分析，我们知道定投的收益率并不是越长越好，而是有着明显的波动。我们也反复强调，基金定投最好是能经历一个完整的牛熊周期，也就是穿越微笑曲线，3~4年或者5~6年，这样才能最大限度地分摊成本、平滑风险，同时能够确保最后大幅度的获利。

实际上，这种方式也有一个重要的前提，就是所选择的这只基金本身没有问题。如果在投资过程中，发现持有的基金在市场大涨时，它的涨幅远远低于其他同类基金，甚至还会不升反跌，长期来看充满了太多不确定性，那么可以考虑选择其他基金来进行替代，重新进行资产配置，及时止损。

当然，如果你刚开始投资，每天一看账户上都是浮亏的，且价格一时半会儿在低位涨不上去，就选择把它卖掉，等市场反弹进入微笑曲线的右侧区域，你就只能悔青了肠子。

如果是选择中期定投的话，平均成本会随着进入时机的不同而差异较大。例如，在市场低谷时进入的平均成本最小，上涨行情时进入的平均成本最高，下跌通道时进入的平均成本居中偏小。

但我们一再强调，对于穿越一个周期的长线定投来说，不用太多去考虑进入时机，影响收益的主要因素是退出时机：在定投时坚持投资纪律不能轻易退出，但当收益率已达到或者接近预期目标时，应理性地果断止盈落袋为安。

当然，正如并非所有人都能买在低点，你也不太可能卖在最高点，最好是在微笑曲线结束时适可而止，分批次卖出及时止盈。如果一旦错过了这个止盈的节点，就很有可能回撤，甚至一路下滑。但这种时候，我们也很容易犯下炒股时“追涨杀跌”的错误，很多人看到市场涨幅好都不愿赎回，或者看到赎回后基金继续上涨而捶胸顿足。

我们不妨以富国沪深 300 增强指数基金为例，每月定投 1 000 元：

从 2014 年 8 月开始直至 2015 年 6 月，指数一直呈现快速上涨的趋势。在 2015 年 6 月 8 日达到了股市触顶，如果在这之前选择卖出，收益率能够达到 109%。但如果此时选择继续持有，后期股市波动异常，收益率将会降至 30%。

所以，在实际的基金定投操作中，我们不能以结婚的方式抱着一只基金不肯撒手，而是要理性地遵循定投的定律——及时止盈，及时落袋为安。那么，基金定投应该如何止盈呢？

（1）确定收益目标

一般来说，我们建议在选择基金定投之前，要根据自己的资产组合配置和基金的品种，以及所处市场整体环境设定一个收益目标，如 20%、40%等，一旦达到收益目标后便开始分批卖出或赎回，然后重新进行基金定投组合。切记，追涨杀跌是导致最后亏损的陷阱，务必抵抗住贪婪的人性。

（2）指数点位法

指数点位法是一个相对可操作性比较强的方法，我们可以通过对指数的估算，如 A 股市场 3 500 点被认为是大盘的价值中枢，经过一段时间的份额累积，可以在 4 000 点位置以上逐渐减少定投，并开始分批卖出或赎回，指数越涨卖出越多。

当然，在实际投资的过程中，这两种方法可以相互结合，把收益收入囊中及时撤离，而不至于被动地陷入新一轮的定投。记住，基金定投的黄金法则，是止盈不止损。

### 5. 定投金额和频率如何选择

在我们充分了解了定投的核心原理之后，接下来就简单多了。具体到定投的时候，有两个因素需要先确定下来：一是定投的金额，二是定投的频率。

（1）定投金额多少合适

这个问题因人而异。指数基金投资一轮周期大约需要 3 年以上，当然这是一个平均值，但我们要为此做好打“持久战”的思想准备，明确知道定投的钱一定要是“长钱”，这样才有充分的时间来穿越微笑曲线。

如果定投的钱是希望作为未来的养老金，或者子女教育金的储备，那么可以根据需求，预计每年8%~10%的投资回报率（预留空间），测算出从现在开始，每期需要拿多少钱做定投，才能够在约定的时间实现财务目标。

如果定投的钱在这3年里会用到，那就会在很大程度上影响我们的投资。所以，定投的金额不一定要大，合适最好，不能因此影响到自己的日常生活开支，导致后期由于生活所需被迫卖出。

具体到每个投资者，每个月能拿出多少钱来进行投资，取决于每个月能剩下多少钱，毕竟每个人的收入和开支都是不尽相同的。

一般情况下，我们建议刚开始定投的时候，以每个月工资收入的5%~10%为宜，其余的钱留出一部分作为备用金，以做救济之用。当然，在投资过程中，可以根据收入的变化和收益的积累情况随时进行调整。

实际上，用每个月收入来定投比较简单，这也是最轻松的定时定额法。但如果要将指数的变化纳入考虑，则可以用下列公式进行调整：

计划定投金额×期初指标数据/当前指标数据=投资金额

举例来说，如果计划每期定投1 000元，开始定投时综合指数为2 500点，过了几个月后指数上升到3 500点，那么定投金额可以变化为：1 000元×2 500点/3 500点≈714元。这个公式的目的，就是随着市场行情的上涨买得越少，从而控制风险。

对于已经有一笔闲钱打算进行投资，也就是存量资金的处理，比每个月拿到工资定投要相对复杂一些。在思路上，可以将拟定投的存量资金划分成$N$份，投完之后再转成每个月收入继续定投。例如，将10万元分成10个月定投，每个月投10 000元，从第11个月起转为工资收入接棒，每月定投1 000元。

（2）定投频率多久合适

定投频率花样繁多，有的按每天、有的按每周、有的按每月，还有的随心所欲。不过每天投入太频繁了，一般都会选择按周或者按月。

也许你会说，不是分批次投入能分散风险吗？那我就每周都投入一笔钱，分散风险的作用是不是比每月定投强呢？

我们以上证红利、中证红利和基本面 50 这 3 只指数基金，来测算一下按周定投和按月定投的收益率差距（注意，这不是定投收益率，是“按周定投”和“按月定投”的收益之间的差距。见表 9-7）。

**表 9-7 “按周定投”和“按月定投”之间的收益差距** 单位：%

| 定投时长 | 上证红利收益差距 | 中证红利收益差距 | 基本面 50 收益差距 |
|---|---|---|---|
| 定投 3 年 | 6.8 | 4.2 | 3.7 |
| 定投 5 年 | 0.32 | 0.2 | 0.02 |
| 定投 7 年 | 0.19 | 0.3 | 0.03 |

从表 9-7 中可以看出，如果定投时间越短，选择按周定投和按月定投的收益差距就会越大；但如果定投时间拉长，两者之间的差距就会缩小。所以，从收益的角度来看，定投的频率对最终的收益影响不大。

所以，在我们推荐的长期定投中，投资频率的长短与实际投资效果相关性不大，对此不用太纠结。相反，如果投资周期缩短，可能导致操作频繁，从而耗费更多的费用和时间。

但在实际定投过程中，有两种情况可以把握一下。

（1）牛市降低定投频率

2006 年 8 月至 2007 年 10 月，A 股市场经历了大幅上涨的牛市行情。如果在这个时间段内每月定投 800 元购买了鹏华中国 50 混合基金，最终基金份额为 4 955 份，而采用每周投入 200 元的方式，最终基金份额为 4 853 份。

所以在牛市阶段，选择按月定投的方式分摊成本的效果更好。如果市场处于慢牛缓升的状态，可以选择按月定投的频率即可。

（2）熊市提高定投频率

2007 年 11 月至 2008 年 11 月，A 股市场经历了一波“跌跌不休”的熊市。如果在这个时间段内每月投入 800 元购买鹏华中国 50 基金，最终基金份额为 3 246 份，而采用每周投入 200 元的方式，最终基金份额为 3 308 份。

所以在熊市阶段，提高投资频率，效果会更好一些。

任何情况下，我们都应该知道，最后决定定投效果和收益的，归根到底还是自己所选择基金本身的业绩表现，定投的周期频率这些小技巧，都无法起到决定性作用。回归基本面，才是任何投资的根本。

## 二、避险品种：黄金怎么投

还记得吗？一则题为“中国大妈完胜华尔街之狼，高盛投降终止黄金卖空”的新闻曾经刷爆了各种媒体的头条。2013 年 4 月，华尔街金融大鳄们做空黄金，使得金价出现了历史上罕见的暴跌行情，两天时间，国际现货金价从 1 500 美元/盎司暴跌超过 15%，最低至 1 355. 3 美元/盎司。

正在这时，“中国大妈”横空杀出，几天时间内豪掷 1 000 亿元人民币，扫走了 300 吨黄金，整个华尔街为之震动。以至于《华尔街日报》甚至专创英文单词“dama”来形容她们。在这场关于黄金的对赌中，高盛率先退出做空黄金。中国大妈完胜华尔街大鳄。

然而，胜利的号角还没吹响，黄金在中国大妈的狙击之下经历了一小波反弹之后，至 6 月 20 日，国际金价再创新低，中国大妈们成功被套……直至 2019 年 2 月 1 日，国际金价仍徘徊在 1 321. 3 美元/盎司。

2016 年，据说在最赚钱的 15 只基金中，就有 5 只是以黄金为主要投资对象的基金，平均收益率达到 18%。2017 年第一季度，表现最好的黄金基金涨幅达到 6. 66%，收益非常不错。

冰火两重天。黄金真的值得投资吗？怎样投资才能赚钱？是在金店直接买入金条呢，还是在银行买纸黄金？

### 1. 黄金其实并不保值

中国有句古话，叫作“盛世藏古董，乱世买黄金”。

提到买黄金，我们平时听到的是：国际通货、稀有资源、古老的货币、国家战略储备。这一切都在告诉我们，黄金是多么珍贵，甚至连国家机器都在掠夺它。

事实上，国家储备黄金的目的是抗通货膨胀。但这个对抗的通货膨胀，并不是我们平时了解到的通货膨胀，而是崩塌下的通货膨胀，类似于现在委内瑞拉的经济状况，是纸质货币失信下的通货膨胀，这种货币呈现断崖式贬值会让政府信用荡然无存。

国家储备黄金就是在这个时候救市的，哪怕政府信用消耗一空，只要黄金在手就能保留一根救命稻草。甚至，当战乱发生时，一个政府想要购买外资救难于危急，那么就只能用黄金兑换外汇了。

黄金能够有今天的地位，也许跟黄金曾经在世界上担任过货币的职能有关。据说，2 000 多年前，很多国家都不约而同地把黄金作为货币，如古罗马时期使用的就是金币。但自从 1971 年，美国总统尼克松取消金本位，美元和黄金脱钩后，现在世界上已经没有国家采用金本位了。

我们来看一组数据：

> 1980 年，XAU①=350 美元；2017 年，XAU=1 300 美元。也就是说，经历了整整 37 年，黄金总共只翻了 4 倍。

你还能历数生活中有多少东西只翻了 4 倍吗？一般认为，从 1978 年改革开放至今，物价累计上涨了近 100 倍。当年大学生毕业后薪酬不足 30 元，现在 3 000 元都不止。美国、欧洲、日本都有 20 倍以上的物价增长，百万富翁已经多如牛毛。所以，黄金的“保值”的属性是经不起推敲的。

巴菲特也曾经说，如果他在 1942 年 3 月把仅有的 114.75 美元全仓买入黄金，那么到 2019 年 1 月末价值是 4 200 美元；而买入美国标普 500 指数的话，则是 606 811 美元。投资黄金是投资标普指数的 0.006 9 倍，不到 0.7%。

按照价值投资的理念来衡量，没有使用价值的东西都不保值。黄金作为人类历史上最强大、最古老的 IP，依然逃不过这个铁律。在过去 40 年里，黄金丧失了大约 96%的购买力，未来也许可能再贬值。

长期来看黄金并不保值，但它是较好的避险品种。

---

① XAU 是 ISO 4217 号标准中的简称。它表示每［金衡制］盎司（=31.103 476 8 克）的价格。X 表示它不是任何一个国家或邦联发行的。AU 代表“黄金”的化学元素符号 Au（拉丁文 Aurum）。外汇比价中的“XAU/美元”就是每盎司的比价，即用美元表示的每盎司黄金的价格。

你一定会感到困惑，既然这数百年来连通货膨胀都没能跑赢的黄金，为什么仍然受到这么多人的追捧呢？

这跟中国人自古就有储备黄金抵抗风险的喜好有关，与其说买黄金是用来保值的，还不如说它是资产的避风港。

在过去数百年全世界各个国家发展的历史长河中，所谓“乱世”虽然一直存在，但黄金价格真正一路大涨的 10 年，只有两个：1970—1980 年，2000—2010 年。换句话说，如果我们真正想通过投资黄金来赚钱的话，我们的胜算概率只有不足 20%。

另外，尽管 2016 年、2018 年刮起了狂热的黄金投资风潮，而且大多是以实物投资为基础、以委托管理为手段的方式进行投资。但我们往往忽略了一个最本质的问题：只有被使用的货币才有价值。而投资黄金，不是建立在其稀有资源上的，而是建立在货币基础之上的。

所以，黄金的主要价值是对抗恐慌和避险。由于它并不会产生收益，且无法带来现金流，在家庭资产配置中，我们建议配置的比例不要太高，不超过 5%为宜。

投资黄金，一定要记住，影响金价涨跌的核心在于“极端的避险情绪”。

如果你觉得经济环境和走势充满了太多不确定性，而且对未来发展前景仍存疑虑，甚至很悲观，可以在资产配置中适当增加黄金。鉴于此，我们建议你使用黄金定投的方式，并设置止盈线，达到预期之后即迅速卖出，不宜久战。

### 2. 这些产品都是黄金投资

一提到黄金投资，不少人都喜欢谈论两个世界金融大鳄：巴菲特和索罗斯。

大家都说索罗斯热衷于投资黄金，但实际上他真正持有的是 SPDR 基金和后期卖掉黄金 ETF 后购买的巴里克公司的股票（黄金开采公司），前者是虚拟黄金，类似期货，而后者根本就是股票。

（1）实物黄金

在大多数人的观念里，一说到投资黄金大概都是买实物黄金。如果仅仅是考虑投资价值的话，买实物黄金真的不是一个明智的投资方式。尤其对于短线投资者来说，并非投资的最佳选择。

日常生活中，我们与实物黄金发生关系的情况极少，加上其天然的流动性差，容易买入却难以卖掉。一般情况下，每个银行在回购时只会对本行发行的金条实施回购，而且都会有不小的折价，变现不是很容易。此外，交割、检验、存储、运输等成本，以及购买时的手续费，都会让实物黄金的投资收益大大下降。

一个值得提醒的问题是，金条因为工艺造型、发行单位和数量不同，各自的市场价值也差异很大，收藏性质的投资所占据的比例相当高，并非随便买一根金条那么简单。

就各个购买渠道比较而言，商业银行销售的金条普遍便宜，比金店的售价低得多；而贵金属投资公司的金条种类最齐全，提货也最方便；金店里各种造型设计和用途的可选黄金产品较多，但少有回购业务，且它们大多只支持换购其他金饰。

对于普通投资者而言，购买实物黄金还是主要选择银行和金店。其实，还有第三种投资方式，即交易所实物黄金，目前合法的分别是上海黄金交易所和上海期货交易所。

交易所的实物黄金交易属于场内交易，采用竞价撮合模式，与股票交易模式相同，它扮演的是一个中介平台角色。投资者可以根据实时情况参与报价，按照价格优先、时间优先的原则成交，交易系统随时滚动，实时公开买卖报价和成交价，买卖双方直接交易。

整体上讲，交易所的实物黄金看似简单，但其实流程等环节较为复杂，入门级的投资者并不一定适合，它需要具有比较强的专业知识，如通过金价的走势进行分析预测，从而决定买入卖出的操作。一般情况下，我们不做推荐。

此外，实物黄金还包括纪念品和饰品两类。

纪念品的价值在于对一些重大事件的纪念意义，收藏属性更强一些。但是，作为纪念品都逃不过几个致命伤：量产、事件影响等。例如猴年金币，这种题材是建立在汉族人的传统文化，覆盖范围很受局限。这类纪念物发行数量也十分巨大，在二次转手时较为困难。

再来看看金饰，几乎就没有收藏价值，仅仅是作为饰品而存在，只因料贵而价高，其回购价是大打折扣的。况且，欧美的年轻人已经完全不佩戴金饰了，因为欧洲人崇尚白，他们觉得黄灿灿的充满乡土气息。而且黄金的价值太低（相对于欧元），哪怕穿戴 1 000 克，也达不到炫富的目的，还不如把钱花在钻石、手表上。

作为黄金货币投资，抗风险变现的只有实物黄金、纸质黄金。实物黄金一般有 20 克、50 克、100 克、500 克等多种规格，投资门槛比较高；至于纸质黄金，其局限在于：一是非世界通用，二是高额的手续费。

（2）银行纸黄金

纸黄金所谓的“纸”，只是一种权益类的凭证，没有实物。它赚钱的方式简单粗暴，根据金价的上涨幅度和对应的预期收益进行买卖，就可以赚钱了。有少量银行提供“双向纸黄金”业务，不仅可以通过黄金上涨赚钱，在黄金下跌时也可以赚钱。

目前很多银行都提供纸黄金的业务，如中国银行的“黄金宝”、工商银行的“金行家”、建设银行的“龙鼎金”等，投资者可以酌情选择自己喜欢的品种，然后去银行开一个以贵金属为单位的账户，采用记账的方式进行“虚拟黄金”投资，网上银行、手机银行或线下柜台都可以买卖，无须实物交易。

银行纸黄金有三大核心优势：

- 交易灵活、方便，不受交易地点的限制。
- 投资门槛低，1 克起投，两三百元就能参与。
- 交易时间长，周一早上 8:00 至周六凌晨 4:00，可以连续交易。
- 流动性好，不用担心卖不掉。

最为受人诟病的一大问题，是银行纸黄金的交易成本依然偏高。以某家商业银行为例，买入价和卖出价相差 0.25%，这也就意味着即使行情没有任何变化，你的一买一卖就会亏损 0.25%。

（3）适合普通投资者的黄金 ETF 基金

大家都已经知道，买基金是把钱交给基金经理去打理，我们可以选择购买黄金基金，也就相当于把钱交给基金经理，他拿钱去购买金交所的黄金现货合约。

一般来说，黄金基金是投资于黄金或黄金类衍生交易品种。在国内，黄金基金投资标的一般为黄金 ETF（交易性开放式指数基金），这一点跟投资指数基金买入一篮子股票差不多，通俗地讲就是追踪黄金价格，如 COMEX 黄金或者伦敦金。

本质上来说，黄金基金也是基金，它的特点是起始申购金额较低，申购也非常方便，在银行、券商、基金公司或者第三方平台上都可以购买。如果你已经持有股票账户，可以直接在股票账户里买场内黄金 EFT。

与纸黄金略有不同的是，黄金基金不能全天候购买，而是要按照基金的交易原则，在交易日固定期间进行交易，并以交易日当天下午 3 点的黄金价格来决定净值。

追踪黄金价格的基金，因为品种单一，误差都比较小，一般会控制在 5% 以内，对复制黄金价格走势不会造成影响，享受黄金价格上涨带来的收益，有的甚至可以通过套利、杠杆等方式提高收益，但操作方式充满了无法管控的风险，建议谨慎。

投资者需要注意的是，黄金现货合约更像股票，尽管交易成本低廉，但确实存在由于缺乏接盘的人而卖不出去的风险。另外，它的投资门槛也比纸黄金更高，10 克起投，差不多接近 3 000 元。尤其要警惕网上那些自称可以指导黄金现货交易，带你轻松赚钱的人，几乎都是骗子，千万不要上当。

投资者在选择黄金投资品种的时候，一定要结合自身的能力和资产配置状况来决定。例如，具有专业能力又有闲时间，那么适合投资纸黄金，波段性的收益做好了也是很可观的；对于没有时间管理，专业度不够的投资者，则可以选择投资黄金基金，但也要注意基金投向，不可盲目。

即使投资黄金基金，也不能一味简单地“买入并持有”。毕竟，黄金作为一种具有商品属性的投资品种，其价格往往会受到很多外在因素的干扰，如战争等。考虑到金价的阶段性波动比较大，这就需要结合市场行情来综合分析并进行对应的操作，如在黄金价格上涨的时候部分止盈，下跌的时候适当买入补仓。

## 三、外汇值得买吗

在投资市场中，外汇也是一个不容忽视的品种。

在日常生活里，因为我们的通行货币是人民币，买卖大都以人民币进行交易结算，所以与外汇接触不多，大多数人甚至对港币、美元、欧元、日元等外币都无法辨认，至于外汇就更是少于提及。

实际上，我们在出国旅游、留学、出差等活动中，都必须与外汇发生关系。在银联结算方式还未普及之前，大家出国都是揣着一大笔现金，如今就只需要通过信用卡即可交易了，在扣款时按照当时的汇率自行兑换。

2012 年以后，人民币贬值，以及对美元、欧元等汇率变动，引起了很多嗅觉灵敏的投资者的关注，利用汇率时刻变动的规律，赚取差价。

### 1. 外汇投资的一些常识

简单地说，外汇就是以外币表示的用于国际结算的支付凭证。世界上绝大多数国家都有自己的流通货币，如我们的人民币，当两个国家之间需要做交易的时候，就会产生一个兑换的价格，而这个价格，就是汇率。

换句话说，汇率就是两个不同货币之间的价格比，所以汇率本身是一个数值。例如，2019 年 2 月 24 日，1 美元可以兑换 6. 711 2 元人民币。

2018 年 12 月 10 日，人民币对美元的汇率持续走低，跌破 6. 89，日内跌超 300 个基点。按照汇率标价会在小数点后保留 4 位数，也就是意味着-0. 030 0。

在投资外汇时，往往会接触到三个关于价格的词汇：钞买价、汇买价和钞/汇卖价。它们分别是什么意思呢？具体释义如下：

钞买价：指银行买入外币现钞、客户卖出外币现钞的价格。

汇买价：指银行买入外币现汇、客户卖出外币现汇的价格。

钞卖价：指银行卖出外币现钞、客户买入外币现钞的价格。

汇卖价：指银行卖出外币现汇、客户买入外币现汇的价格。

再简单点说，钞买价就是银行从你的手里，买入美元现钞的价格（假设汇率为6.711 2），你用100美元可以从银行兑换成671.12元人民币。汇买价呢，也同样是银行从你的手里买美元，但你账上的美元现汇，价格就是674.21元人民币。

我们再来看钞/汇卖价，就是你需要把人民币兑换成美元时，银行把美元卖给你的时候，不管你是取用现金，还是把它存在自己的现汇账户上，那么你都需要用676.68元人民币的价格，才能买到100美元。

在钞买价和汇买价兑换时，你可能发现两者之间的价格不一样，这是什么原因呢？根据国家关于外汇的管制规定，个人外汇买卖应遵循钞变钞、汇变汇的原则，现钞不能兑换成现汇，需要支付一定的钞变汇手续费。

通常情况下，现汇买入和现钞买入的价格往往不一样，因为银行买入现钞后需要对其按照面额大小等进行分门别类保管、运输，或者在不同网点之间调配、运送等，因此钞买价比汇买价要低。有些银行因为卖出时都是现汇，在客户支付汇兑手续费后可以直接取出现钞，所以卖出价只有一个。

如果你有过外币兑换的经历，应该就知道银行是如何躺着就把钱给挣了。例如，我国每年每人的购汇额度管控在5万美元（或等值外币）之内，但大家很难在同一时间点找到需要和卖出的人，于是只有通过银行这个平台进行转换。一买一卖之间，银行就赚钱了。

值得提醒的是，尽管人民币被纳入SDR（特别提款权）货币篮子，成为重要的国际货币之一，但我们仍是一个实行外汇管制的国家，外币兑换都需要通过相关的金融机构进行，而不能通过“地下市场”进行“黑市交易”。

### 2. 如何投资外汇

应该说，前几年正值人民币持续升值，大家在国外购物的时候，感觉太值得了。但时过境迁，最近几年人民币开始进入贬值的下行通道，钱越来越不值钱了，如在2018年，人民币兑美元的汇率持续走低，跌幅在10%左右。

于是，不少手持人民币现金的人开始思考，在其他投资渠道缺乏或者并不熟悉的情况下，因为家庭资产组合配置的需要，是不是应该兑换一点美元，在保值的同时还能产生投资收益。

目前，对于大多数普通投资者来说，主要有两种可供参与的外汇交易方式：一是外汇实盘交易（如银行机构提供的各种业务），二是外汇保证金交易。

外汇实盘交易比较简单，投资者携带身份证到银行柜台办理开户，也可以通过网络开户，即可拥有自己的外汇账户。在进行投资交易前，需要先把人民币兑换成所需外币，然后就可以操作交易了。

看起来挺简单的，但有两个问题需要注意：一方面，银行的外汇实盘操作要求全额资金买卖，这会大大降低资金使用效率；另一方面，银行的外汇点差（汇率变化时点数波动的差值）非常高，这也会变相增加交易成本。

外汇保证金交易，则因为目前国内没有自己的交易商，所以投资者必须在海外交易商委托的国内代理商（如 QDII）处开户后，才能取得交易资格。

对于外汇投资，众多银行扮演了最主要的角色，彼此之间并没有是否更保险、收益高低的本质上的区别。一般来说，投资者的外汇买卖业务，可以达到如下三种投资目的。

一是外汇币种转换：将手中持有的外币直接换成另一种所需的外币。

二是赚取汇率收益：根据外汇市场上每天汇率变动进行买卖操作，从而赚取汇差收益。

三是资产保值增值：将一种利率较低的外汇转换成另一种利率较高的外汇，从而可以获得利差收益。

平心而论，以我自己的投资经验来说，如果纯粹站在投资理财的角度，仅仅是用以抵御人民币贬值的风险，而选择外汇投资的话，我并不赞同这种投资品类，因为无数的事实证明，外汇投资的综合收益率偏低，且充满了诸多无法预料和管控的风险，投入产出性价比较低。

只有一种情况除外，那就是家庭资产组合配置的刚性需求。例如，家庭可投资资产（或净值）至少在 1 000 万元，未来有移民、子女留学、海外置业打算等情况，可在国家关于外汇管制的额度之内，分批次购汇，降低汇兑成本。

即使是家庭资产组合中，我们也建议适当配置一些美元资产即可，最好控制在整体资产的10%比例以内，毕竟美元并不是国内常用的流通货币，能够起到一定的分散投资效果就行了。从另一个角度来说，外汇配置比例过大，还可能错失很多投资机会。

事实上，人民币持续贬值的可能性尽管存在，但像20世纪90年代那样的恶性通货膨胀的概率并不大，而且近几年国家也在想方设法控制超发货币。

所以，作为投资理财的渠道和品种而言，我们建议还是把重点放在国内上，持续专注地在一种或者两种投资市场上潜心钻研，把自己的整体收益率提升上来，最终获得超额收益也将是非常丰厚的。

## 四、打败90%投资的极简组合

读到这里，尤其是经过每一章节的思考之后，估计你已经按捺不住内心的激动，想马上行动起来，真刀真枪地在投资市场里练习一把了。

对于大多数人来说，我们既不是久经沙场的专业人士，也似乎没有太多的时间来钻研投资，甚至觉得单是看那些曲曲折折的波浪线和数据，就已经很费劲儿了。那么，有没有一种更简单有效的方法，让我们这些患“懒癌”的人直接上手呢?

答案是：有。这就是我们接下来要分享的极简投资组合。

极简投资最初是由简七理财基于美国资产配置专家威廉·J. 伯恩斯坦的《有效资产管理》一书，经过过滤和实践打造出来的一种投资策略。在本节，我们主要根据这种方法进行演绎和复盘。

简七理财经过了多年的实践和收益，证实极简投资组合跑赢了90%的投资者。按照我的理解，其实绝大多数初涉投资的“小白”，都应该去深刻理解和运用这种投资策略，省心省力，然后在持续实践的前提下，再去摸索和尝试更为高级的其他投资方法。

一方面，相比投资市场上的其他理财产品，它基本上能做到年复合收益率12%~15%，已经非常不错了；另一方面，它的被动调仓频率一年一次，对投资者而言确实做到了“极简”。

在投资过程中，我们经常会遇到由于投资介入的时点不一样，几乎不能完全复制投资组合的收益，也许是刚好错过了一波小行情，然后就进入亏损的一段时间。一旦遭遇这种情况，很多缺乏耐心的投资者都会说：“这个‘垃圾’产品，一买就亏。”

姑且先不论这种观点的对与错，仅就一个良好的投资策略来说，我认为其收益应该比较平滑，没有“情绪化”的暴涨暴跌，会让众多投资者感到胆战心惊，心理承受压力太大。

所以，极简投资组合策略在本质上是管控风险，避开了这种跌宕起伏的情绪影响，选择标的覆盖了纯债型和偏股型的基金，而且以定投的方式分散投资风险，如沪深300、中证500、中证红利、标普500等指数，从长期来看，这些指数无疑都是大概率向上增长的。

换句话说，即使普通人买入这些指数放着多年时间不管不问，也是大概率会涨的，只是这个投资组合会让上涨的概率更高，效果和收益更明显。

对于任何投资品种和方法而言，市场择时和选股都至关重要。但如果把投资周期拉长来看，几乎无人能够做到，择时、选股正确的人要么是运气，要么确是顶尖高手。所以，资产组合配置是实现成功投资的有效手段，不同类型的投资品种的组合和平衡，既可以降低风险，又能够提高整体收益。

这涉及两个方面的问题。

一是空间维度。极简组合选择的是被动指数基金投资，覆盖了一篮子的股票，不是去选择某一只个股，因为涉及个股的选择标准和专业技术太难了，远非普通投资者在短暂的时间内能够学会的。这一点，股市里那些被割的“韭菜们”最有深刻体会，即使像巴菲特这种股神级的高手也会不时踩中地雷，如2018年亨氏卡夫导致伯克希尔盈利严重受损。而在A股2018年业绩预报中，也出现了数百家公司巨额亏损，防不胜防。

通过选择由一大批代表不同市场或行业的优质股票组合，分散了个股的不确定风险，保证了组合的长期上涨概率。组合选择的不仅是指数基金，而且选择了国内外大型和小型指数、债券基金等，让组合在获得更多收益的同时减少剧烈波动。

二是时间维度。因为指数基金投资的固有属性，极简投资组合解决了如何选择投资介入的时机问题，简单点说就是什么时候投入。追涨杀跌是人性的弱点，大多数人都无法保持理性，尤其是面对下跌风险时。但是组合可以基本无视市场的波动，所有的操作都按照组合的既定规则执行，定投购买、定期调整，剩下的事情就交给市场了。然后，你就只是等待着时间的复利。

## 1. 极简投资组合

极简投资是一个简化版的资产配置投资组合，它覆盖了五大投资板块，也就是均衡配置了 5 种相关性低的资产，以此达到降低风险、提高收益的效果。其中，精选出了 1 只债券型基金和 4 只指数基金（见表 9-8）。

**表 9-8　极简投资组合 5 只基金**

| 类型 | 投资品种 | 对应基金 | 代码 | 投资比例 |
|---|---|---|---|---|
| 固定收益类 | 纯债 | 新华纯债添利 A | 519152 | 20% |
| 权益类 | 沪深 300 | 易方达沪深 300ETF 联接 | 110020 | 20% |
| | 中证 500 | 嘉实中证 500ETF 联接 | 000008 | 20% |
| | 标普 500 | 博时标普 500ETF 联接 | 050025 | 20% |
| | 纳斯达克 100 | 大成纳斯达克 100 指数 | 000834 | 20% |

<u>极简投资组合=1 只债券型基金+4 只股票型指数基金</u>

这 5 只基金依次涵盖了 5 个主要投资方向，分别是固定收益类投资、国内大型公司股票、国内小型公司股票，及国外大型公司股票、国外小型公司股票。

再做一下解释：

债券型基金投资的是债券，相当于我们说的欠条。例如你把钱借给国家，国家给你打一张欠条，这就是国债；你把钱借给公司，就是公司债。在风险级别上，债券比股票低得多。

股票指数基金又是什么呢？如果说整个股市是一架飞机，那么股票指数基金就是一个飞机模型。比如说易方达沪深 300 基金，它模拟的是沪深 300 指数，这个指数选择了最大最具代表性的 300 家公司，那么这个基金也选择了这些公司，基金经理没有自主选择的权力。

当然，这五类基金也可以根据自己的风险偏好，以及目前的投资限制（如 QDII）进行调整，如把纳斯达克 100 换成恒生指数，也可以把沪深 300 指数换成上证红利、AH50 优选等，但选择对象必须是宽指基金，也就是覆盖尽量多的相应市场的股票。

## 2. 具体操作步骤

总体来说，极简投资就是一个相对稳定又省心省力的组合基金产品。按照简七理财的操作，通常情况下，日常管理只需要分两步走，只有在卖出的时候再进行第三步。

第一步，在投资的时候，对于每个板块都做均衡配置，也就是这 5 只基金各自买入比例为 20%，所买的金额一样多。例如计划投资 10 000 元，可以分成 5 份，分别购买这 5 只基金。当然，正如前面所讲，我们不建议你一次性买入，而是最好采取定投的方式。

第二步，在这 5 只基金持有满 1 年后，做一次动态平衡，通过高卖低买的原则进行调整，把这 5 只基金所占的投资金额比例重新以各自 20%进行配置。

第三步，当需要用钱的时候，按照需要赎回相应的资金，并且保持剩余的各个基金的资产仍然是每个占比 20%。

打个比方，一开始每个基金都买入了 2 000 元，就好像是 5 个杯子，里面的水都一样多。过了一年之后，有的基金涨了，有的基金跌了，就好像杯子里的水，有的多了，有的少了。这个时候，我们就需要对它进行调整，重新平衡一下，让每个杯子里的水一样多。操作过程比较简单，就是卖掉涨得快的基金溢出来的部分，买入并补齐占比不足 20%比例的基金。

看到这里，或许你还有疑问：这么简单就能赚钱呀？为什么这样的组合就能获得好的投资效果呢？

第一，分散了投资的不相关性，解决了前面所讲的空间维度上的配置难题。“不把鸡蛋放在一个篮子里”。把钱分别放在不同类别的指数基金中，并且确保了各个基金的相关性很低，即使在市场波动剧烈的时候互不影响，在各个不同的市场状况下，才能平滑收益。

第二，每一次的动态平衡调整，解决了时间维度上的买卖难题。这其实也是回到了指数基金的章节中所讲的那样，需要学会止盈，也就是做到赚得多的见好就收，下跌的时候买入更多份额，集合更多的筹码等着它涨。

聪明的你可能已经注意到，在极简投资组合中，资产配置非常重要，它将意味着我们承担的投资风险的高低。但真正决定我们收益的，却是另一个更为关键的因素——定期再平衡。

巴菲特的老师格雷厄姆曾经在《聪明的投资者》一书里说：

> 长期以来，我们一直认为，如果失去了债券这一参照物，我们就无法设定一个可靠的规则，以确定何时应将股票投资份额降至25%这一最小比例，并在以后将其提升到75%的最高比例。

这一段话尽管说的是股票，是对股债平衡投资策略更深一层的理解，但对于极简组合中关于指数基金的投资同样成立。

简单来说，极简投资中的这 5 只基金都可以当作一个“锚”，分别用它们来衡量其他基金是涨得太多了，还是涨得太少了，然后根据实际状况来进行调整。

### 3. 收益回测

你可能会问：既然操作这么简单，那极简投资组合的收益究竟如何呢？

我们先从费率的角度看，一年的综合费用约为 0. 37%，持仓成本是比较低的（表 9-9）。

**表 9-9　极简投资组合的持仓成本**

| 基金代码 | 基金名称 | 所占比例(%) | 申购费占比(%)(以 1 折计算) | 赎回费占比(%)(以持有 1 年计算) |
| --- | --- | --- | --- | --- |
| 519152. OF | 新华纯债添利 A | 20 | 0. 08 | 0. 05 |
| 110020. OF | 易方达沪深 300ETF 联接 | 20 | 0. 12 | 0. 25 |
| 000008. OF | 嘉实中证 500ETF 联接 | 20 | 0. 12 | 0. 25 |
| 050025. OF | 博时标普 500ETF 联接 | 20 | 0. 12 | 0. 50 |

表9-9(续)

| 基金代码 | 基金名称 | 所占比例(%) | 申购费占比(%)(以1折计算) | 赎回费占比(%)(以持有1年计算) |
|---|---|---|---|---|
| 000834. OF | 大成纳斯达克100 | 20 | 0. 12 | 0. 25 |
| 平均费用占比(%) | — | — | 0. 11 | 0. 26 |
| 综合费用占比(%) | 0. 372 | | | |

从表9-9中可以看出，采用定期动态平衡组合的方式，只要投资年限达到3年以上，赚钱几乎是肯定的。但在这个过程中，我们也要引起重视，那就是尽量避开市场大幅上涨的阶段性高位买入，否则会拉低我们最终的收益。平均来说，极简投资组合的年复合收益率基本可以达到10%以上。从长期来看，这个收益率已经是一个很棒的成绩（表9-10）。

**表9-10　极简投资组合盈利数据回测**

| 持有年限 | 最大年化收益率(%) | 最小年化收益率(%) | 年化收益率中位数(%) | 平均年化收益率(%) | 盈利概率(%) |
|---|---|---|---|---|---|
| 3年 | 38. 4 | -3. 8 | 12. 1 | 11. 6 | 94. 4 |
| 5年 | 24. 8 | -1. 6 | 10. 1 | 10. 3 | 95. 2 |
| 10年 | 17. 5 | 5. 7 | 12. 7 | 12. 5 | 100 |

我们再来看看一次性投入的两种极简组合收益情况（图9-4）。

极简组合2017年趋势图

5 800
5 600
5 400
2 500
5 000
4 800
4 600
1月 2月 3月 4月 5月 6月 7月 8月 9月 10月 11月 12月

**图9-4　年初一次性购入5 000元的极简组合，总资产的走势图**

（1）一次性投入，年末不做调整

假设在2013年年初，在这5只基金组合上，分别投入10 000元本金。到了年末不做调整，继续按照每只基金内的金额，继续持有，到了2015年年底，前后共计3年时间。我们所获得的年平均收益率为18.9%（表9-11）。

**表9-11　一次性投入，年末不做调整的综合收益**

| | 2013年 | | | 2014年 | | | 2015年 | | |
|---|---|---|---|---|---|---|---|---|---|
| | 本金（元） | 涨跌幅（%） | 年末（元） | 本金（元） | 涨跌幅（%） | 年末（元） | 本金（元） | 涨跌幅（%） | 年末（元） |
| 嘉实沪深300指数 | 10 000 | -5.16 | 9 484 | 9 484 | 51.12 | 14 332.2 | 14 332.2 | 6.98 | 15 332.61 |
| 南方中证500 | 10 000 | 16.05 | 11 605 | 11 605 | 36.33 | 15 821.1 | 15 821.1 | 44.14 | 22 804.53 |
| 博时标普500 | 10 000 | 26.72 | 12 672 | 12 672 | 12.80 | 14 294.0 | 14 294.0 | 6.65 | 15 244.57 |
| 广发纳斯达克100 | 10 000 | 29.53 | 12 953 | 12 953 | 16.13 | 15 042.3 | 15 042.3 | 17.19 | 17 628.09 |
| 广发纯债 | 10 000 | -6.52 | 9 348 | 9 348 | 19.28 | 11 150.3 | 11 150.3 | 15.26 | 12 851.83 |
| 总计 | 50 000 | | 56 062 | 56 062 | | 70 639.9 | 70 639.9 | | 83 861.63 |
| 收益率(%) | 12.1 | | | 26.0 | | | 18.7 | | |
| 沪深300(%) | -7.7 | | | 51.0 | | | 5.8 | | |
| 年平均收益率(%) | 18.9% | | | | | | | | |

（2）一次性投入，年末做调整

假设在2013年年初，分别在这5只基金上投入10 000元，2013年年底的时候，可以获得总金额为56 062元的本金和收益。

2014年年初的时候，56 062元分成5份均等的金额=11 212元，将每个基金的本金调整到11 212元，然后继续持有。

2015年年初，以同样的方法类推，继续滚动。

那么，在2015年年底的时候，我们所获得的年平均收益率为19.1%（表9-12）。

从表9-12中可以看出，经过每一年年底动态平衡调整后，所获得的收益率比不调整的确要高一些。这也就是定期做动态再平衡的价值所在。

表 9-13 一次性投入，年末做调整的综合收益

| | 2013 年 | | | 2014 年 | | | 2015 年 | | |
|---|---|---|---|---|---|---|---|---|---|
| | 本金（元） | 涨跌幅（%） | 年末（元） | 本金（元） | 涨跌幅（%） | 年末（元） | 本金（元） | 涨跌幅（%） | 年末（元） |
| 嘉实沪深300指数 | 10 000 | -5. 16 | 9 484 | 11 212 | 51. 12 | 16 944. 2 | 14 255 | 6. 98 | 15 249. 52 |
| 南方中证 500 | 10 000 | 16. 05 | 11 605 | 11 212 | 36. 33 | 15 285. 9 | 14 255 | 44. 14 | 20 546. 51 |
| 博时标普 500 | 10 000 | 26. 72 | 12 672 | 11 212 | 12. 80 | 12 647. 6 | 14 255 | 6. 65 | 15 202. 48 |
| 广发纳斯达克 100 | 10 000 | 29. 53 | 12 953 | 11 212 | 16. 13 | 13 021 | 14 255 | 17. 19 | 16 704. 91 |
| 广发纯债 | 10 000 | -6. 52 | 9 348 | 11 212 | 19. 28 | 13 374. 2 | 14 255 | 15. 26 | 16 429. 79 |
| 总计 | 50 000 | | 56 062 | 56 062 | | 71 272. 7 | 71 273 | | 84 133. 2 |
| 收益率(%) | 12. 1 | | | 27. 26 | | | 18. 0 | | |
| 沪深 300(%) | -7. 7 | | | 51. 0 | | | 5. 8 | | |
| 年平均收益率(%) | 19. 1 | | | | | | | | |

在一个投资组合中，每隔一段时间（建议周期至少为 1 年），就把其中收益高的基金调低资金，补充到收益较低的基金中，使整个投资组合始终保持均等平衡。

也许，你会觉得这样做的收益率看上去并不起眼，但是千万别小看这几个百分点的差异，如果从长期来看，稳定均衡，复利增长，回撤风险低，更加体现出稳健投资+不错的收益率的优势。

极简投资组合从时间和空间上，也就是用分散投资和动态平衡解决了资产组合配置的两大难题，那么最后一个取得良好收益的保障，就是保持淡定从容的心态长期投资并持有，切忌频繁地买入卖出，在达到预期收益目标后及时止盈，通过滚雪球的复利来获得更高、更稳定的收益。

巴菲特说，如果你没有持有一只股票 10 年的准备，那么你最好 10 分钟也不要持有它。买基金也是一样，如果你不愿意作为这个基金的长期投资人，那么只能获得一个比较低的收益，甚至是赔钱而告终。

如果说，任何成功的投资都是反人性的。但是极简投资法，却并非如此，恰恰让人更乐意接受，因为操作简单方便，每个人都可以用，只要有足够的耐心，相当于分享经济增长的红利，赚钱就是大概率事件。

# 参考文献

艾丽斯·施罗德，2009. 滚雪球（上、下册）[M]. 覃扬眉，丁颖颖，张万伟，等译. 北京：中信出版社.

本杰明·格雷厄姆，2011. 聪明的投资者 [M]. 王中华，董一义，译. 北京：人民邮电出版社.

本杰明·格雷厄姆，戴维·多德，2013. 证券分析 [M]. 巴曙松，陈剑，译. 北京：中国人民大学出版社.

博多·舍费尔，2017. 财务自由之路 [M]. 刘欢，译. 北京：现代出版社.

简七，2018. 好好赚钱 [M]. 北京：中信出版社.

金文，2018. 哈佛财商课 [M]. 哈尔滨：北方文艺出版社.

雷纳·齐特尔曼，2016. 富人的逻辑 [M]. 李凤芹，译. 北京：社会科学文献出版社.

李笑来，2017. 财富自由之路 [M]. 北京：中国工信出版集团，电子工业出版社.

刘军宁，2013. 投资哲学 [M]. 北京：中信出版社.

罗伯特·J. 希勒，2016. 非理性繁荣 [M]. 李心丹，俞红海，陈莹，等译. 北京：中国人民大学出版社.

罗伯特·哈格斯特朗，2015. 巴菲特之道 [M]. 杨天南，译. 北京：机械工业出版社.

罗元裳，2018. 七分钟理财 [M]. 北京：机械工业出版社.

秦仁杰，齐巍，2016. 聪明人是怎样用钱赚钱的 [M]. 上海：立信会计出版社.

托马斯·斯坦利，2011. 邻家的百万富翁［M］. 王正林，王权，译. 北京：中信出版社.

沃伦·巴菲特，查理·芒格，劳伦斯·坎宁安，2017. 巴菲特致股东的信［M］. 路本福，译. 北京：北京联合出版公司.

周文强，2018. 重新定义投资理财师［M］. 北京：中国商业出版社.

yevon-ou，2018. 如何获得真正的财富［M］. 北京：中国友谊出版社.

# 后记

## 金钱，是幸福的起点

尽管我们不像西方人那样，从 30 多岁就开始谈论遗嘱以及如何构筑自己的“退休金蛋”，但很多人无疑都会盘算和安排自己退休以后的“养老计划”，避免年老之后穷困潦倒，甚至被一场大病击倒。

值得提醒的是，目前全世界大多数国家都负债累累，如果纯粹指望政府为大家提供养老所需，已经变得越来越不可靠。即使是端着铁饭碗的公职人员，看起来退休金有着落，但几十年后的事情总是充满了太多不确定性。

现代人的寿命越来越长，与之伴随的是各种疾病缠身，医疗费用在急剧攀升。不少家庭因为某个成员的一场大病，极有可能从中产阶层直接下滑到底层群体，因病致贫的事例不在少数。

最让人感到恐惧的是，通货膨胀的持续上升，以及生活水平的普遍提高，让我们眼睁睁地看着辛苦挣来的钱大幅贬值。过去 30 多年，中国的广义货币（M2）供应量每年的复合增长率超过 20%。货币供应量是什么？它就是所有企业和家庭的存款总和加上流动中的现金，也就是购买力。

如果只是把钱存入银行守着定期存款的那点微薄利息，别说跑赢 CPI，连它的背影都遥不可及。最典型的例子，2018 年开始动荡不安的委内瑞拉，至当年年底的通货膨胀率已经飙升到 1 000 000%，百万玻利瓦尔（委内瑞拉币）只买得到几斤肉。

所以，越早学会和开始投资理财变得十分重要。理财的方式有很多，包括储蓄、买债券、买基金、买房子以及买股票。尽管创业开公司被认为是致富最可靠的路径，但对于大多数人来说，这是不现实的，而且需要投入的资金和失败的概率也越来越大。

应该说，我们对于通货膨胀是很熟悉的。统计数据显示，从 1978 年改革开放至今，物价累计上涨 100 倍以上。当年大学生毕业后工资 30 元不到，现在 3 000 元都没人干活。在所有的资产中，涨得最多的可能是京沪深的房子，仅 2000 年之后就涨了 20 倍。

这 40 多年来，我们的收入增长很快，荷包鼓了不少，于是很多人就忘记了节约和储蓄的重要性，而沉醉于及时享乐的虚幻感之中。现在，我们很多人的生活方式是建立在收入持续高增长、资产价格不断上升、永不失业、永不生病的基础上的。这种假设可能过于乐观，大家很容易把短期趋势长期化。

“晴带雨伞，饱带干粮”——这是老人经常对我们的教导。2005 年，我把父母从乡下接进城里生活，也让他们帮忙照顾我刚出生不久的孩子，每年给他们约 5 万元的零花钱（父亲有养老金）。后来，父亲因为不习惯城里的生活执意要回老家，临行前的晚上，他掏出了一个存折把这些年几乎所有我给的钱还给了我。

他说，城里的空气不好，尤其是东西价格太贵了，心理压力大，“即使你给我们再多钱，我们也丝毫不会改变用钱的方式”。他还说：“这么贵的房子住得不安心，我们回去之后，你马上可以租出去。”

后来，有接近 3 年的时间，我陷入财务困境，除了一大堆难以变现的资产，现金流几乎处于断裂的状况，经常整夜整夜地失眠，随时处于焦虑和彷徨中，距离抑郁症仅一步之遥，这时我才深刻感知到金钱的重要性，甚至某些时候，你能拿它去买尊严，把看人脸色受人驱使的胆战心惊全部收起来。

走上财务自由之路肯定不容易，但更不容易的是财务独立。

我们并不强调金钱的重要性，但它给予我们安全感、自由选择的权利，提供一种我们可以过上自己想要的生活的可能性。至少有一点无可辩驳：金钱可以使人更接近幸福的生活。

对于本书的最终完成，我首先要特别感谢我的家人，因为是父母的言传身教让我具有了良好的价值观。如果没有家人一直以来的支持、理解和信任，我肯定无法做到这一切。每当遇到困难和挫折的时候，是家人毫无怨言地默默陪伴我度过那些充满焦虑和困顿的岁月。

其次，要感谢我的师傅兼教练，他的谆谆教诲和高度信任，他的人生智慧和自律精神等，都传导并鞭策着我努力前行。他已达到一个我永远无法企及的高度。

最后，我要感谢投资大师李笑来和著名理财师简七，本书中有不少地方借鉴和引用了他们的观点与投资方法。当然，我也要感谢每一位真诚的朋友，是你们的宽容和鼓励，才让我能够率性地生活，真实得像一把瑞士军刀。

**喻修建**

2020 年 3 月